Thomas Rettstatt

Burgund

Von der Loire bis zur Saône

50 ausgewählte Wanderungen

ROTHER
BERGVERLAG

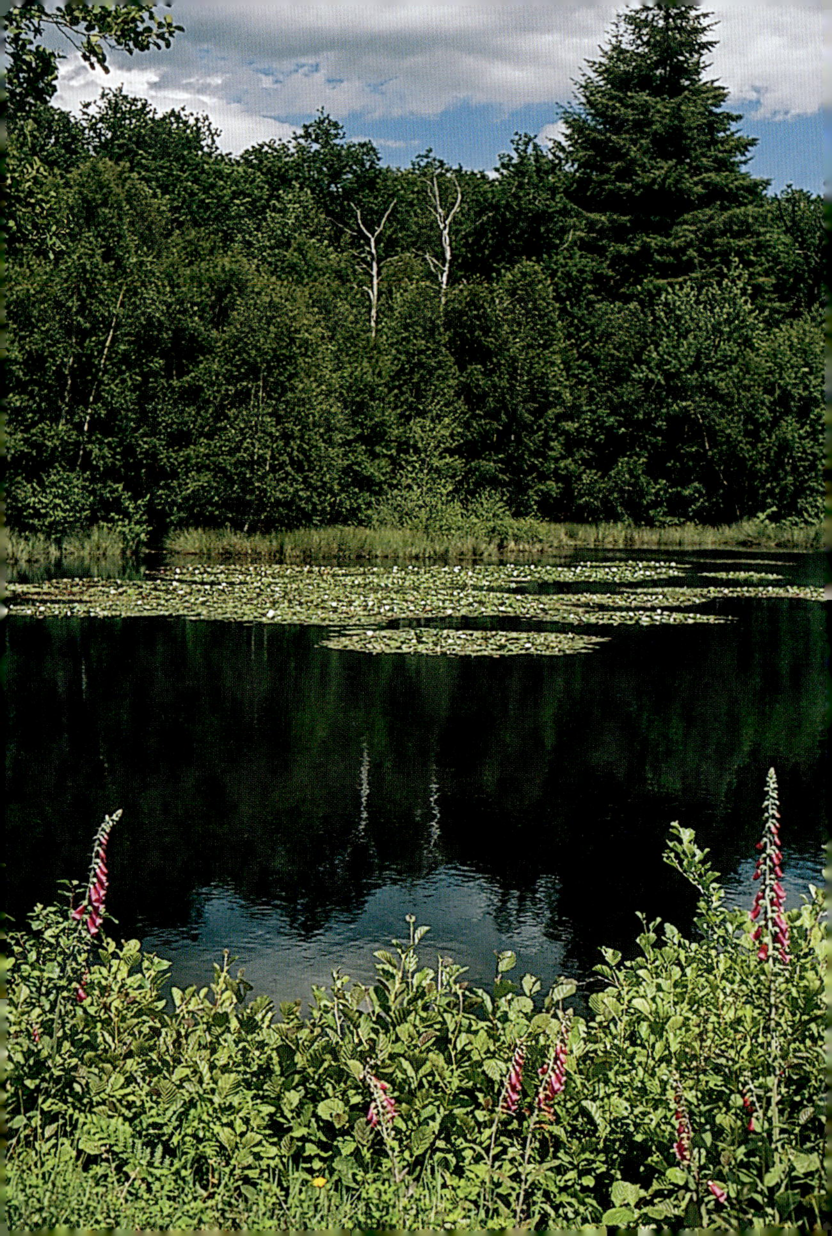

VORWORT

Burgund – das Land des Weines; daran denken wohl die meisten bei diesem Namen, und das sicher nicht zu Unrecht, denn von hier kommen hervorragende und berühmte im Fass gelagerte Rot- und Weißweine, die zu den teuersten der Welt zählen (wie Romanée-Conti und Montrachet). Weit über Frankreichs Grenzen hinaus bekannt sind Charolais-Rinder und Bresse-Hühner, während Weinbergschnecken sicher nicht jedermanns Geschmack sind. Die Region besitzt aber nicht nur Spitzenprodukte aus Küche und Keller, sondern auch eine Vielzahl herausragender Kulturdenkmäler: malerische Dörfer und Städtchen wie Avallon oder Autun, berühmte Kirchen wie Vézelay oder Fontenay sowie sehenswerte Schlösser wie Tanlay oder Ancy-le-Franc.
Was aber vermutlich nur die wenigsten wissen: Burgund ist auch eine Gegend, die wunderschöne, oft einsame Touren in einer abwechslungsreichen Landschaft bietet. Einen besonderen Reiz übt der Naturpark Morvan mit seinen Wäldern und zahlreichen Seen aus, die im Sommer auch zum Baden einladen. In letzter Zeit wurden einige kleinere Naturschutzgebiete neu geschaffen, um die artenreiche Fauna und Flora zu schützen. Auch das berühmte Weinanbaugebiet an der Côte d'Or bietet interessante Wandermöglichkeiten. Die Region ist überwiegend hügelig, die höchste Erhebung misst 901 m. Dennoch sind nicht alle Wege immer einfach, zum Teil ist Trittsicherheit erforderlich.
Bedingt durch die Größe des Tourengebietes wurde versucht, für jeden Geschmack etwas Passendes zu finden: klassische Ziele wie der Bec d'Allier oder der Lac des Settons, einsame Wege wie im Tal der Cure, kurze (z. B. Arboretum von Pézanin) oder längere (z. B. die Saône bei Lamarche), einfache (z. B. Étang de Baye) und schwierigere Touren (z. B. Gorges de la Canche). Die Wege sind von sehr unterschiedlicher Beschaffenheit. In der Regel sind sie in gutem Zustand und ausreichend markiert, manchmal aber etwas verwachsen oder morastig. Wie in vielen Gegenden Frankreichs lassen sich auch hier Abschnitte auf Teerstraßen nie ganz vermeiden.
Ganz besonders bedanken möchte ich mich bei meiner Frau, die mich bei der Erarbeitung dieses Führers unterstützt und mich auf meinen Wanderungen stets begleitet hat (wie auch unser Entlebucher Sennenhund Finlay), sowie beim Rother Bergverlag, der dieses Buch ermöglichte. Ein Dankeschön gebührt auch M. und Mme. Salamolard vom Hotel »Auberge de l'Âtre« in Les Lavaults, M. Quieffin vom »Hôtel des Source« in Pougues-les-Eaux und M. Donias in Nuits-St-Georges für die wertvolle Hilfe und Unterstützung.
Da sich der Zustand der Wanderwege durch verschiedenste Faktoren immer wieder verändern kann, sind Verlag und Autor allen Wanderern in Burgund dankbar für aktuelle Mitteilungen.

Wörthsee, Frühjahr 2023 Thomas Rettstatt

Seerosen und Fingerhut blühen im Juni am Réservoir du Griottier Blanc (Tour 21).

INHALTSVERZEICHNIS

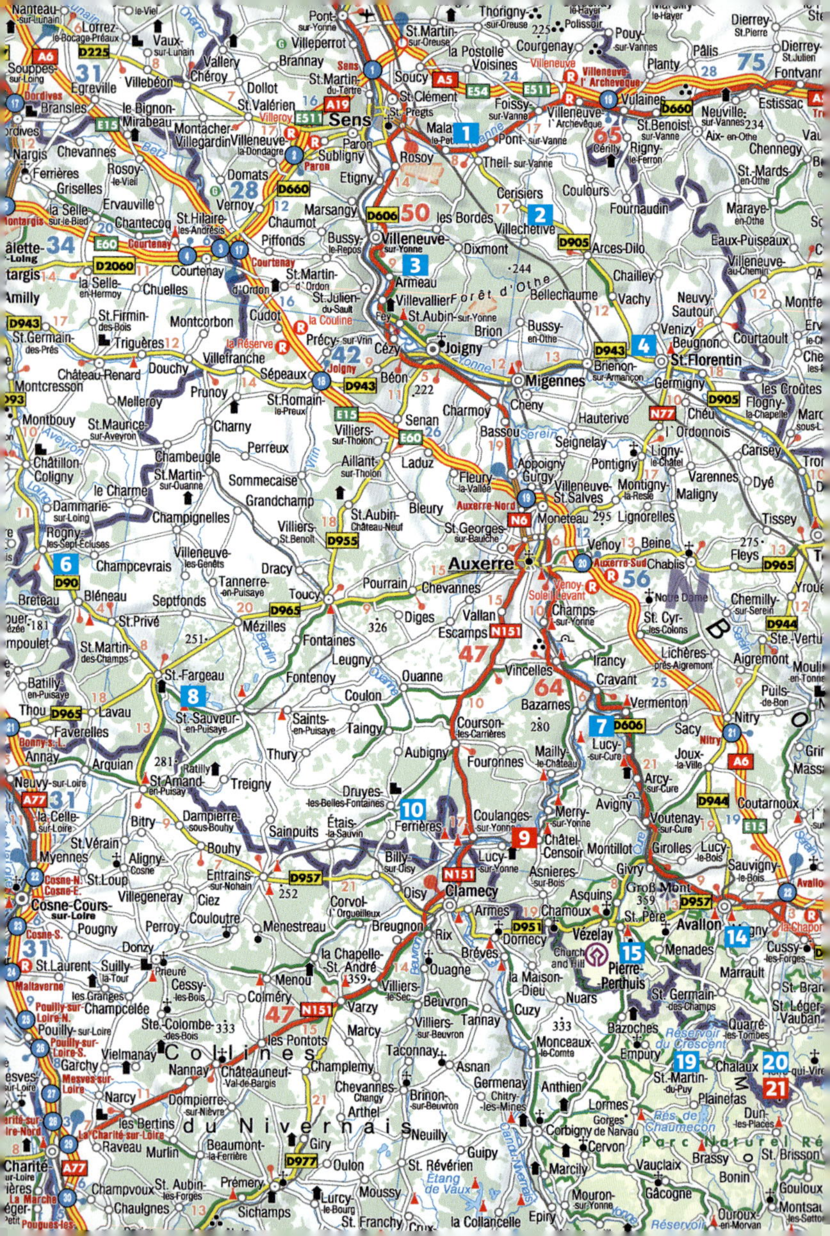

Sens
St.Clément
St.Pregts
Paron
Soucy
Voisines
Foissy-sur-Vanne
Villeneuve-l'Archevêque
Vulaines
Estissac
Neuville-sur-Vannes
Aix-en-Othe
Chennegy
Pâlis
Planty
Courgenay
Pouy-sur-Vannes
Thorigny-sur-Oreuse
Polisot
La Postolle
St.Martin-sur-Oreuse
Pont-sur-Yonne
Villeperrot
Brannay
Vallery
Chéroy
Dollot
St.Valérien
Villeroy
Villeneuve-la-Dondagre
Subligny
Montacher-Villegardin
Vaux-sur-Lunain
Lorrez-le-Bocage-Préaux
Nanteau-sur-Lunain
Souppes-sur-Loing
Egreville
Villebéon
Le Bignon-Mirabeau
Bransles
Dordives
Nargis
Chevannes
Ferrières
Griselles
Rosoy-le-Vieil
Domats
Vernoy
Ervauville
La Selle-sur-le-Bied
Chantecoq
Montargis
St.Hilaire-les-Andrésis
Courtenay
Chaumot
Piffonds
Marsangy
Etigny
Rosoy
Malay-le-Petit
Pont-sur-Vanne
Theil-sur-Vanne
Cerisiers
Coulours
Fournaudin
Cérilly
Rigny-le-Ferron
St.Benoist-sur-Vanne
St.Mards-en-Othe
Maraye-en-Othe
Eaux-Puiseaux
Villeneuve-au-Chemin
Chailley
Vachy
Arces-Dilo
Villechétive
Dixmont
Les Bordes
Villeneuve-sur-Yonne
Bussy-le-Repos
Armeau
Villevallier
St.Aubin-sur-Yonne
Forêt d'Othe
Bellechaume
Brion
Bussy-en-Othe
Joigny
Cézy
Précy-sur-Vrin
St.Julien-du-Sault
St.Martin-d'Ordon
Cudot
La Couline
La Réserve
Chuelles
La Selle-en-Hermoy
Amilly
St.Firmin-des-Bois
Montcorbon
St.Germain-des-Prés
Triguères
Villefranche
Château-Renard
Douchy
Sépeaux
Prunoy
Montcresson
Melleroy
St.Romain-le-Preux
Montbouy
St.Maurice-sur-Aveyron
Charny
Perreux
Châtillon-Coligny
Chambeugle
St.Martin-sur-Ouanne
Le Charme
Sommecaise
Grandchamp
Dammarie-sur-Loing
Champignelles
Rogny-les-Sept-Écluses
Villiers-St.Benoît
Villeneuve-les-Genêts
Champcevrais
Dracy
Tannerre-en-Puisaye
Toucy
Septfonds
Bléneau
St.Privé
Breteau
Mézilles
Fontaines
St.Martin-des-Champs
St.Fargeau
Batilly-en-Puisaye
Fontenoy
Leugny
Ouanne
Lavau
Thou
St.Sauveur-en-Puisaye
Saints-en-Puisaye
Coulon
Taingy
Faverelles
Bonny-s.-L.
Annay
Arquian
Thury
St.Amand-en-Puisaye
Ratilly
Treigny
Aubigny
Neuvy-sur-Loire
La Celle-sur-Loire
Bitry
Dampierre-sous-Bouhy
Sainpuits
Druyes-les-Belles-Fontaines
Étais-la-Sauvin
Ferrières
St.Vérain
Myennes
Alligny-Cosne
Bouhy
Entrains-sur-Nohain
St.Loup
Cosne-Cours-sur-Loire
Villegeneray
Ciez
Corvol-l'Orgueilleux
Couloutre
Pougny
Perroy
Menestreau
Breugnon
Donzy
St.Laurent
Suilly-la-Tour
Cessy-les-Bois
Menou
Colméry
La Chapelle-St.André
Varzy
Maltaverne
Les Granges
Pouilly-sur-Loire
Champcelée
Ste.Colombe-des-Bois
Les Pontots
Marcy
Garchy
Vielmanay
Collines du Nivernais
Nannay
Châteauneuf-Val-de-Bargis
Champlemy
Mesves-sur-Loire
Narcy
Dompierre-sur-Nièvre
Chevannes-Changy
Arthel
La Charité-sur-Loire
Les Bertins
Raveau
Murlin
Beaumont-la-Ferrière
Giry
Oulon
Champvoux
St.Aubin-les-Forges
Prémery
Lurcy-le-Bourg
Moussy
Chaulgnes
Sichamps
St.Franchy
Pougues-les-Eaux
Villeneuve-la-Guyard
Villiers-sur-Tholon
Aillant-sur-Tholon
Béon
Senan
Laduz
Charmoy
Migennes
Cheny
Bassou
Brienon-sur-Armançon
St.Florentin
Venizy
Neuvy-Sautour
Beugnon
Courtaoult
Germigny
Chéu
Flogny-la-Chapelle
Les Croûtes
Hauterive
Seignelay
L'Ordonnois
Ligny-le-Châtel
Carisey
Appoigny
Gurgy
Pontigny
Villeneuve-St.Salves
Montigny-la-Resle
Varennes
Maligny
Dyé
Fleury-la-Vallée
Auxerre-Nord
Moneteau
Lignorelles
Tissey
St.Aubin-Château-Neuf
Bleury
St.Georges-sur-Baulche
Auxerre
Venoy
Beine
Chablis
Fleys
Auxerre-Sud
Pourrain
Chevannes
Vallan
Soleil Levant
Champs-sur-Yonne
Notre Dame
Chemilly-sur-Serein
Diges
Escamps
St.Cyr-les-Colons
Irancy
Lichères-près-Aigremont
Aigremont
Vincelles
Cravant
Bazarnes
Vermenton
Nitry
Poilly-sur-Serein
Courson-les-Carrières
Lucy-sur-Cure
Sacy
Fouronnes
Mailly-le-Château
Joux-la-Ville
Arcy-sur-Cure
Avigny
Coutarnoux
Merry-sur-Yonne
Voutenay-sur-Cure
Coulanges-sur-Yonne
Châtel-Censoir
Montillot
Girolles
Lucy-le-Bois
Sauvigny-le-Bois
Lucy-sur-Yonne
Billy-sur-Oisy
Asnières-sous-Bois
Givry
Groß Mont
Oisy
Clamecy
Asquins
St.Père
Avallon
Armes
Chamoux
Vézelay
Dornecy
Church and Hill
Pierre-Perthuis
Ménades
Cussy-les-Forges
Rix
Brèves
Ouagne
La Maison-Dieu
Marrault
St.Germain-des-Champs
St.Brancher
Villiers-le-Sec
Beuvron
Cuzy
Nuars
Villiers-sur-Beuvron
Tannay
Bazoches
Réservoir du Crescent
St.Léger-Vauban
Quarré-les-Tombes
Taconnay
Asnan
Monceaux-le-Comte
Empury
Chalaux
St.Martin-du-Puy
Germenay
Brinon-sur-Beuvron
Chitry-les-Mines
Anthien
Plainefas
Lormes
Gorges de Narvau
Rés. de Chaumeçon
Dun-les-Places
Neuilly
Corbigny
Cervon
Parc Naturel Régional du Morvan
Brassy
St.Brisson
Guipy
St.Révérien
Étang de Vaux
Marcily
Vauclaix
Bonin
Gâcogne
Gouloux
Mouron-sur-Yonne
Montsauche
Epiry
La Collancelle
Ouroux-en-Morvan
Canal du Nivernais
Villemanoche
Serein
Yonne
Aveyron
Loing
Ouanne
Cure
Vanne
Courtenay
Joigny
Nitry
Villeneuve-l'Archevêque
Cosne-N.
Cosne-E.
Cosne-S.
Pouilly-sur-Loire-N.
Pouilly-sur-Loire-S.
Mesves-sur-Loire
La Charité-sur-Loire
La Marche
A6
A5
A19
A77
E15
E54
E511
E60
D225
D660
D606
D905
D2060
D943
D955
D965
D90
D944
D957
D951
D977
N6
N77
N151
1
2
3
4
6
7
8
9
10
14
15
19
20
21

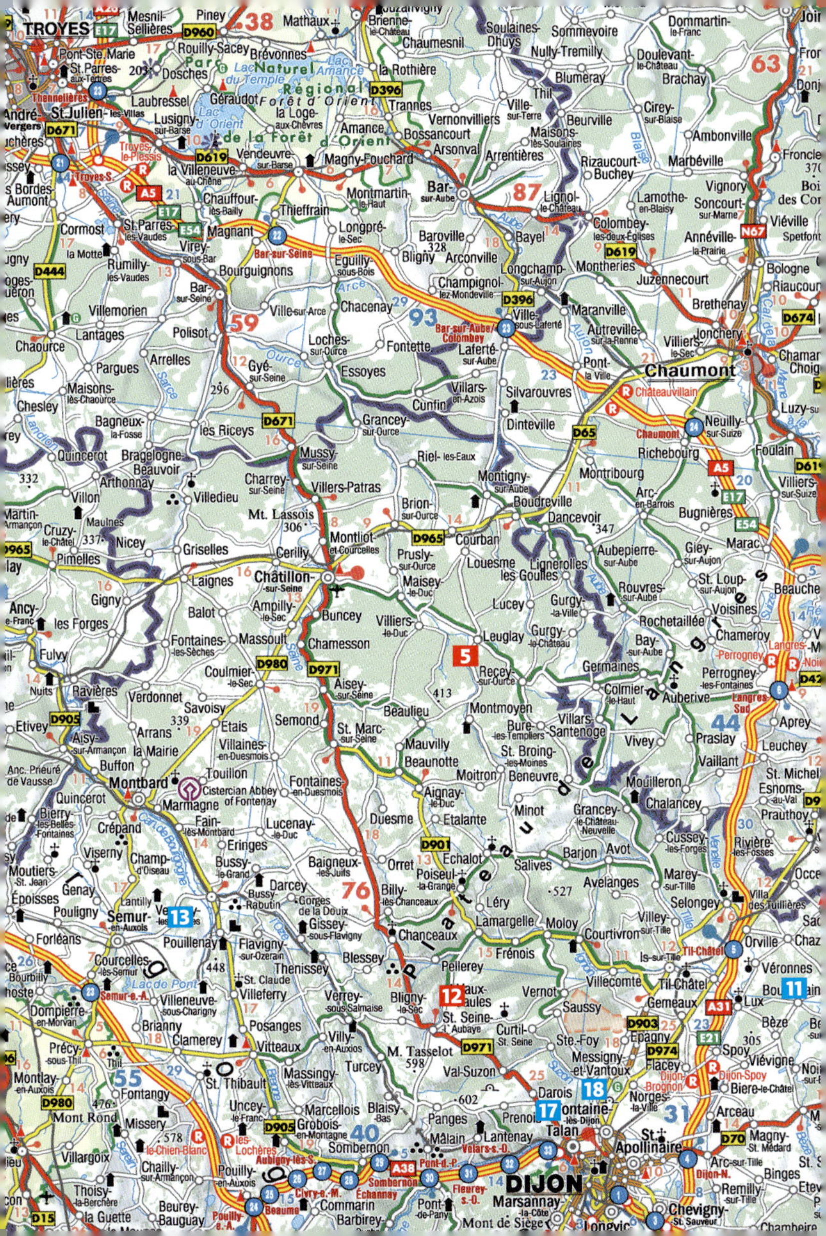

TROYES
Mesnil-Sellières
Piney
Mathaux
Brienne-le-Château
Soulaines-Dhuys
Sommevoire
Dommartin-le-Franc
Pont-Ste-Marie
Rouilly-Sacey
Brévonnes
Chaumesnil
Nully-Tremilly
Doulevant-le-Château
St-Parres-aux-Tertres
Parc Naturel Régional de la Forêt d'Orient
Lac Amance
Lac du Temple
La Rothière
Blumeray
Brachay
Dosches
Laubressel
Géraudot
Forêt d'Orient
Trannes
Thil
Vernonvilliers
Ville-sur-Terre
Beurville
Cirey-sur-Blaise
St-Julien-les-Villas
Lusigny-sur-Barse
La Loge-aux-Chèvres
Lac d'Orient
Amance
Bossancourt
Maisons-lès-Soulaines
Ambonville
Vendeuvre-sur-Barse
Arsonval
Arrentières
Rizaucourt-Buchey
Marbéville
Froncles
La Villeneuve-au-Chêne
Magny-Fouchard
Bar-sur-Aube
Lignol-le-Château
Lamothe-en-Blaisy
Vignory
Troyes-S.
Aumont
Chauffour-lès-Bailly
Thieffrain
Montmartin-le-Haut
Soncourt-sur-Marne
Colombey-les-deux-Églises
Viéville
Cormost
St-Parres-lès-Vaudes
Magnant
Longpré-le-Sec
Baroville
Bayel
Annéville-la-Prairie
Virey-sous-Bar
Bar-sur-Seine
Arconville
Bligny
Montheries
Bologne
La Motte
Rumilly-lès-Vaudes
Bourguignons
Eguilly-sous-Bois
Longchamp-sur-Aujon
Juzennecourt
Riaucourt
Champignol-lez-Mondeville
Bar-sur-Seine
Chacenay
Maranville
Brethenay
Villemorien
Ville-sur-Arce
Bar-sur-Aube/Colombey
Ville-sous-Laferté
Autreville-sur-la-Renne
Jonchery
Lantages
Polisot
Loches-sur-Ource
Fontette
Laferté-sur-Aube
Villiers-le-Sec
Chaource
Arrelles
Gyé-sur-Seine
Essoyes
Pont-la-Ville
Chaumont
Pargues
Villars-en-Azois
Silvarouvres
Châteauvillain
Maisons-lès-Chaource
Cunfin
Chesley
Grancey-sur-Ource
Dinteville
Neuilly-sur-Suize
Luzy-sur-Marne
Bagneux-la-Fosse
Les Riceys
Chaumont
Richebourg
Foulain
Quincerot
Bragelogne-Beauvoir
Mussy-sur-Seine
Riel-les-Eaux
Montribourg
Arthonnay
Charrey-sur-Seine
Villers-Patras
Montigny-sur-Aube
Arc-en-Barrois
Villiers-sur-Suize
Villon
Villedieu
Brion-sur-Ource
Boudreville
Bugnières
Maulnes
Mt. Lassois
Dancevoir
Cruzy-le-Châtel
Nicey
Montliot-et-Courcelles
D965
Courban
Aubepierre-sur-Aube
Giey-sur-Aujon
Marac
Pimelles
Griselles
Cerilly
Prusly-sur-Ource
Louesme
Lignerolles
Les Goulles
St. Loup-sur-Aujon
Laignes
Châtillon-sur-Seine
Maisey-le-Duc
Rouvres-sur-Aube
Beauchemin
Gigny
Ancy-le-Franc
Balot
Ampilly-le-Sec
Buncey
Lucey
Gurgy-la-Ville
Voisines
Les Forges
Villiers-le-Duc
Gurgy-le-Château
Rochetaillée
Fontaines-les-Sèches
Massoult
Chamesson
Leuglay
Bay-sur-Aube
Chameroy
Langres
Fulvy
Recey-sur-Ource
Germaines
Perrogney-les-Fontaines
Nuits
Ravières
Verdonnet
Coulmier-le-Sec
Aisey-sur-Seine
Colmier-le-Haut
Auberive
Langres Sud
Savoisy
Semond
Montmoyen
Etivey
Etais
Beaulieu
Villars-Santenoge
Praslay
Aprey
Aisy-sur-Armançon
Arrans
Villaines-en-Duesmois
St. Marc-sur-Seine
Mauvilly
Bure-les-Templiers
Vivey
Leuchey
Buffon
La Mairie
Beaunotte
St. Broing-les-Moines
Vaillant
Anc. Prieuré de Vausse
Touillon
Moitron
Beneuvre
St. Michel
Montbard
Cistercian Abbey of Fontenay
Fontaines-en-Duesmois
Aignay-le-Duc
Mouilleron
Esnoms-au-Val
Quincerot
Marmagne
Chalancey
Prauthoy
Bierry-les-Belles-Fontaines
Fain-lès-Montbard
Lucenay-le-Duc
Etalante
Minot
Grancey-le-Château-Neuvelle
Crépand
Eringes
Duesme
Cussey-les-Forges
Viserny
Champ-d'Oiseau
Bussy-le-Grand
Baigneux-les-Juifs
Echalot
Avot
Rivière-les-Fosses
Moutiers-St. Jean
Orret
Barjon
Darcey
Poiseul-la-Grange
Salives
Marey-sur-Tille
Genay
Lantilly
Bussy-Rabutin
Gorges de la Douix
Billy-lès-Chanceaux
Avelanges
Époisses
Venarey-les-Laumes
Gissey-sous-Flavigny
Léry
Selongey
Villa des Tuillières
Pouligny
Semur-en-Auxois
Chanceaux
Lamargelle
Moloy
Villey-sur-Tille
Forléans
Pouillenay
Flavigny-sur-Ozerain
Blessey
Frénois
Courtivron
Is-sur-Tille
Til-Châtel
Orville
Courcelles-lès-Semur
Thenissey
Pellerey
Véronnes
Bourbilly
Lac de Pont
St. Claude
Villeferry
Vernot
Villecomte
Til-Châtel
Semur-e.-A.
Villeneuve-sous-Charigny
Verrey-sous-Salmaise
Bligny-le-Sec
Vaux-Saules
Saussy
Gemeaux
Lux
Dompierre-en-Morvan
Brianny
Posanges
St. Seine-l'Abbaye
Curtil-St. Seine
Epagny
Bèze
Clamerey
Vitteaux
Villy-en-Auxois
Ste.-Foy
Spoy
Précy-sous-Thil
Thil
M. Tasselot
Messigny-et-Vantoux
Flacey
Viévigne
Noiron-sur-Bèze
Montlay-en-Auxois
St. Thibault
Massingy-lès-Vitteaux
Turcey
Val-Suzon
Dijon-Brognon
Dijon-Spoy
Bière-le-Châtel
Fontangy
Darois
Norges-la-Ville
Uncey-le-Franc
Marcellois
Blaisy-Bas
Fontaine-lès-Dijon
Arceau
Mont Rond
Missery
Grobois-en-Montagne
Panges
Prenois
St. Apollinaire
Magny-St. Médard
Villargoix
Le Chien-Blanc
Les Lochères
Sombernon
Mâlain
Lantenay
Talant
Arc-sur-Tille
Chailly-sur-Armançon
Aubigny-lès-S.
Pont-d.-P.
Velars-s.-O.
Dijon-N.
Binges
Pouilly-en-Auxois
Sombernon
DIJON
Remilly-sur-Tille
Thoisy-la-Berchère
Civry-e.-M.
Échannay
Fleurey-s.-O.
Marsannay-la-Côte
Chevigny-St. Sauveur
La Guette
Beurey-Bauguay
Pouilly-e.-A.
Beaune
Commarin
Barbirey
Pont-de-Pany
Mont de Siège
Longvic
Chambeire
A5
A31
A38
E17
E54
E21
D960
D396
D671
D619
D444
D674
N67
D65
D971
D980
D905
D901
D903
D974
D70
D15
D424

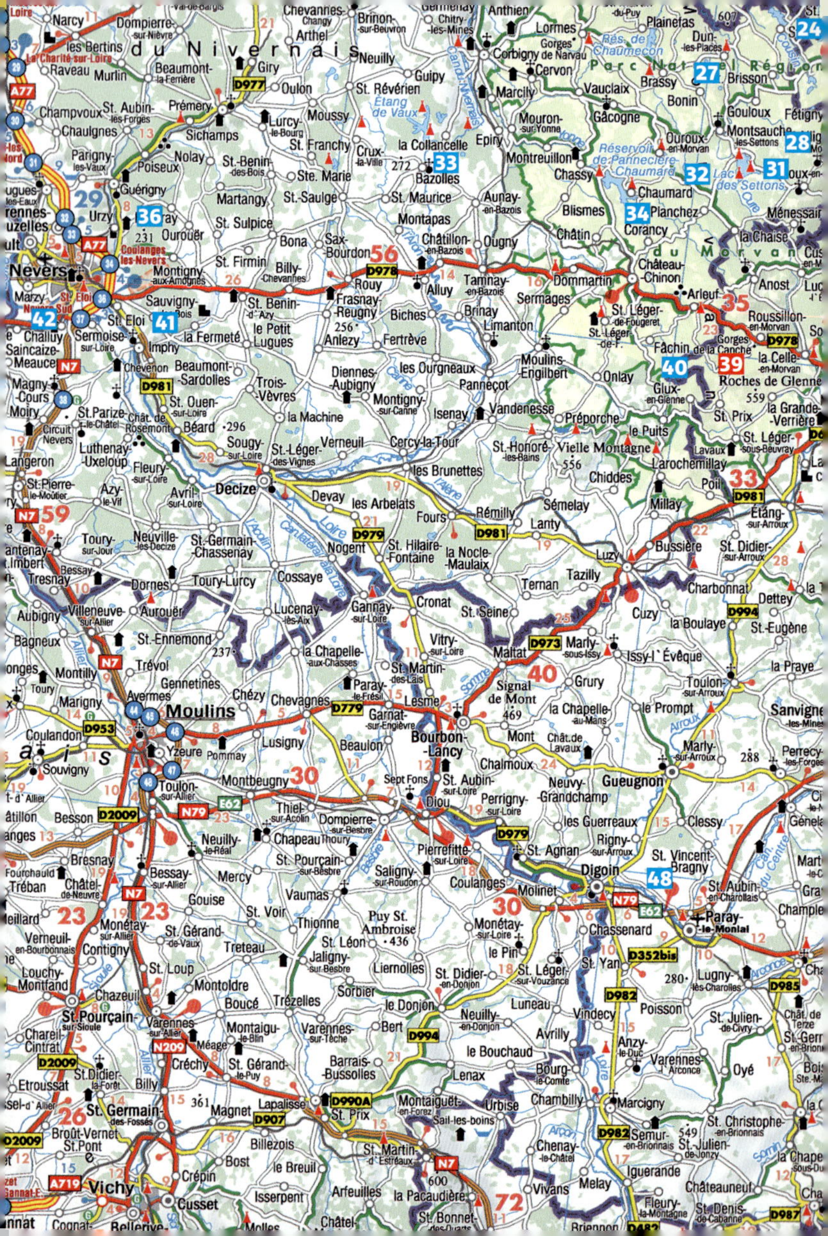

du Nivernais
Parc Naturel Régional du Morvan
Nevers
Moulins
Decize
Digoin
Gueugnon
Bourbon-Lancy
Vichy
Cusset
Paray-le-Monial
Château-Chinon
St. Pourçain-sur-Sioule
Lapalisse
Narcy
Dompierre-sur-Nièvre
les Bertins
La Charité-sur-Loire
Raveau
Murlin
Beaumont-la-Ferrière
Giry
Oulon
Chevannes-Changy
Arthel
Brinon-sur-Beuvron
Neuilly
Chitry-les-Mines
Anthien
Corbigny
Lormes
Gorges de Narvau
Cervon
Marcilly
Guipy
St. Révérien
Etang de Vaux
Champvoux
Chaulgnes
St. Aubin-les-Forges
Prémery
Sichamps
Lurcy-le-Bourg
Moussy
St. Franchy
Crux-la-Ville
la Collancelle
Epiry
Mouron-sur-Yonne
Vauclaix
Gacogne
Bonin
Brassy
Brisson
Gouloux
Montsauche-les-Settons
Ouroux-en-Morvan
Réservoir de Pannecière-Chaumard
Lac des Settons
Chaumard
Planchez
Corancy
Montreuillon
Chassy
Blismes
Châtin
Parigny-les-Vaux
Poiseux
Nolay
St. Benin-des-Bois
Ste. Marie
Bazolles
Guérigny
Urzy
Martangy
St. Saulge
St. Maurice
Aunay-en-Bazois
Montapas
St. Sulpice
Ourouër
Bona
Sax-Bourdon
Châtillon-en-Bazois
Ougny
Coulanges-lès-Nevers
St. Firmin
Billy-Chevannes
Montigny-aux-Amognes
Rouy
Alluy
Tamnay-en-Bazois
Dommartin
Sermages
Arleuf
Anost
Roussillon-en-Morvan
Gorges de la Canche
la Celle-en-Morvan
Roches de Glenne
Marzy
St. Eloi
Nevers Sud
Sauvigny-les-Bois
St. Benin-d'Azy
Frasnay-Reugny
Biches
Brinay
Limanton
St. Léger-de-Fougeret
St. Léger-de-F.
Fâchin
Challuy
Sermoise-sur-Loire
Saincaize-Meauce
Imphy
la Fermeté
le Petit Lugues
Anlezy
Fertrève
Moulins-Engilbert
Onlay
Glux-en-Glenne
St. Prix
la Grande-Verrière
Magny-Cours
Moiry
Chevenon
Beaumont-Sardolles
Trois-Vèvres
Diennes-Aubigny
les Ourgneaux
Pannecot
Montigny-sur-Canne
Isenay
Vandenesse
Préporche
le Puits
St. Léger-sous-Beuvray
Lavaux
St. Parize-le-Châtel
Circuit Nevers
Châtelet de Rosemont
St. Ouen-sur-Loire
Béard
la Machine
Sougy-sur-Loire
St. Léger-des-Vignes
Verneuil
Cercy-la-Tour
St. Honoré-les-Bains
Vielle Montagne
Larochemillay
Langeron
Luthenay-Uxeloup
Fleury-sur-Loire
les Brunettes
Chiddes
Poil
St. Pierre-le-Moûtier
Azy-le-Vif
Avril-sur-Loire
Devay
les Arbelats
Fours
Rémilly
Sémelay
Millay
Étang-sur-Arroux
Lanty
Luzy
Bussière
St. Didier-sur-Arroux
Toury-sur-Jour
Neuville-lès-Decize
St. Germain-Chassenay
Nogent
St. Hilaire-Fontaine
la Nocle-Maulaix
Tresnay
Bessay
Dornes
Toury-Lurcy
Cossaye
Ternan
Tazilly
Charbonnat
Dettey
Aubigny
Villeneuve-sur-Allier
Aurouër
Lucenay-lès-Aix
Gannay-sur-Loire
Cronat
St. Seine
Cuzy
la Boulaye
St. Eugène
Bagneux
St. Ennemond
la Chapelle-aux-Chasses
Vitry-sur-Loire
Maltat
Marly-sous-Issy
Issy-l'Évêque
Montilly
Trévol
St. Martin-des-Lais
Signal de Mont
Grury
Toulon-sur-Arroux
la Praye
Toury
Marigny
Avermes
Gennetines
Chézy
Chevagnes
Paray-le-Frésil
Lesme
la Chapelle-au-Mans
le Prompt
Sanvignes-les-Mines
Coulandon
Garnat-sur-Engièvre
Mont
Châtelet de Lavaux
Marly-sur-Arroux
Perrecy-les-Forges
Souvigny
Yzeure
Pommay
Lusigny
Beaulon
Chalmoux
Neuvy-Grandchamp
Toulon-sur-Allier
Montbeugny
Sept Fons
St. Aubin-sur-Loire
Perrigny-sur-Loire
Besson
Thiel-sur-Acolin
Dompierre-sur-Besbre
Diou
les Guerreaux
Clessy
Génelard
Chapeau
Thoury
Neuilly-le-Réal
St. Pourçain-sur-Besbre
Pierrefitte-sur-Loire
St. Agnan
Rigny-sur-Arroux
St. Vincent-Bragny
Bresnay
Bessay-sur-Allier
Mercy
Saligny-sur-Roudon
Coulanges
Molinet
St. Aubin-en-Charollais
Fourchaud
Tréban
Châtel-de-Neuvre
Gouise
Vaumas
Chassenard
Champlecy
Meillard
St. Voir
Thionne
Puy St. Ambroise
Monétay-sur-Allier
St. Gérand-de-Vaux
Monétay-sur-Loire
Verneuil-en-Bourbonnais
Contigny
Treteau
St. Léon
Jaligny-sur-Besbre
Liernolles
le Pin
St. Yan
Lugny-lès-Charolles
St. Loup
Louchy-Montfand
Montoldre
St. Didier-en-Donjon
St. Léger-sur-Vouzance
Chazeuil
Boucé
Trézelles
Sorbier
le Donjon
Luneau
Poisson
Varennes-sur-Allier
Montaigu-le-Blin
Méage
Varennes-sur-Tèche
Bert
Neuilly-en-Donjon
Avrilly
Vindecy
St. Julien-de-Civry
Châtel-de-Neuvre
Chareil-Cintrat
Créchy
St. Gérand-le-Puy
Barrais-Bussolles
le Bouchaud
Bourg-le-Comte
Anzy-le-Duc
Varennes-l'Arconce
Oyé
St. Didier-la-Forêt
Billy
Lenax
Etroussat
Montaiguët-en-Forez
Urbise
Chambilly
Marcigny
St. Germain-des-Fossés
Magnet
St. Prix
Sail-les-bains
Semur-en-Brionnais
St. Julien-de-Jonzy
St. Christophe-en-Brionnais
Broût-Vernet
St. Pont
Billezois
St. Martin-d'Estréaux
Chenay-le-Châtel
Iguerande
Crépin
Bost
le Breuil
Arfeuilles
la Pacaudière
Vivans
Melay
Châteauneuf
Isserpent
Fleury-la-Montagne
St. Denis-de-Cabanne
Bellerive
Cognat
Molles
Châtel
St. Bonnet-des-Quarts
Briennon
Canal du Nivernais
Canal latéral à la Loire
Canal du Centre
Loire
Allier
Aron
Arroux
Besbre
Sioule
Somme
Arconce
Sornin
Acolin
Cure
Yonne
Alène
Canne
A77
A719
N7
N79
N209
E62
D977
D978
D981
D979
D973
D779
D953
D2009
D994
D990A
D907
D982
D352bis
D985
D987

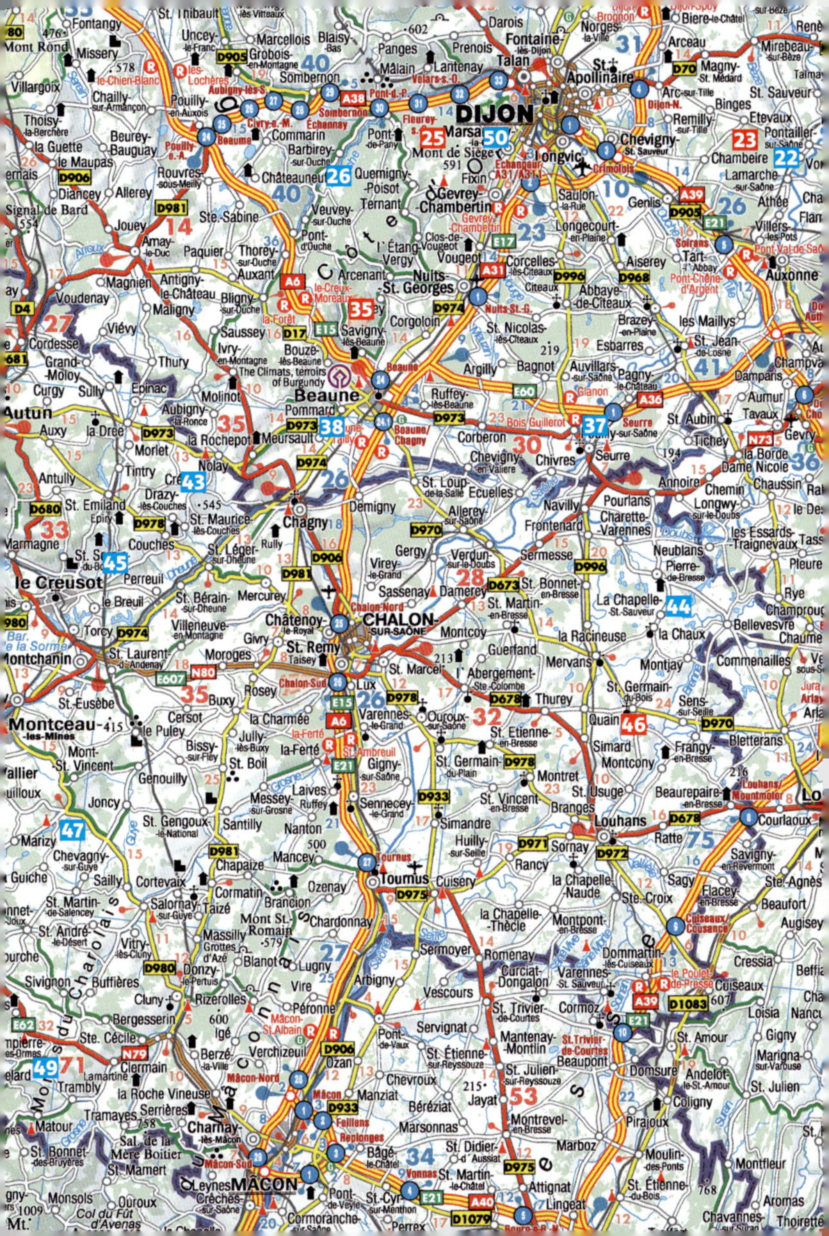

DIJON
Fontaine-lès-Dijon
Talant
Plombières-lès-Dijon
St. Apollinaire
Chevigny-St. Sauveur
Longvic
Marsannay-la-Côte
Mont de Siège
Gevrey-Chambertin
Fixin
Saulon-la-Rue
Genlis
Longecourt-en-Plaine
Sombernon
Pouilly-en-Auxois
Commarin
Châteauneuf
Bligny-sur-Ouche
Nuits-St. Georges
Vougeot
Arcenant
Corgoloin
Savigny-lès-Beaune
Beaune
Pommard
Meursault
Bouze-lès-Beaune
The Climats, terroirs of Burgundy
la Rochepot
Nolay
Chagny
Demigny
Corberon
Chevigny-en-Valière
Seurre
St. Jean-de-Losne
Auxonne
Brazey-en-Plaine
Cîteaux
Abbaye-de-Cîteaux
Autun
Epinac
Couches
Le Creusot
Montchanin
Montceau-les-Mines
St. Vallier
Chalon-sur-Saône
Châtenoy-le-Royal
St. Rémy
St. Marcel
Givry
Buxy
Verdun-sur-le-Doubs
Sennecey-le-Grand
Tournus
Cuisery
Louhans
Pierre-de-Bresse
Montret
Romenay
Pont-de-Vaux
Cluny
St. Gengoux-le-National
Mâcon
Charnay-lès-Mâcon
Sancé
Replonges
Bâgé-le-Châtel
Pont-de-Veyle
Crêches-sur-Saône
St. Trivier-de-Courtes
Montrevel-en-Bresse
Cuiseaux
Côte d'Or
Monts du Charolais
Monts du Mâconnais
Saône

TOURISTISCHE HINWEISE

Anforderungen

Die meisten Wanderungen verlaufen auf markierten Wegen und Pfaden, manchmal auch auf geteerten Sträßchen (was in Frankreich nicht immer zu vermeiden ist), die aber in der Regel wenig Verkehr aufweisen. Jedoch sind die Markierungen, die Beschilderungen und die Beschaffenheit der Wege oft nicht so vorbildlich wie im deutschsprachigen Alpenraum. Obwohl die Region nur Höhen bis 900 m aufweist, verlangen einige Touren durchaus etwas Kondition und Trittsicherheit. Ebenfalls erhöht sich der Schwierigkeitsgrad bei oder nach schlechtem Wetter durch eingeschränkte Sicht oder Rutschgefahr. Um die Anforderungen einer Tour auf den ersten Blick besser beurteilen zu können, wurden die Nummern der Tourenvorschläge verschiedenfarbig markiert.

SCHWIERIGKEITSKATEGORIEN

■ = Leicht

Diese Wege sind meist gut markiert, ausreichend breit, nur mäßig steil und auch bei schlechtem Wetter relativ gefahrlos zu begehen. Sie eignen sich auch für ältere Leute und Kinder.

■ = Mittel

Diese Wege sind in der Regel noch ordentlich markiert, oft aber schmal, z. T. auch steil und können auf kurzen Passagen etwas ausgesetzt sein oder weglos verlaufen. Ein gewisses Maß an Trittsicherheit, Schwindelfreiheit und Orientierungsvermögen ist daher erforderlich.

Gefahren

Die Mehrzahl der Touren verläuft auf gut angelegten und markierten Wegen; bei ausgesetzten, anspruchsvollen oder unmarkierten Pfaden bzw. weglosen Passagen wird im Text darauf hingewiesen. Bei schlechtem Wetter mit Nebel, Regen und Sturm (oder Schneefall im Winter) kann es zu Sicht- oder Rutschproblemen kommen. Im Sommer ist in den Wäldern nach längeren Trockenperioden mit erhöhter Brandgefahr zu rechnen.

Beste Jahreszeit

Wanderungen sind im Prinzip ganzjährig möglich. Als günstigste Monate erweisen sich von den Temperaturen her April, Mai und Juni sowie September und Oktober. Im Juli und August ist es am wärmsten und in der Regel am trockensten, aber aufgrund der französischen Sommerferien sind auch die meisten Leute unterwegs. Während der übrigen Monate ist es eine sehr ruhige Wanderregion. Im Frühjahr besticht die Landschaft vor allem durch die Blüte, im Herbst durch das bunte Laub in den Wäldern und Weinbergen. Im Winter sind in den tieferen Lagen schneefreie Touren möglich.

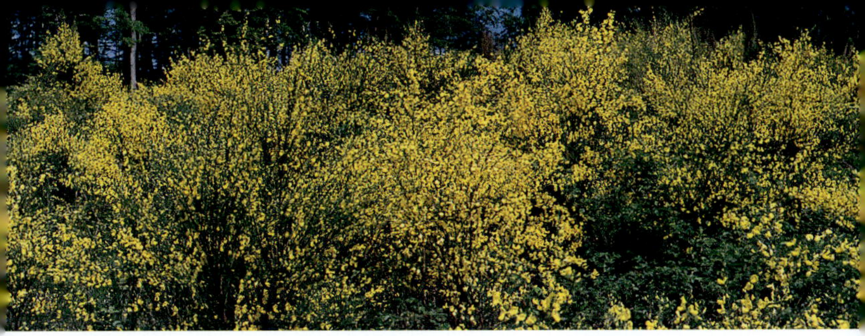

Im Frühsommer setzt der Ginster farbige Akzente im Wald von Léringny.

Ausrüstung

Feste Schuhe mit Profilsohlen, eine strapazierfähige Hose (als Schutz vor Gestrüpp), Regenschutz (im Winter auch ein Kälteschutz), Verbandsmaterial, ausreichend Proviant und Getränke (nicht immer gibt es unterwegs Einkehrmöglichkeiten), Wanderführer, Landkarte (evtl. ein Kompass), Fernglas, Fotoapparat und verstellbare Stöcke sollten bei Ihrer Wanderung nicht fehlen.

Karten

Den einzelnen Tourenvorschlägen sind farbige Wanderkärtchen (i. d. R. im Maßstab 1:50.000) mit Routeneintragungen beigefügt. Wer sich zusätzliche Kartenblätter anschaffen möchte, dem seien die hervorragenden Karten des IGN im Maßstab 1:25.000 empfohlen: für die touristisch erschlosseneren Gebiete die neuere Serie »Top 25« mit farbiger Einzeichnung der Wanderwege, für den Rest der Region Burgund die neue »Série bleue« mit ihren Doppelblättern (SB). Da es sehr viele Einzelblätter sind, wird bei jeder Tour die entsprechende Karte angegeben.

GPS-TRACKS UND KOORDINATEN DER AUSGANGSPUNKTE

Auf **gps.rother.de** stehen zu diesem Wanderführer GPS-Tracks und die Koordinaten der Ausgangspunkte zum kostenlosen Download bereit. Dieser QR-Code führt direkt zum Download.
2. Auflage, Passwort: **440802kpn**
Die GPS-Tracks können in die **Rother App** importiert werden. In der App kann man unterwegs stets sehen, wo man gerade ist und wo es langgeht. **Anleitungen dazu: rother.de/gps**
Trotz sorgfältiger Prüfung können wir Fehler und zwischenzeitliche Veränderungen nicht ausschließen. Verlassen Sie sich für die Orientierung niemals einzig und allein auf die GPS-Daten, sondern beurteilen Sie die Verhältnisse vor Ort.

TOP-TOUREN

Die sieben Schleusen von Rogny
Ein technisches Wunderwerk, ein verwunschener Bach, ein idyllischer See und ein alter Kanal mit urwaldartigem Bewuchs prägen diese abwechslungsreiche Runde *(Tour 6, 2.30 h).*

Die Felsen von Saussois
Eindrucksvoll erheben sich die Kletterfelsen aus Kalk über dem malerischen Tal der Yonne und gewähren dem Wanderer fantastische Tiefblicke auf den Fluss *(Tour 9, 3.45 h).*

Die Gorges de la Cure bei Pierre-Perthuis
Neben der eindrucksvollen gotischen Kirche von St-Père stehen vor allem eine natürliche Steinbrücke sowie die reizvolle Waldschlucht der Cure mit ihrer vielfältigen Vegetation im Vordergrund *(Tour 15, 4 h).*

Die Schlucht der Cure und der Wald von Le Duc
Die eindrucksvolle Schlucht der Cure bietet dem Wanderer eine urwaldartige Vegetation, der See von Griottier Blanc beeindruckt durch seine nordische Atmosphäre *(Tour 21, 4 h).*

Rund um den Lac de St-Agnan
Das dunkelblaue Wasser des Sees liegt in einer hügeligen Landschaft mit Birken, Nadelbäumen, Fingerhut und moorigen Flächen, die an die schottischen Highlands erinnert *(Tour 24, 2.30 h).*

Umrundung des Lac de Chamboux
Der Rundweg um den malerischen See mit Wiesen, Wald und moorigen Zonen sowie einer interessanten Flora und Fauna bietet viel Ruhe in einer unberührten Natur *(Tour 29, 1.50 h).*

Rund um den Lac des Settons
Die Umrundung des abwechslungsreichen Sees mit seinen Tannen- und Lärchenwäldern ist für Naturliebhaber und Ornithologen ein Erlebnis. Auch Baden und Bootfahren sind angesagt *(Tour 31, 4 h).*

Rund um Bouilland
Das grüne Tal des Rhoin ist von den eindrucksvollen Felsformationen von Châtelet mit ihren frühgeschichtlichen Siedlungsresten durchsetzt, die karstige Hochfläche erinnert an den Jura *(Tour 35, 3.30 h).*

Die Gorges de la Canche
Die unberührte Schlucht im schattigen Wald von Glenne mit ihren Wasserfällen, bemoosten Felsen und imposanten Steilwänden wurde inzwischen unter Naturschutz gestellt *(Tour 39, 3.30 h).*

Am Bec d'Allier
Die Mündung von Allier und Loire mit ihren unverbauten Flussläufen und den intakten Auwäldern ist berühmt für die reiche Flora und Fauna, also Natur pur *(Tour 42, 1.45 h).*

Wanderführer sowie Landkarten sind wichtige Hilfsmittel bei jeder Tour und sollten im Gepäck nie fehlen. Ohne eine gute Vorbereitung und die nötige Sorgfalt beim Kartenlesen nutzen sie jedoch kaum. Orientieren Sie sich daher an jeder Abzweigung und vergleichen Sie Routenbeschreibung und Wegverlauf.

Gehzeiten
Die Zeitangaben beziehen sich immer auf die reine Gehzeit ohne Pausen. Diesen Zahlen haftet zwar stets eine gewisse Subjektivität an, aber es wurde versucht, die Gehzeiten einem mittleren Wandertempo anzupassen. In der Tou-

renüberschrift wird immer die Gesamtdauer angegeben. In den Höhenprofilen finden Sie auch die Etappenzeiten sowie die Angabe zur Gesamtlänge der Tour.

Stützpunkte

Hütten wie in den Alpen gibt es in Burgund keine. Außerhalb von Ortschaften mit Hotels und Lokalen existieren in der Regel nur wenig Einkehrmöglichkeiten oder Stützpunkte wie die sogenannten »Gîtes d'étape«, die sehr einfache Übernachtungen mit Verpflegung entlang der Weitwanderwege (s. u.) anbieten. Ein Symbol in der Tourenüberschrift weist zusätzlich auf Einkehrmöglichkeiten unterwegs hin.

Anfahrt

Das öffentliche Nahverkehrsnetz lässt in Frankreich leider noch immer etwas zu wünschen übrig, denn außer den größeren Orten sind die anderen Ausgangspunkte nur mit wenigen Verbindungen täglich oder oft überhaupt nicht mit Bus oder Bahn zu erreichen.
In der Tourenüberschrift und im Tourensteckbrief wird neben der Anfahrt mit dem Pkw auch auf Bahnhöfe und Bushaltestellen verwiesen. Man sollte sich auf jeden Fall die aktuellen Fahrpläne besorgen.

Natur- und Umweltschutz

Burgund bietet viele Naturschönheiten wie ursprüngliche Wälder, zahlreiche Seen, Höhlen, Wasserfälle und herrliche Blumenwiesen (vor allem im Frühjahr). Die Umweltsünden sind in den letzten Jahren zum Glück zurückgegangen. Ein erhöhtes Interesse am Natur- und Umweltschutz von staatlicher Seite belegt die Tatsache, dass neue Naturschutzgebiete geschaffen wurden. Bitte tragen auch Sie als Wanderer Ihren Teil bei: Respektieren Sie die Natur, pflücken Sie keine Pflanzen, stören Sie keine Tiere und bleiben Sie auf den Wegen. Nehmen Sie auch Ihren Abfall wieder mit, werfen Sie bitte keine Zigaretten weg und machen Sie keinesfalls ein offenes Feuer, wenn Brandgefahr besteht.

SYMBOLE

Symbole im Tourenkopf

- Mit Bahn/Bus erreichbar
- Einkehrmöglichkeit unterwegs
- für Kinder geeignet

Symbole im Höhenprofil

- Ort mit Einkehrmöglichkeit
- Einkehrmöglichkeit
- P eingerichteter Parkplatz
- Bus- bzw. Bahnanschluss
- Kirche, Kapelle, Marterl/Bildstock
- Burg, Schloss, Ruine
- archäologische Stätte
- Quelle
- Zeltplatz
- Picknickplatz
- Aussichtspunkt

Der Umwelt zuliebe ...

Auch beim Wandern hinterlassen wir einen ökologischen Fußabdruck, aber im Einklang mit der Natur unterwegs zu sein, ist gar nicht so schwer!

VORBEREITUNG UND ANFAHRT

- Sich vorab informieren, worauf in Bezug auf Natur und Umwelt in der jeweiligen Wanderregion besonders zu achten ist.
- Soweit möglich mit Bahn und Bus anreisen, Wander- und Rufbusse nutzen.
- Ist eine Anfahrt mit dem Auto nötig, Fahrgemeinschaften bilden.
- Bei weiten Anfahrten Mehrtagestouren planen oder von einem Quartier vor Ort aus mehrere Touren absolvieren.
- Flugreisen möglichst reduzieren und durch Beiträge zu Klimaschutzprojekten kompensieren.

KLEIDUNG UND AUSRÜSTUNG

- Beim Kauf von Outdoor-Kleidung auf umweltfreundliche und faire Herstellung achten und Kleidungsstücke möglichst viele Jahre nutzen.
- Ausrüstung kann man eventuell auch gebraucht kaufen oder ausleihen.
- Reparieren statt neu kaufen.

VERPFLEGUNG

- Beim Einkauf Bio-Ware, regionale und saisonale Erzeugnisse bevorzugen.
- Hütten und Gasthäuser auswählen, die regionale Produkte verwenden.
- Auf Einwegflaschen und Plastikverpackungen verzichten, stattdessen wiederverwendbare Trinkflaschen und Brotzeitboxen benutzen.

ÜBERNACHTUNG

- Bei lokalen Anbietern buchen, damit Menschen vor Ort profitieren.
- Auf Hütten und in anderen Unterkünften Strom und Wasser sparen.

UNTERWEGS

- Wege benutzen und Abkürzer vermeiden.
- Sperrungen von Wegen und Schutzgebieten respektieren.
- Keine Blumen pflücken und keine Pflanzen entnehmen.
- Waldbrandgefahr beachten.
- Müll wieder mit nach Hause nehmen und dort entsorgen.
- Toilettengänge in freier Natur möglichst vermeiden.
- Lärm vermeiden.
- Hunde an die Leine nehmen.

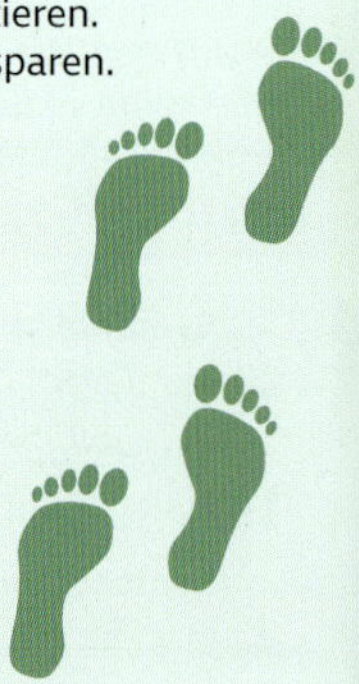

ROTHER BERGVERLAG

WANDERN IN BURGUND

Das Land

Burgund, das 2016 mit der Franche-Comté zu einer neuen Region vereinigt wurde, besteht aus den Departements Côte d'Or mit der Hauptstadt Dijon, Nièvre mit der Hauptstadt Nevers, Saône-et-Loire mit der Hauptstadt Mâcon und Yonne mit der Hauptstadt Auxerre. Es existieren aber noch zahlreiche historische Landschaften wie Auxois, Bazois, Châtillonnais, Sénonais, Gâtinais, Puisaye, Nivernais, Charolais, Brionnais, Mâconnais, Tonnerois, Morvan oder die Bresse.

Burgund liegt zwischen dem Pariser Becken im Norden, dem Zentralmassiv im Süden, der Loire im Westen und der Saône im Osten. Es ist eine sehr vielfältige Landschaft mit sonnigen Weinbergen, dichten Wäldern, grasigen Hochflächen und fruchtbaren Ebenen. Das ganze Land hat einen sehr hügeligen Charakter. Richtige Berge gibt es nicht: Die höchste Erhebung ist der Haut Folin mit 901 m. Burgund wird geprägt von Wiesen und Feldern sowie im Süden von vielen Weiden für die Charolais-Rinder (60 % der Fläche für landwirtschaftliche Nutzung), immer wieder durchsetzt von Wald (ca. 30 % der Gesamtfläche), besonders im Morvan. Viele französische Weihnachtsbäume kommen aus dieser Region. Die Landschaft ist zum Glück noch weitgehend ländlich und bäuerlich geprägt. Größere Industrieansiedlungen sind nur im Umfeld der größeren Städte zu finden.

Vier große Flüsse durchströmen das Gebiet: die Saône mit der Ebene der Bresse im Osten, ebenso die Seine, die Yonne in der Mitte sowie die Loire im Westen. Daneben gibt es zahlreiche kleinere Flüsse wie Vingeanne, Ar-

Die Charolais-Rinder erfreuen sich ausgedehnter Weiden.

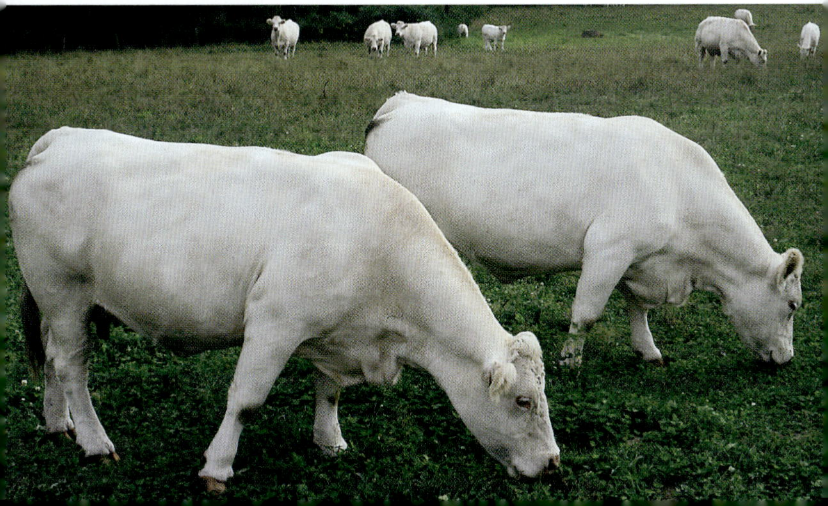

mançon, Arroux, Cure oder Cousin, die in Richtung Mittelmeer oder Atlantik entwässern. Dabei haben sie zum Teil auch schöne Schluchten (Canche oder Cure) geschaffen. Der Wasserreichtum der Gegend zeigt sich auch in vielen, oft aufgestauten Seen (z. B. Baye, Settons, Crescent, Agnan, Pannecière-Chaumard, Bourbon, Moutiers, Rousset oder St-Sernin), die oft im Morvan liegen und zum besonderen Reiz der Landschaft beitragen. Eine Tropfsteinhöhle bei Arcy an der Cure und ein Wasserfall bei Gouloux im Morvan bereichern zusätzlich die Natur.
Burgund ist auch bekannt für seine zahlreichen kulinarischen Spezialitäten: Pilze und roher Schinken aus dem Morvan, Kräuterschinken und Senf aus Dijon, Käsesorten wie Époisses, Cabriotte oder Délice de Bourgogne. Hervorragend sind auch die Obstschnäpse und Liköre, besonders aus Schwarzen Johannisbeeren (Cassis). Weltruf genießen die Rot- und Weißweine von der Côte d'Or, die ihren Preis haben.
Berühmte Persönlichkeiten Burgunds sind der Festungsbaumeister Vauban (1633–1707) und der Dichter Alphonse de Lamartine (1790–1869).

Flora und Fauna

Die Flora in Burgund zählt über 1500 Arten. Es gedeihen unter anderem Spitzorchis, Waldbingelkraut, Gefiederte Zahnwurz, Zweiblättriger Blaustern, Buschwindröschen, Fester Lerchensporn, Gewöhnliche Manns-Orchis, Rotes Waldvögelein, Küchenschelle, Bocks-Riemenzunge, Puppenorchis, Feuerrotes Adonisröschen, Acker-Gelbstern, Welliger Saflor, Acker-Ringelblume, Sonnenwend-Flockenblume, Alpen-Gänsekresse, Gelbe Schwertlilie, Bergarnika, Waldhyazinthe, Gewöhnliche Moosbeere, Glockenheide, Scheiden-Wollgras und der giftige Rote Fingerhut.
In den Waldgebieten dominieren unter den Nadelbäumen vor allem Fichten und Tannen, aber auch Lärchen und Kiefern, unter den Laubbäumen Buchen, Eichen, dazu Eschen, Ahorn, Kastanien, Linden, Ulmen und Birken.

Ein Weinberg wie aus dem Bilderbuch bei Volnay.

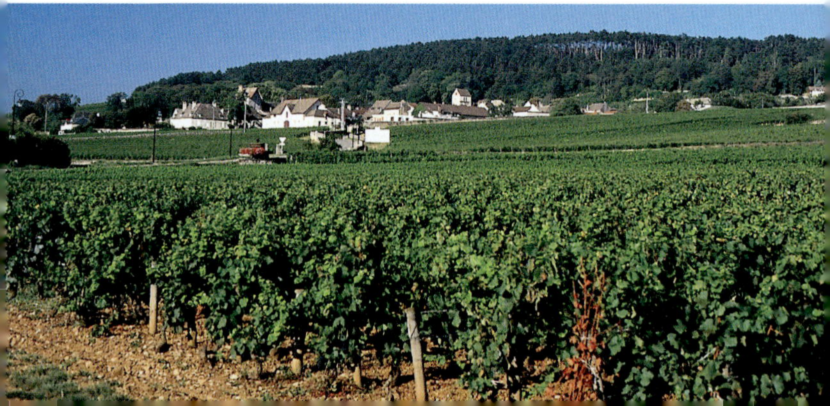

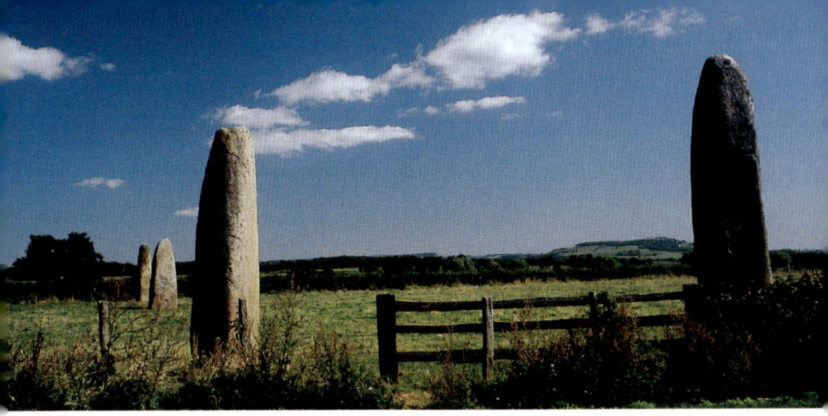

Steinzeitliche Zeugen: die Menhire von Couches.

Im Herbst wachsen hier viele Pilze (wie z. B. Pfifferlinge, Trüffel oder Steinpilze).
Die Fauna ist ebenfalls sehr artenreich. Sehr vielfältig ist die Vogelwelt mit verschiedenen Enten- und Möwenarten sowie Graureiher, Wachtel, Rebhuhn, Haubenmeise, Lerche, Schwarzspecht, Waldschnepfe, Kreuzschnabel, Tannenmeise, Wasseramsel, Tannenhäher, Brachvogel, Eisvogel, aber auch Greifvögel wie Milan, Turmfalke, Mäusebussard, Wanderfalke, Uhu und Raufußkauz. In den Flüssen und Seen kommen zahlreiche Krebs- und Fischarten (z. B. Neunauge, Lachs, Wels, Hecht, Zander) vor. Unter den Säugetieren können wir mit etwas Glück Hirsche, Rehe, Wildschweine, Füchse, Dachse, Marder, Hasen, Igel, Eichhörnchen, Fledermäuse, Biber oder die seltenen Fischotter und Wildkatzen beobachten. Bei den Amphibien und Reptilien kommt neben Fröschen, Kröten, Molchen, Eidechsen und Ringelnattern auch die giftige Kreuzotter vor. Zahlreiche Schmetterlinge und Libellen gibt es ebenfalls.

Naturparks und Naturschutzgebiete

In Burgund wurden seit 1970 zahlreiche Naturschutzgebiete geschaffen. Dies geht auf die gestiegene Bedeutung des Umweltschutzes in Frankreich zurück. Die Aufgaben der regionalen Naturparks liegen sowohl im Schutz der Natur als auch in der naturverträglichen wirtschaftlichen Entwicklung der entsprechenden Region. In den Gemeinden des Parks sollen die wirtschaftlichen Gegebenheiten durch die Gründung von Handwerksbetrieben und Genossenschaften unter Wahrung des landwirtschaftlichen Charakters der Gegend verbessert werden. Dies ist der große Unterschied zum Nationalpark oder der Réserve Naturelle, die ausschließlich dem Naturschutz dienen. Hier gibt es bestimmte Verhaltensregeln mit Einschränkungen und Verboten, die unbedingt zu beachten sind, z. B.: keine

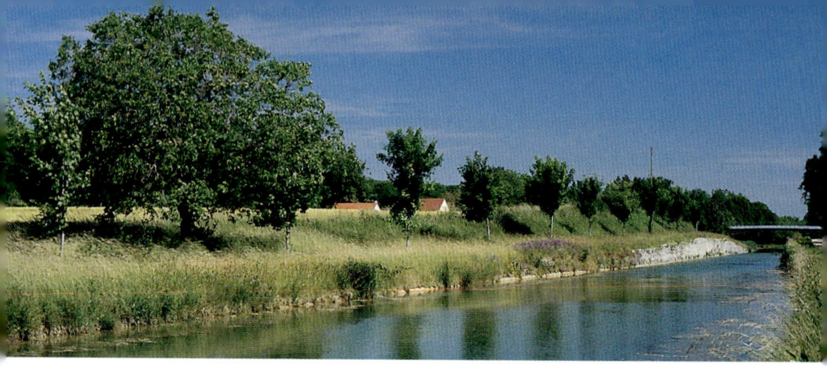

Ruhig fließt das Wasser im Marne-Saône-Kanal bei Beaumont-sur-Vingeanne dahin.

Blumen pflücken, kein Zutritt für Hunde bzw. nur mit Leine, kein Feuer anzünden, kein Camping, die Wege nicht verlassen, Kfz-Fahrverbote; bei Missachtung drohen hohe Geldstrafen. Zum besseren Verständnis der Natur wurden in den Parks zahlreiche Informationszentren und interessante Lehrpfade geschaffen.

Parc naturel régional du Morvan: Er wurde 1970 geschaffen, umfasst 106 Gemeinden und erstreckt sich mit 2581 km² über alle vier Departements von Burgund. Er umfasst die meisten landschaftlichen Schönheiten und die größte Vielfalt an Natur in Burgund.

Réserve naturelle de la Truchère-Ratenelle: Die Landschaft (93 ha) des 1980 gegründeten Reservates ist ein Relikt der Würmeiszeit. Ihre Besonderheit ist der Wechsel von Sanddünen und Mooren. Am sumpfigen Étang Fouget wurde ein Beobachtungspunkt für Vögel eingerichtet.

Im Rahmen des Projekts Réseau Natura 2000 wurden in Burgund über 70 kleine Naturschutzgebiete angelegt, wie z. B.: Réserve naturelle de la Combe Lavaux-Jean Rolland (bei Gevrey-Chambertin), Parc naturel de la Combe à la Serpent (bei Dijon), der Bois du Parc im Tal der Yonne, die Inseln der Loire zwischen La Charité und Pouilly, der Wald von Cîteaux, das Tal der Loire zwischen Digoin und Iguerande, die Mündung von Allier und Loire sowie viele andere.

Nicht zuletzt muss noch erwähnt werden, dass ca. 400 Tier- und Pflanzenarten in Burgund vom Aussterben bedroht sind und deshalb unter strengem Schutz stehen (z. B. Fischotter, Flusskrebs oder Fledermaus).

Weitwanderwege (Sentiers de Grande Randonnée/GR)

Zahlreiche weiß-rot markierte Weitwanderwege (wie der GR 2, 3, 7, 13, 31, 76, 131, 213) durchziehen ganz Burgund. Diese werden meist nur in der französischen Wanderliteratur beschrieben wie z. B. in den »Topoguides« der FFRP (Fédération Française de la Randonnée Pédestre). An den Endpunkten jeder Tagesetappe findet der Wanderer eine sogenannte »Gîte d'étape« vor, eine einfache Unterkunft mit Verpflegungsmöglichkeit.

INFORMATIONEN UND ADRESSEN

Anreise

- Mit dem Auto: Die Anreise führt am günstigsten aus Norddeutschland über die Autobahn A 31 sowie aus Süddeutschland und Österreich über die Autobahn A 36 (beide meist mautpflichtig) nach Burgund. Dort gibt es die Autobahnen A 5, 6, 19, 31, 38, 39 und 77 (meist gegen Gebühr) sowie ein dichtes Netz gut ausgebauter, z. T. vierspuriger National- und Departementstraßen. Von der Schweiz kann die Anreise über die A 36 wie auch über die A 40 erfolgen. Wer es nicht eilig hat, benutzt die gebührenfreien National- bzw. Departementstraßen; sie sind aber meist sehr stark frequentiert (vor allem von vielen Lkws).
- Mit dem Zug: Die größeren Städte sind ziemlich problemlos auf den gut ausgebauten Hauptlinien zu erreichen. Der TGV hält in Dijon, Mâcon, Beaune, Sens, bei Auxerre, Le Creusot und Chalon-sur-Saône; eine Verbindung nach Deutschland besteht über Dole und Straßburg, in die Schweiz über Genf und Lausanne. Allerdings wurden im Lauf der Jahre viele Nebenstrecken stillgelegt und die noch bestehenden Verbindungen stark ausgedünnt.
- Mit dem Flugzeug: Internationale Flughäfen gibt es in Paris oder Lyon; hier muss der Reisende umsteigen. Inlandsflüge gibt es nur, wenn die Bahn für dieselbe Strecke mehr als 2.30 h benötigt.

Auskunft

Zentrale Tourismusbehörde der Region Burgund:

- Bourgogne-Franche-Comté Tourisme, 17, boulevard de la Trémouille, CS 23502, 21035 Dijon Cedex, Tel. +33 970 289 000, bourgognefranchecomte.fr.

Tourismuszentralen der vier einzelnen Departements:

- Côte d'Or-Attractivité: 19, rue Ferdinand de Lesseps, 21000 Dijon, Tel. +33 380 636 949, cotedor-attractivite.com.
- Nièvre Tourisme: 3, rue du Sort, CS 60010, 58028 Nevers Cedex, Tel. +33 386 363 980, nievre-tourisme.com.
- Saône-et-Loire: Destination Saône-et-Loire, 389, avenue de Lattre-de-Tassigny, 71000 Mâcon, Tel. +33 385 210 220, destination-saone-et-loire.fr.
- Yonne: Agence de Développement Touristique et Relais Territorial des Offices de Tourisme et Syndicats d'Initiative de l'Yonne, Bâtiment le 89, 16-18 boulevard de la Marne, 89000 Auxerre, Tel. +33 386 729 200, tourisme-yonne.com.

Im deutschsprachigen Raum können Sie sich an die jeweiligen französischen Zentralen für Tourismus (Atout France) wenden (franceguide.com).

- Deutschland: Postfach 100128, 60001 Frankfurt a. M., info.de@franceguide.com
- Schweiz: Tel. +41 44 2174611, info.ch@atout-france.fr
- Österreich: Tel. +43 1 5032892, info.at@franceguide.com

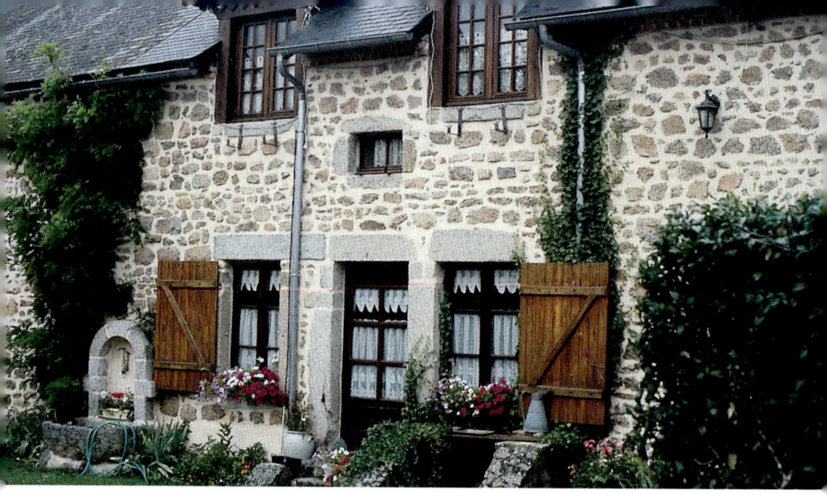

Typisches Landhaus in Burgund: Alligny-en-Morvan.

Camping

Wildes Zelten ist in Frankreich verboten. Suchen Sie deshalb einen der zahlreichen Campingplätze auf. Verzeichnisse gibt es bei den oben genannten Adressen.

Diebstahl

Während in ländlichen oder abgelegenen Gebieten dieses Phänomen kaum anzutreffen ist, muss in größeren Orten oder touristisch stark frequentierten Gegenden mit Diebstahl oder dem Aufbrechen des Autos gerechnet werden. Lassen Sie daher keine Wertgegenstände im Auto und deponieren Sie Geld, Kreditkarten und wichtige Papiere im Safe des Hotels (falls vorhanden).

Feiertage und Ferien

Neujahr, Ostermontag, 1. Mai, 8. Mai, Christi Himmelfahrt, Pfingstmontag, 14. Juli (Nationalfeiertag), 15. August, 1. November, 11. November, 25. Dezember. Die Hauptreisezeit entspricht etwa den französischen Sommerferien von Anfang Juli bis Ende August. Dann ist mit einer höheren Anzahl von Urlaubsgästen zu rechnen. Auch in den Osterferien verreisen Franzosen gern.

Hotels

Hotels gibt es in allen Preisklassen mit entsprechendem Komfort. Ein detailliertes Verzeichnis ist bei den Fremdenverkehrsämtern (s. o.) erhältlich. Auch in Jugendherbergen sind preisgünstige Übernachtungen möglich. Speziell für Fernwanderer wurden entlang der Weitwanderwege die »Gîtes d'étape« eingerichtet, einfache Unterkünfte mit Verpflegung.

Klima

Das Klima in Burgund ist halbkontinental und teilweise starken Unterschieden unterworfen. Das Plateau des Morvan ist bekannt für seine Feuchtigkeit und niedrigen Temperaturen. Während an der Loire im Westen atlantisches Klima herrscht, ist die Ebene der Saône im Südosten schon mediterran geprägt. Der Frühling ist mild und alles blüht, der Sommer hingegen meist heiß und trocken. Im Süden werden dabei 30 °C nicht selten überschritten. Im Herbst zeigt sich nach Nebelauflösung oft die Sonne. Nässe und Nebel kennnnzeichnen den Winter. Schnee fällt oft im Morvan und im südlichen Hügelland des Charolais. So verzeichnet Charolles im Jahresdurchschnitt an 111 Tagen Frost.

Notruf

Polizei/Pannendienst: 17; Feuerwehr/Notarzt: 18.

Schlangen

Neben den harmlosen Arten wie der Ringelnatter kommt in den feuchten Gebieten Burgunds auch die giftige Kreuzotter vor. Seien Sie daher vorsichtig und tragen Sie festes Schuhwerk. Normalerweise ergreifen die Reptilien die Flucht. Sollten Sie aber einmal gebissen werden, suchen Sie auf jeden Fall sofort einen Arzt auf.

Sport

Für Naturliebhaber bieten sich in Burgund zahlreiche Sportarten an: Reiten, Golf, Angeln, Kajak- oder Kanufahren und der Volkssport Radfahren. Auch für leichte Mountainbike-Touren eignet sich die hügelige Landschaft gut.

Telefon

Vorwahl nach Frankreich 0033 (dann die erste Null der Rufnummer weglassen). Vorwahl von Frankreich nach Deutschland 0049, nach Österreich 0043 und in die Schweiz 0041.

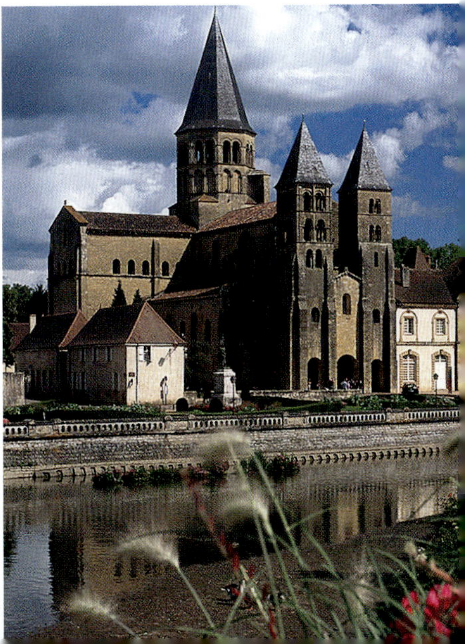

Rechts: Idyllisch liegt die romanische Kirche von Paray-le-Monial.
Folgende Doppelseite: Ausgedehnte Schilfgürtel säumen den Étang Jobau (s. Tour 23).

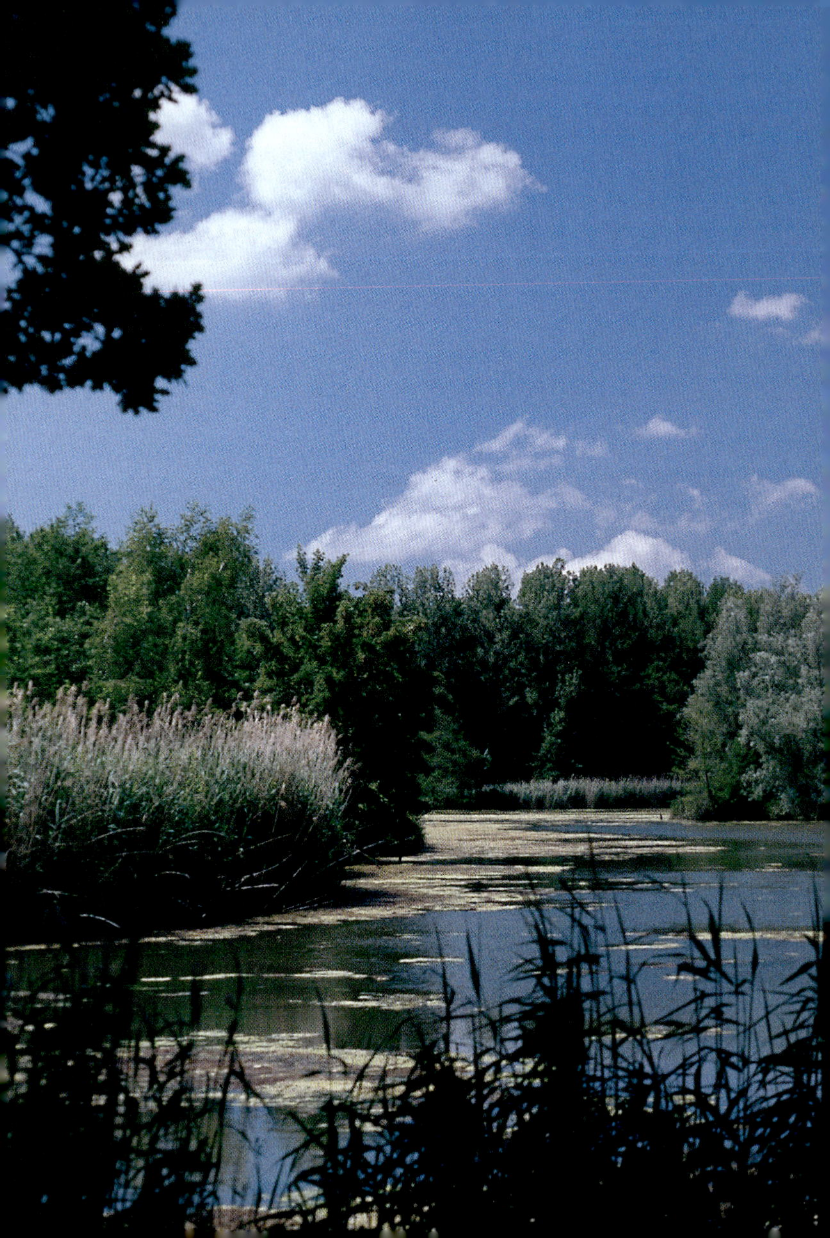

↗ 140 m | ↘ 140 m | 12.7 km

3.30 h

1 Das Tal der Gaillarde

Wasser für Paris

Das Tal der Gaillarde wird geprägt von Wiesen mit sanften Hängen und schattigem Wald. Besonders interessant ist der Talübergang wegen des Aquädukts der Vanne, das an ein römisches Bauwerk erinnert, aber erst 1867 bis 1885 errichtet wurde, um Paris mit dem Wasser der Vanne zu versorgen. Die T.G.V.-Trasse ist erst in den letzten Jahren entstanden.

Ausgangspunkt: Fontaine-la-Gaillarde, Parkplätze an den alten Waschhäusern. Von Sens auf der D 46 nach Osten (6 km).
Anforderungen: In der Regel ordentliche und markierte Wege mit wiederholten Teilstücken auf Asphalt. An einigen Stellen Orientierungsvermögen notwendig; im Wald morastige Passagen, bei Hitze über den Wiesen kein Schatten.
Einkehr: Keine.

Tipp: In Sens ist neben den vielen Fachwerkhäusern und dem überdachten Markt die Kathedrale St-Étienne (12.–16. Jh.) mit ihren herrlichen Glasfenstern sehenswert: Sie ist die früheste der großen Kathedralen Frankreichs mit galloörömischen Überresten und einem reichen Kirchenschatz.
Karte: IGN 2618 SB, Sens/Villeneuve-l'Archevêque, 1:25.000.

Vom Parkplatz in **Fontaine-la Gaillarde** ❶ werfen wir zuerst einen Blick auf die alten Waschhäuser an der Quelle der Gaillarde, bevor wir den Ort auf der Rue du Marais nach Westen verlassen. Am Ende nehmen wir rechts die Rue des Vaux-Boulons, die in einen Feldweg übergeht und aussichtsreich über dem Tal nach **Saligny** ❷ verläuft. Hier haben wir wieder Teerbelag, am Anfang fehlen zuerst die Markierungen. Erst in der Rue des Rougemonts tauchen wieder weiße Zeichen auf. An einer Kreuzung geht es geradeaus weiter (jetzt Rue de Vauluisant), kurz vor der D 46 biegen wir rechts ab (Rue de la Côte-aux-Brebis). An der nächsten Gabelung nehmen wir den Wiesenweg geradeaus und folgen der weißen Markierung am Hang leicht bergauf mit guter Sicht ins Tal. Nach dem »höchsten Punkt« wandern wir geradeaus talwärts bis zu einem Querweg. Auf ihm erreichen wir links weiter bergab die D 173. Auf ihr unterqueren wir rechts die T.G.V.-Eisen- bahnlinie und nehmen kurz darauf den weiß markierten Weg links. Ihm folgen wir nach Süden entlang der Trasse der **Wasserleitung** ❸. Unterwegs überqueren wir die D 46 und bleiben auf unserem Weg bis zu einer kleinen Nebenstraße.
Hier verlassen wir den Aquädukt der Vanne und unterqueren erneut die

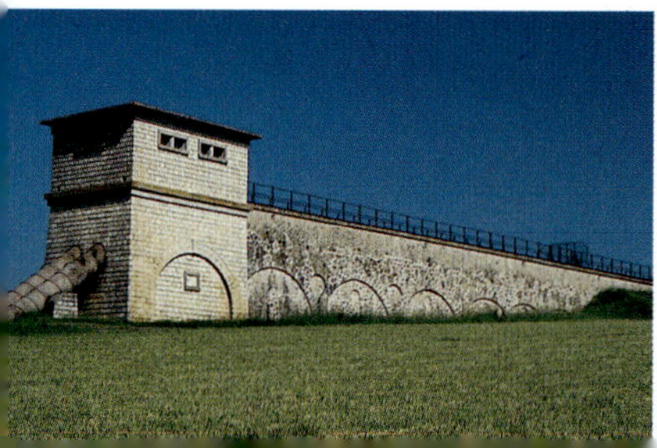

Der Aquädukt der Vanne (19. Jh.).

T.G.V.-Linie 4. Auf schlechtem Asphaltbelag führt das Sträßchen mit schönen Rückblicken auf Sens leicht bergauf zur Farm von **Saints-Pères** 5. Kurz danach passieren wir einen malerischen Weiher. Ca. 300 m später führt unser Weg an einer scharfen Linkskurve ohne jeglichen Markierungen geradeaus über Wiesen in den Wald von Mitois (hier an einer Kreuzung geradeaus). Der weiß markierte Forstweg setzt sich noch gut 300 m ziemlich gerade im Wald fort, wird dann zum Pfad und erreicht nach einer scharfen

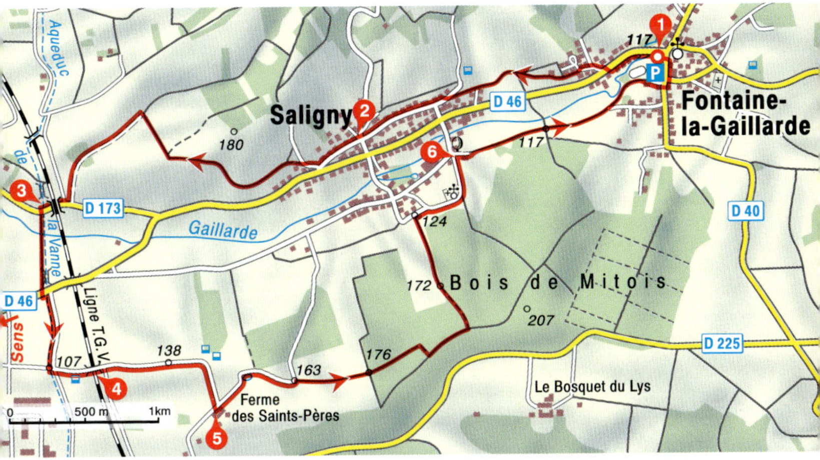

Rechtskurve einen Höhenrücken. Hier folgen wir dem Weg nach links für ca. 250 m. Dann nehmen wir erneut links den breiten Weg, der z. T. kräftig bergab führt. Bei einer Pferdekoppel erreichen wir ein Teersträßchen und biegen rechts ab. 50 m später folgen wir nicht den Markierungen nach links, sondern dem »Höhensträßchen« geradeaus am Friedhof mit einer Kirche (12. Jh.). Nach einer Linkskurve geht es nochmals bergab zu einer Kreuzung mit einer Linde von 1781 bei den letzten Häusern von **Saligny** 6. Hier halten wir uns rechts und haben nach wenigen Metern Teer wieder einen markierten, ebenen Wiesenweg für etwa 1 km. Nach einem Feld treffen wir auf ein eingezäuntes Grundstück mit einem markanten Baum. Wir nehmen den linken Weg links am Privatbesitz vorbei über Wiesen zum Sportplatz in **Fontaine-la-Gaillarde** 1 und dann auf Teer geradeaus weiter bis zur Hauptstraße. Hier links und zurück zum Parkplatz.

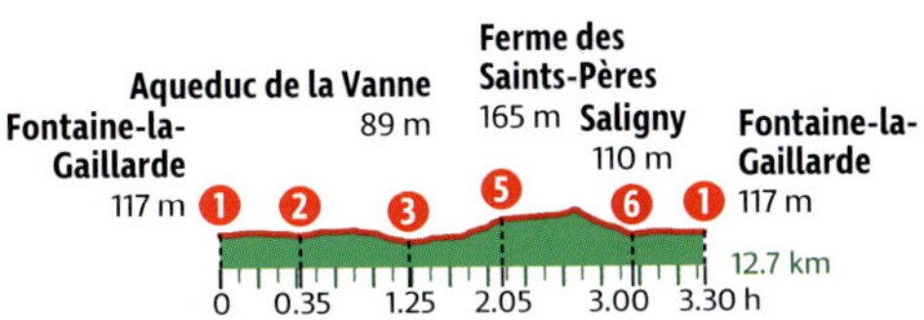

↗ 140 m | ↘ 140 m | 15.0 km

2 Im Herzen der Landschaft Othe

4.20 h

Der hügelige Norden von Burgund

Die alte Kulturlandschaft des Pays d'Othe wurde im Mittelalter durch die Tempelritter geprägt; Kirchen, Waldnutzung und Landwirtschaft gehen auf sie zurück. Heute ist hier das Zentrum der Cidre-Produktion in Burgund.

Ausgangspunkt: Villechétive, Parkplatz bei der Mairie. Von Sens auf der D 660 nach Osten, dann auf der D 905 nach Süden bis Cerisiers. Hier auf der D 77 nach Villechétive (23 km).
Anforderungen: Die Wanderung verläuft meist auf ordentlichen Wegen oder Sträßchen (kürzere Abschnitte auch auf Teer); die Markierung ist durchgehend, aber oft in schlechtem Zustand; Teile des Weges sind wegen schlechter Unterhaltung verwachsen; Vorsicht beim Überqueren der stark befahrenen D 905.
Einkehr: Unterwegs in Cerisiers, sonst am Ausgangspunkt.
Hinweis: Während der Jagdzeit gilt ein Betretungsverbot in den Wäldern; informieren Sie sich vorher bei der örtlichen Mairie.
Tipp: In Villeneuve-l'Archevêque besitzt die Kirche Notre-Dame ein herrliches Portal aus dem 13. Jh. sowie im Inneren eine Grablegung von 1528.
Karte: IGN 2618 SB, Sens/Villeneuve-l'Archevêque, 1:25.000.

Vom Parkplatz in **Villechétive** ❶ gehen wir auf der Hauptstraße nach Osten bis zur Kirche und biegen unmittelbar davor links auf die D 126 ab. Am Ortsende nehmen wir rechts den gelb-rot markierten Weg stets eben und geradeaus zwischen Wald und Feld; unterwegs wird dabei ein Teersträß-

Idyllischer Dorfteich in Les Massons.

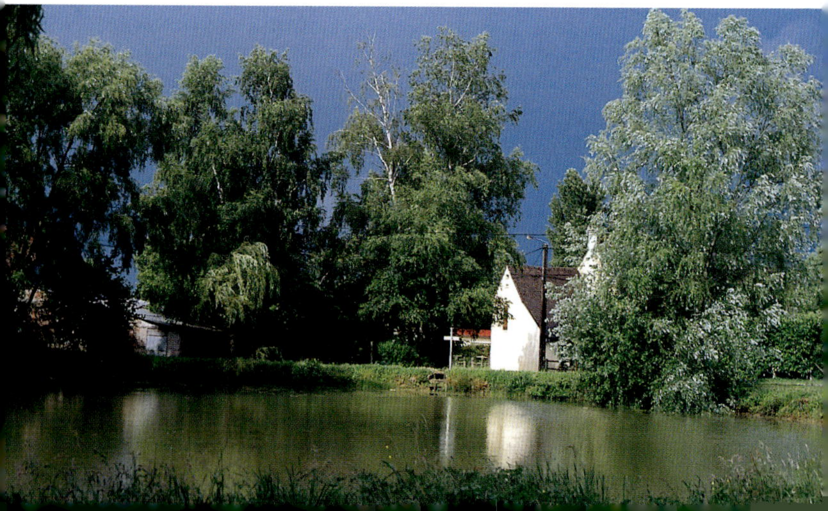

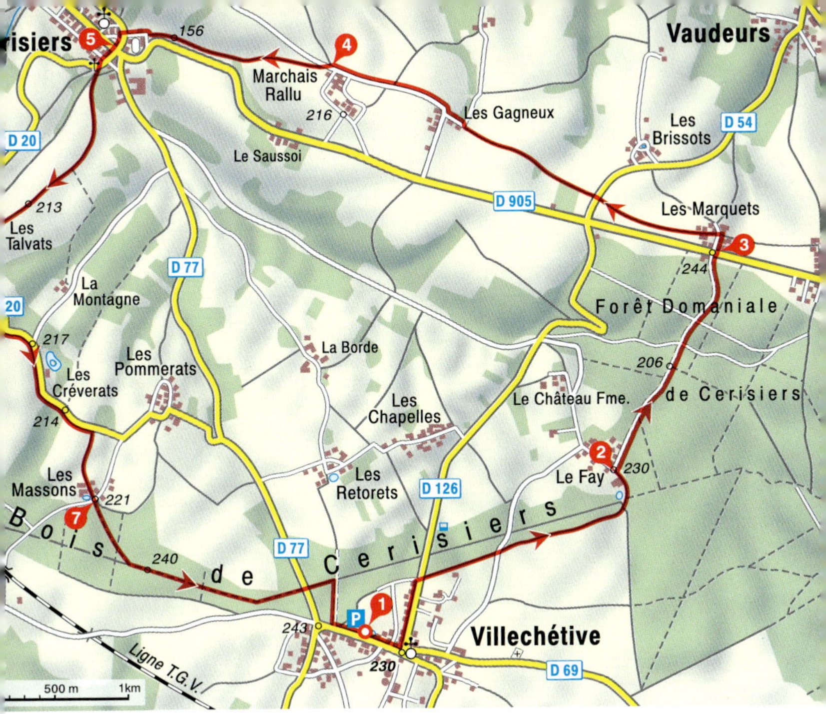

chen gequert. Nach ca. 1,4 km mündet von rechts ein Feldweg ein und wir gehen links kurz durch den Wald. Nach einem Teich treffen wir in **Le Fay** ❷ auf eine Teerstraße. Hier halten wir uns rechts (Chemin du Bois Monsieur), der Asphalt endet schon bald nach ein paar Häusern. Wir betreten nun den Forêt Domaniale de Cerisiers. Der Forstweg mit kaum sichtbarer gelb-roter Markierung führt im schattigen Laubwald leicht bergab an Sturmschäden von 1999 vorbei in ein kleines Tal. Auf der anderen Seite geht es wieder bergan. Auf der gesamten Strecke werden alle Abzweigungen nach rechts oder links ignoriert. So erreichen wir nach dem Ende des Waldes die stark befahrene D 905, die wir mit erhöhter Vorsicht überqueren.

Die **Rue des Marquets** ❸ führt uns durch den gleichnamigen Weiler, bis wir links den Chemin du Finage nehmen. Nach den Häusern gehen wir auf dem Feldweg mit schwacher gelb-roter Markierung bis zur D 54, die wir geradeaus überqueren. Jetzt folgen wir gelben Zeichen leicht hügelig über Felder bis zu einem Teersträßchen, das uns geradeaus (Chemin des Foix) durch den Weiler Les Gagneux bringt. Die Straße wird nun etwas breiter und führt über Felder nach **Marchais Rallu** ❹.

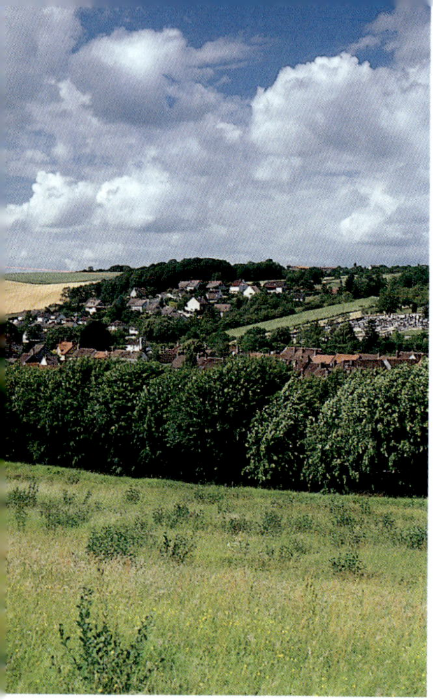

Hügelige Landschaft bei Cerisiers.

Nach den letzten Häusern zweigt unser gelb markierter Weg schräg nach links ab und wir steigen hinab zum Sportplatz von **Cerisiers** ❺. An ihm geht es geradeaus vorbei zur D 20, wo wir uns links halten. Kurz darauf erreichen wir die schon bekannte D 905, die wir vorsichtig geradeaus überqueren (rechts gibt es im Ort Einkehrmöglichkeiten).

Auf der D 20 gehen wir kurz bergauf zu einem Wegkreuz. Von zwei nach links abzweigenden Wegen nehmen wir den ganz nach links führenden. Leider fehlten hier jegliche Markierungen. Auf der Hochfläche nehmen wir nicht links den kaum markierten Weg in schlechtem Zustand, sondern folgen geradeaus unserem Feldweg ohne Markierungen nach **Les Talvats** ❻. Dort treffen wir auf ein Teersträßchen (D 420), auf dem wir leicht hügelig über Felder und an Wäldern vorbei mit Blick auf die weite Landschaft wandern. Wenn wir nach ca. 1,8 km ein Wäldchen links von uns haben, dürfen wir rechts den Feldweg (Markierungen waren keine mehr zu erkennen) nicht verpassen. Er bringt uns zum Reitzentrum in **Les Massons** ❼; ansonsten müssen wir der Teerstraße folgen, die später rechts in den Weiler führt. Hier (gelbe Zeichen) passieren wir einen kleinen Weiher zu unserer Rechten und nehmen links einen mit Gras überwachsenen Weg, der schon nach wenigen Metern rechts in den Wald führt. Nach etwa 500 m treffen wir auf einen schnurgeraden Forstweg, dem wir links folgen. Er macht nur eine Biegung nach links und trifft dann auf die D 77, die überquert wird. An der nächsten Kreuzung im Wald nach gut 200 m biegen wir rechts ab und erreichen auf einem Forstweg **Villechétive** ❶. Leider sind in dem gesamten Abschnitt die gelb-roten Markierungen sehr schlecht sichtbar. Im Ort halten wir uns an der Hauptstraße links und erreichen gleich wieder unseren Ausgangspunkt.

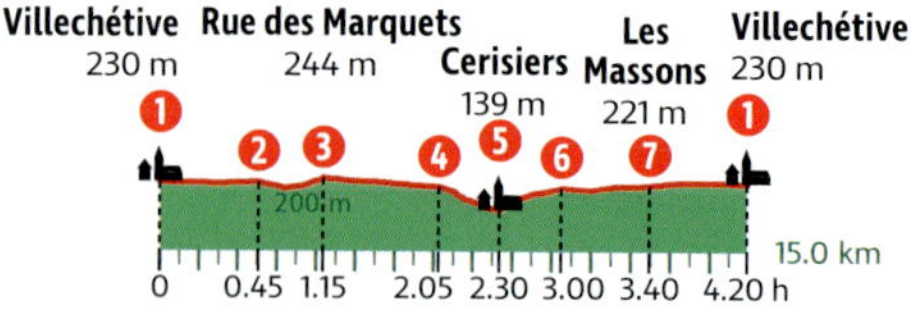

↗ 130 m | ↘ 130 m | 14.2 km

4.15 h

An den Ufern der Yonne

3

Ein malerischer Fluss und ein stiller Wald

Ruhig ist der Treidelpfad am Ufer der Yonne, die von vielen Bäumen gesäumt wird und langsam in einem breiten Tal dahinfließt; ruhig ist aber auch der Weg im dichten Wald von Othe, der besonders im Sommer angenehmen Schatten spendet. Das Schloss von Le Fays ist Privatbesitz und daher nicht zu besichtigen.

Ausgangspunkt: Armeau, Parkplatz bei der Mairie an der D 606. Von Sens auf der D 606 über Villeneuve nach Süden (19 km), von Joigny auf der D 606 in nördlicher Richtung (13 km).
Anforderungen: Bis auf einen Abschnitt ist die Wanderung durchgehend markiert, aber nicht immer sind die Zeichen in gutem Zustand. Meist haben wir ordentliche Wege und Sträßchen (auch kürzere Passagen auf Teer), die keine größeren Probleme bieten. Vorsicht ist jedoch beim Queren der stark befahrenen D 606 geboten.
Einkehr: Restaurants in Villevallier.
Hinweis: Während der Jagdzeit sind die Waldwege nicht begehbar; erkundigen Sie sich vorher bei der örtlichen Mairie.
Tipp: In Joigny beeindruckt die Altstadt mit ihren malerischen Fachwerkhäusern, wir erreichen sie durch die Porte du Bois aus dem 12. Jh. Auch der Kirche St-Thibaud (1490–1529) mit ihrem reizvollen Inneren sollten wir einen Besuch abstatten.
Karte: IGN 2619 SB, Joigny/Migennes, 1:25.000.

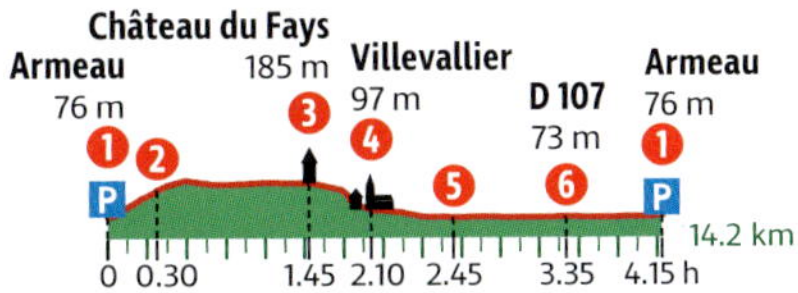

Von der Mairie in **Armeau** ❶ überqueren wir vorsichtig die D 606 und nehmen dann die Rue de la Forêt d'Othe Richtung Cimetière. Nach etwa 200 m steigen wir rechts auf der Rue du Moulin-à-Vent bergauf zum Friedhof, der sich links von uns befindet. Mit schönem Blick hinab ins Tal der Yonne geht es auf unserem Teersträßchen weiter hinauf zu einem Sendemast (**Pylone** ❷).
Die Fortsetzung bildet nun geradeaus ein Feldweg mit weiß-roter Markierung weiter am Waldrand aufwärts. Bei einem Jägerstand betreten wir den Wald, ignorieren jegliche Abzweigung und erreichen fast eben etwa 400 m später eine Kreuzung, wo unsere weiß-roten Zeichen nach rechts zeigen. Ihnen folgen wir durch den schattigen Mischwald und beachten keinerlei Seitenwege. An der nächsten Kreuzung halten wir uns leicht rechts (nicht rechts bergab) und passieren eine Schranke. Der private Waldweg (die Benutzung durch Wanderer wird toleriert) führt unmerklich bergab.

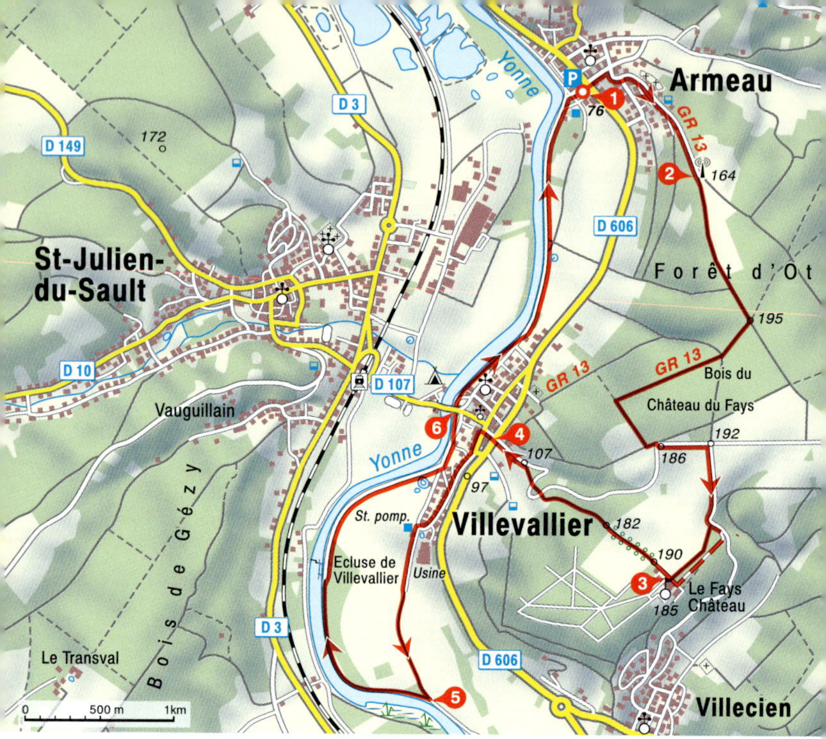

Nach einer zweiten Schranke verlassen wir den GR und nehmen links den gelb markierten Weg, der aus dem Wald herausführt. Zwischen Feld und Wald (jetzt schlechte Markierungen) geht es weiter zu einer Gabelung. Hier links erreichen wir nach 50 m ein Teersträßchen, dem wir leicht links für etwa 350 m eben über Felder folgen. Dann zeigt die gelbe Markierung nach rechts, und auf Teer geht es weiter zum Waldrand. Hier können wir rechts den schlecht markierten Feldweg (oder etwas später die geschotterte Zufahrt) zum **Château du Fays** ❸, nehmen. Es ist in privatem Besitz und kann nicht besichtigt werden.
Wir gehen nun rechts an den Gebäuden und dem Park entlang und dann durch eine Kastanienallee zum Wald. Ein gelb markierter Hohlweg führt nun bergab zu einer Straße, überquert sie geradeaus und trifft etwas später nochmals auf sie. Dann haben wir einen verwachsenen Wiesenweg hinab zur selben Straße bei einem Kreuz. Nun wandern wir auf ihr schräg links zur stark befahrenen D 606, die wir vorsichtig geradeaus überqueren, und weiter in den Ort **Villevallier** ❹. An der ersten Querstraße geht

es links auf der Rue de la République weiter und dann links auf der Rue Blanchard aus dem Ort. Hier nochmals leicht links an einem Pumpwerk (Station pompage, Teerende) und einer Fabrik vorbei, wandern wir über ein weites Feld auf einem unmarkierten, etwas verwachsenen Fahrweg bis zum Ufer der **Yonne** 5. Dort nehmen wir rechts den Treidelpfad, der uns am ruhigen Fluss mit zahlreichen Bäumen entlang zur Schleuse von Villevallier bringt, wo wieder Asphalt einsetzt. Das schmale Sträßchen folgt weiter der malerischen Yonne Richtung Villevallier. Wir bleiben immer am Fluss (d. h. an Abzweigungen links) und folgen den gelben Markierungen, die uns im Westen des Ortes vorbeiführen. Dabei unterqueren wir auch die **D 107** 6. Ein Fuß- bzw. ein ungeteerter Fahrweg bringt uns später zwischen dem breiten Fluss und Feldern zurück nach **Armeau** 1. Hier nehmen wir rechts die Rue de l'Yonne zum Parkplatz.

Die schattigen Ufer der Yonne bei Villevallier.

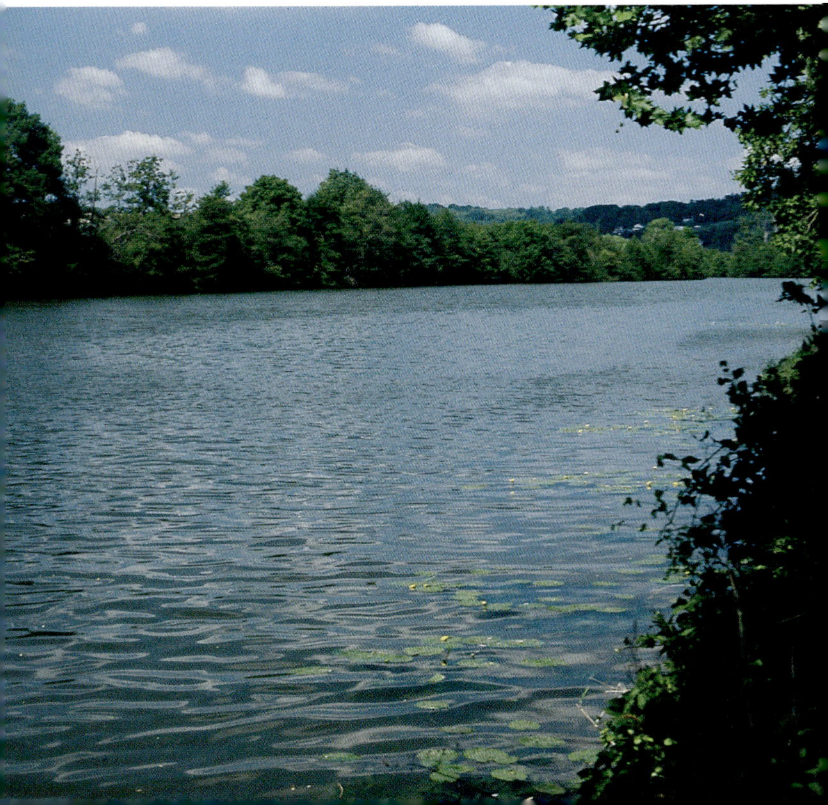

↗ 120 m | ↘ 120 m | 12.4 km

4 Das Oppidum von Avrolles und der Canal de Bourgogne

3.30 h

Aussichtsreiche Tour auf den Spuren der Geschichte

Wir starten beim keltischen Oppidum von Barsena, dessen Wallanlagen noch erhalten sind, und genießen dann die herrliche Sicht auf das Tal des Armançon. Anschließend besuchen wir St-Florentin mit seiner gotischen Kathedrale (1376–1625) und ihren berühmten Fenstern aus der Renaissance. Den Abschluss bildet der Treidelpfad am malerischen Canal de Bourgogne.

Ausgangspunkt: Avrolles, Parkplatz an der Kirche; Bahnhof knapp 1 km östlich von St-Florentin an der N 77.
Anforderungen: Die durchgehend markierte Tour (einige Abschnitte jedoch schlecht oder gar nicht) verläuft meist auf ordentlichen Wegen oder auf Sträßchen (in den Ortsbereichen auf Teer).
Einkehr: Es gibt verschiedene Restaurants in St-Florentin.
Karte: IGN 2719 SB, St-Florentin/Flogny-la-Chapelle, 1:25.000.

Vom Parkplatz bei der Kirche von **Avrolles** ❶ steigen wir nördlich die Rue Ste-Béate hinauf und an einer Gabelung leicht links die Rue des Roches (gelbe Zeichen). Nach dem Friedhof nehmen wir gleich rechts das Sträßchen, das nach der Einfriedung in einen grasbewachsenen Feldweg übergeht (hier keine Markierungen). Zwischen einem Feld und ein paar Häusern erreichen wir das Oppidum von **Barsena** ❷, das von ca. 2000–50 v. Chr. bewohnt war.

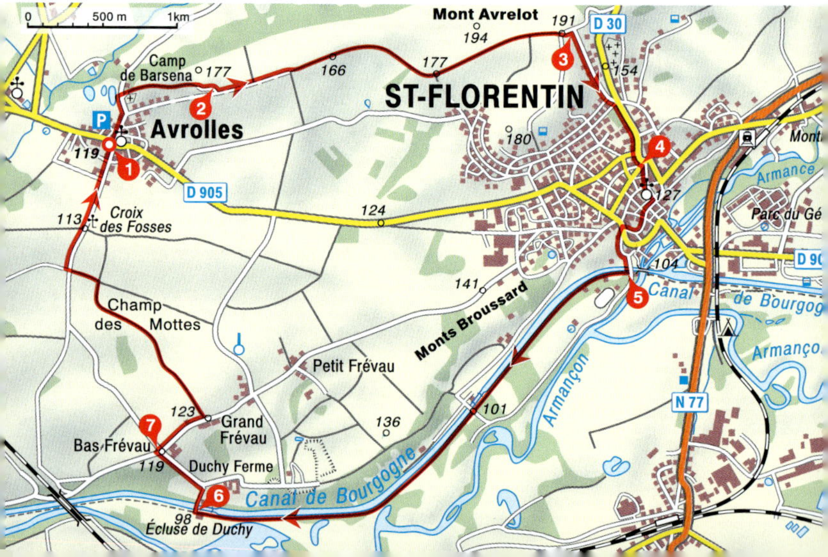

Auf einem Schottersträßchen geht es nun 150 m etwas bergab zu einem Teersträßchen, wo wir links abbiegen. Über Felder wandern wir auf einem ungeteerten Fahrweg mit sparsamer Markierung leicht hügelig unterhalb des Mont Avrelot, 194 m, weiter mit schöner Aussicht auf St-Florentin und das Tal des Armançon. Stets am Hang entlang ignorieren wir jegliche Abzweigung und erreichen schließlich auf einer ehemaligen Römerstraße nach gut 2,5 km ein **Teersträßchen** ❸. Hier halten wir uns kurz geradeaus und steigen dann rechts auf der gelb markierten Rue des Perrières mit Blick auf die Kirche hinab ins Zentrum von **St-Florentin** ❹ bis zu einem Stoppschild. Dort gehen wir rechts auf der Rue Faubourg-Dilo zur Place Dilo und weiter auf der Rue Dilo durch die nette Altstadt zur Place des Fontaines. Geradeaus setzen wir unsere Tour fort (Rue des Terrasses, Rue de la Poterne), bis wir rechts in die Rue Basse du Rempart einbiegen. Nach einer breiten Querstraße nehmen wir gegenüber die schmale Rue des Chanteloups leicht bergauf zur D 905, nach deren Überquerung führt dieselbe Straße leicht bergab Richtung Stadion bis zum **Canal de Bourgogne** ❺. Links besteht die Möglichkeit eines kurzen Abstechers zur sehenswerten Kanalbrücke über die Armance.

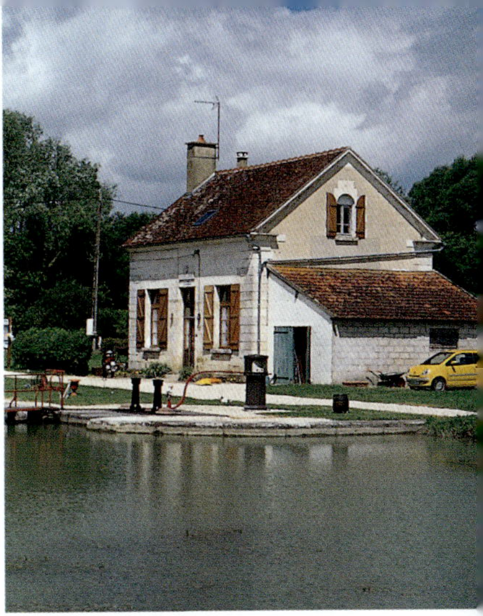

Schleusenwärterhäuschen von Duchy.

Wir überqueren an der Schleuse von St-Florentin den Kanal und nehmen rechts den markierten Treidelpfad am malerischen Ufer mit vielen schattigen Bäumen. Nach einer Schleuse folgen wir weiter dem »Sentier Canal de Bourgogne« in 1 Std. bis zur **Schleuse von Duchy** ❻. Hier überqueren wir rechts den Kanal auf einer Brücke und folgen dem gelb markierten Sträßchen 150 m zu einer Gabelung. Wir halten uns links und kommen in 10 Minuten zur Farm von **Bas Frévau** ❼ mit einer Kreuzung. Jetzt folgen wir dem Sträßchen rechts bis zum Gehöft von Grand Frévau, wo wir links in den ersten Fahrweg einbiegen. Er führt leicht hügelig über Felder (Champ des Mottes) bis zu einer Kreuzung, an der wir links abbiegen. Nach 200 m erreichen wir wieder eine Teerstraße. Auf dieser geht es rechts zurück nach **Avrolles** ❶.

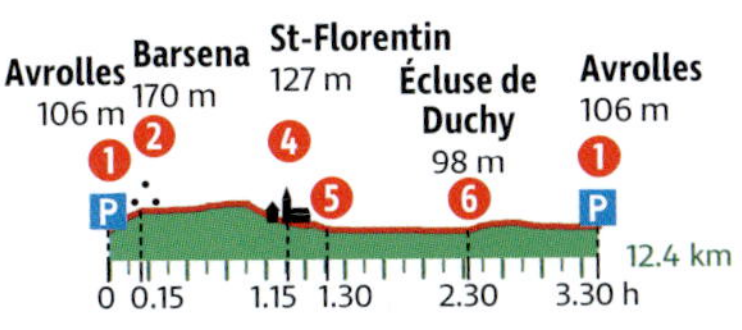

↗ 150 m | ↘ 150 m | 13.1 km

3.45 h

5 Im Wald von Châtillon

Malerische Seen, eine alte Abtei und eine reiche Flora und Fauna

Im größten, unter Schutz stehenden Laubwald Burgunds (9000 ha) können wir Eisvögel beobachten und Seerosen entdecken. Es lohnt sich auch, die Reste der Abtei von Val des Choues (17. Jh.) zu besichtigen.

Ausgangspunkt: Parkplatz an der ehem. Abtei von Val des Choues. Von Châtillon-sur-Seine auf der D 928 bis Vanvey, dann auf einer Forststraße weiterfahren, bis eine weitere Forststraße nach Süden in den Wald führt. Hier rechts und an der nächsten Gabelung links zur Abtei (20 km).

Anforderungen: Die Tour verläuft auf wenig befahrenen Sträßchen und ungeteerten Forststraßen oder Wegen. Großteils fehlen Markierungen. Orientierungssinn sowie eine Karte sind sinnvoll.
Einkehr: Keine.
Karte: IGN 3020 SB, Recey-sur-Ource/Leuglay, 1:25.000.

Vom Parkplatz an der **Abtei von Val des Choues** ❶ gehen wir wenige Meter auf der Zufahrtsstraße zurück zu einer Gabelung, wo wir leicht rechts den breiten Weg nach Norden nehmen. Die zahlreichen, z. T. wechselnden Markierungen sorgen eher für Verwirrung und sollten nicht beachtet werden. An vielen im Frühling blühenden Maiglöckchen vorbei führt der Weg im Wald bergauf. Wir ignorieren sämtliche Abzweigungen, bis wir am **höchsten Punkt** ❷, 396 m, auf eine Forststraße treffen. Wir folgen der Tranchée de la Grande Charme rechts fast eben für ca. 250 m und nehmen dann die erste Forststraße nach links. Sie führt im Wald stetig bergab, auch hier beachten wir keine Abzweigungen. An der **Combe de Chiquery** ❸ erreichen wir das Tal und folgen zuerst unserem Feldweg am Waldrand,

Malerisch liegt der Étang du Val des Choues in einem großen Wald.

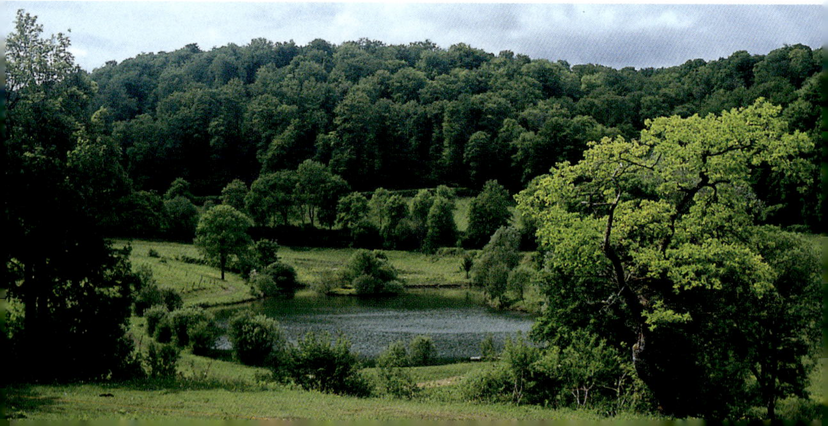

dann über Wiesen und auf Teer, gesäumt von Bäumen, dem Lauf der Digeanne zur **Mühle von Seroin** 4.

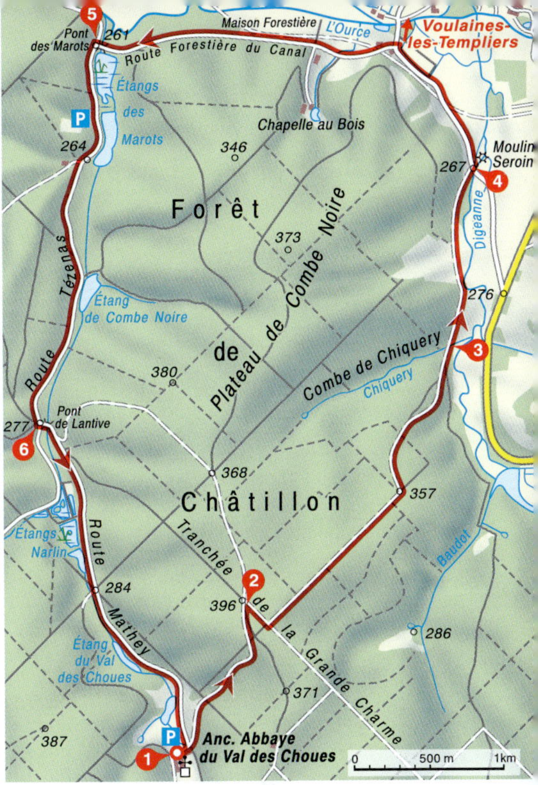

An der Gabelung wandern wir auf dem werktags kaum befahrenen Teersträßchen geradeaus weiter mit schönen Blicken auf die umgebenden Hügel und überqueren eine stillgelegte Bahntrasse. An der nächsten Gabelung halten wir uns links Richtung Abtei und passieren nochmals die Gleise sowie später ein Forsthaus. Dann betreten wir den riesigen Laubwald von Châtillon und kommen an einer Brücke zum ersten **See von Marot** 5 mit zahlreichen Seerosen. Nur wenige Meter später biegen wir links ab und folgen dem Ufer der beiden malerischen Seen mit Enten, Fröschen und Fischen an einem Parkplatz vorbei. Ein kleiner Lehrpfad erklärt die Besonderheiten des Waldes und mit etwas Glück können wir einen Eisvogel entdecken. Auf der wenig befahrenen Forststraße von Tézenas geht es im schattigen Laubwald nach Süden zu einem weiteren See, dem Étang de Combe Noire bis zu einer weiteren Gabelung. Wir nehmen nun links die Route Mathey über den **Pont de Lantive** 6. Die schmale Teerstraße führt im Wald sanft bergauf an einem kleinen See vorbei bis zum Parkplatz an der Abtei von **Val des Choues** 1.

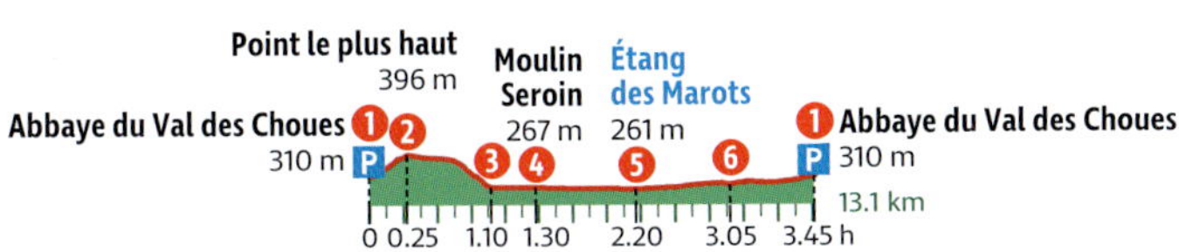

TOP

6

↗ 40 m | ↘ 40 m | 9.5 km

2.30 h

Die sieben Schleusen von Rogny

Ein Wunderwerk der Technik aus dem 17. Jahrhundert

Ein malerischer Bach, ein idyllischer See und ein alter Kanal mit urwaldartigem Charakter prägen die Wanderung. Sie beginnt bei den sieben, treppenartig angeordneten Schleusen des alten Kanals von Briare. 1604–1642 von H. Cosnier mithilfe von 12.000 Arbeitern erbaut, ist dies der erste Kanal mit Schleusen in Frankreich. Erst 1887 wurde er von einem Neubau abgelöst.

Ausgangspunkt: Rogny-les-Sept-Écluses, Parkplatz an den Schleusen. Von St-Fargeau auf der D 90 über Blénau (20 km).
Anforderungen: Die Wanderung ist zwar durchgehend, aber nicht immer gut markiert. Abgesehen von zwei kurzen Abschnitten auf Teer haben wir meist ordentliche Wege, die aber z. T. verwachsen sein können.

Einkehr: Unterwegs keine; Lokal nur in Rogny-les-Sept-Écluses.
Hinweis: Während der Jagdsaison kann der Weg gesperrt sein; beachten Sie unbedingt entsprechende Hinweise.
Karten: IGN 2420 SB, Châtillon / Coligny / Nogent-sur-Vermisson und 2520 SB, Blénau / Champignelles; beide 1:25.000.

Vom Parkplatz in **Rogny-les-Sept-Écluses** ❶ aus überqueren wir den neuen Kanal auf der Straßenbrücke der D 14 und stehen unmittelbar vor den gemauerten sieben Schleusen aus der Zeit Heinrichs IV., die treppenartig hangaufwärts führen. Sie sind heute ein Industriedenkmal. Wir nehmen

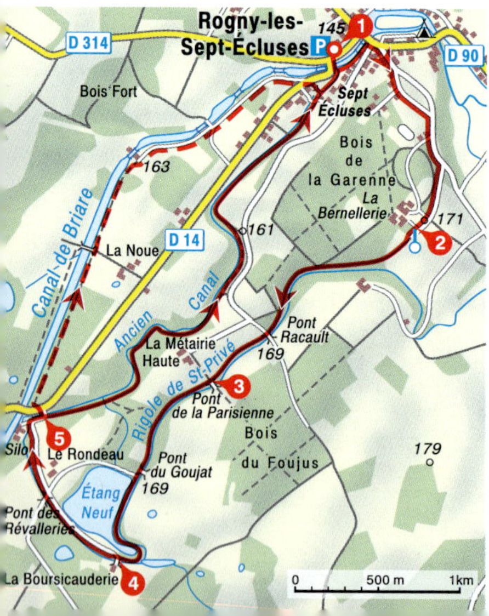

nun links den Fußweg am Canal de Briare entlang zur D 90. Dort rechts, die nächste Straße (Rue des Postillons) wieder rechts und die übernächste ebenfalls (Richtung Cotard). Kurz bergauf halten wir uns jetzt links und an den folgenden zwei Gabelungen erneut rechts. Über Wiesen, die von Bäumen und Hecken gesäumt werden, geht es sanft aufwärts nach **La Bernellerie** ❷.

Nach dem Anwesen geht das Teersträßchen in einen gelb markierten Wiesenweg über, der später im Wald zum Bach von St-Privé führt. Wir folgen stets dem moorigen Wasserlauf zum **Pont Racault** ❸, das letzte Stück nur auf Pfadspuren. An der Brücke queren wir einen Fahrweg, bleiben aber auf demselben Ufer auf einem gut sichtbaren Weg über Felder. Er führt nach dem Pont de la Parisienne weiter am rechten Ufer des Rigole de St-Privée entlang. So erreichen wir nach dem Pont du Goujat den malerischen **Étang Neuf** 4. Jetzt verläuft der Weg auf einem Damm zwischen See und Bach durch dichten Bewuchs und mit kaum sichtbaren Markierungen zum Haus La Boursicauderie, wo er auf ein Sträßchen trifft.

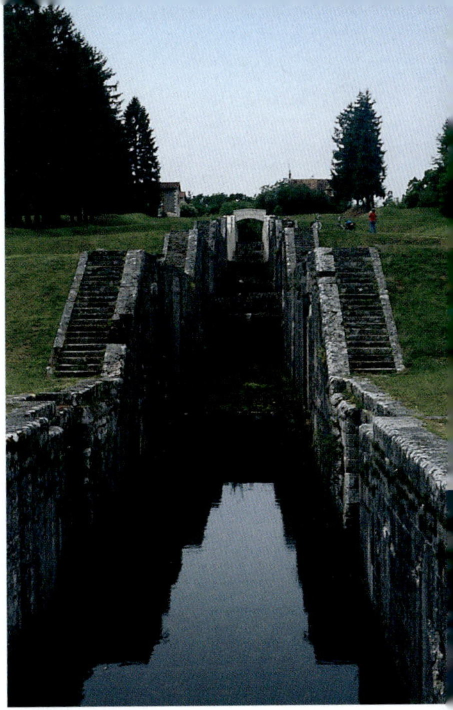

Die sieben Schleusen bei Rogny.

Wir benutzen noch ein Stück den Weg und folgen dann der schmalen Teerstraße mit gelben Zeichen am Südufer des Sees. Abzweigungen werden ignoriert. Wir passieren das Gehöft Le Rondeau mit einer Pferdekoppel, und bei einem Silo beschreibt unser Sträßchen eine scharfe Rechtskurve. Kurz darauf treffen wir auf den **alten Kanal** 5. Als Alternative (etwa gleiche Zeit) können wir links zur D 14 und nochmals links zum neuen Kanal gehen, um ihm rechts am von Bäumen gesäumten Ufer bis zu den sieben Schleusen gemütlich zu folgen.

Interessanter ist jedoch unsere Route. Wir gehen nicht links über die Brücke, sondern geradeaus (Tafel »Sept-Écluses«) auf einem gelb markierten Pfad am alten Kanal entlang, der gut 120 Jahre nach seiner Schließung fast vollständig von Pflanzen überwuchert ist. Sehr schattig, fast wie im Urwald, wandern wir an ihm entlang, bis wir wieder vor den sieben Schleusen stehen und sie von oben bewundern können. Wir steigen am Rand hinab zur D 14 und überqueren links den neuen Kanal zum Parkplatz in Rogny-les-Sept-Écluses 1.

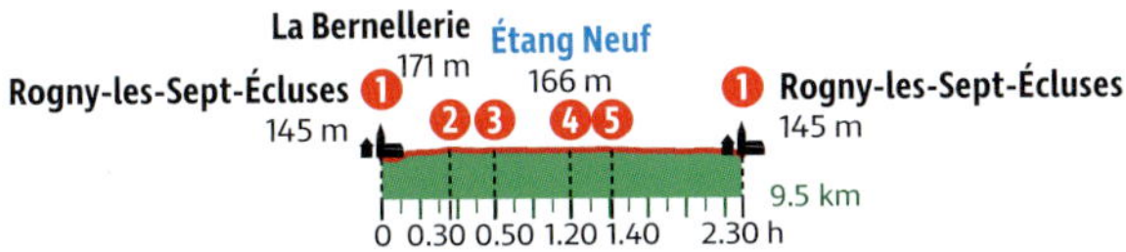

↗ 60 m | ↘ 70 m | 11.6 km

7 Entlang der Flüsse Cure und Yonne

3.15 h

Zwei Flüsse, zwei Kanäle und eine Abtei

Der erste Teil des Weges verläuft im malerischen Tal der Cure mit ihren eindrucksvollen Felsformationen, dann folgt die Passage am Kanal von Accolay, wo wir mit Glück einen Eisvogel entdecken. Zum Schluss wandern wir im Tal der mächtigen Yonne am lieblichen Canal du Nivernais nach Cravant.

Ausgangspunkt: Lucy-sur-Cure, Bahnhof. Anfahrt mit der Bahn von Cravant-Bazarnes auf der Linie nach Avallon. Erkundigen Sie sich unbedingt nach den Fahrzeiten. Routenende in Cravant-Bazarnes, Parkplatz beim Bahnhof, zu erreichen von Auxerre entweder mit dem Zug oder mit dem Auto auf der D 606 (15 km).
Anforderungen: Die Wanderung verläuft meist auf ordentlichen Wegen, nur in den Ortsbereichen gibt es kurze Abschnitte auf Teer. Bis auf den Anfang und das Ende existiert eine durchgehende Markierung, sodass es keine Orientierungsprobleme gibt.
Einkehr: Keine.
Tipp: Sehenswert sind ein paar Kilometer südlich von Lucy-sur-Cure die Tropfsteinhöhlen u. Felsen von Arcy-sur-Cure.
Karte: IGN 2721 SB, Vermenton/Joux-la-Ville, 1:25.000.

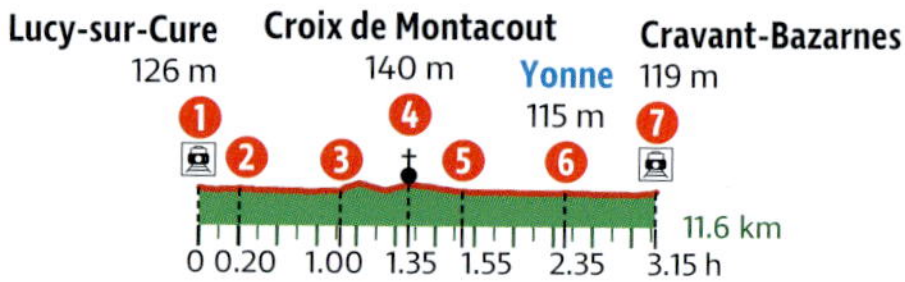

Von der Bahnstation in **Lucy-sur-Cure** ❶ nehmen wir die Zufahrtsstraße nach Westen über die Bahnlinie und gehen bergab in den Ort. Dort überqueren wir vorsichtig die stark befahrene D 606 (ehemals N 6) und biegen an der nächsten Kreuzung links in die Route du Bessy ab. An Gärten und Feldern vorbei verlassen wir den Ort parallel zur D 606 bis zu einer Gabelung. Hier halten wir uns rechts und überqueren die idyllische Cure auf einer Brücke.
Anschließend nehmen wir in **Bessy-sur-Cure** ❷ die erste Seitenstraße rechts mit GR-Markierung und kurz darauf den ersten Weg, der nach rechts führt. Am bewaldeten Talrand entlang folgen wir immer den weiß-roten Zeichen und berühren dabei dreimal den Fluss auf diesem malerischen Wegstück. Nach der Source de la Tuilerie biegen wir kurz links in die **Vallée de Régny** ❸ ein, nehmen aber schon nach wenigen Metern rechts den GR, der etwas oberhalb der Cure im Wald vorbeiführt; am gegenüberliegenden Ufer liegt die Abtei von Regny. Nach einem letzten Stück wieder unten am

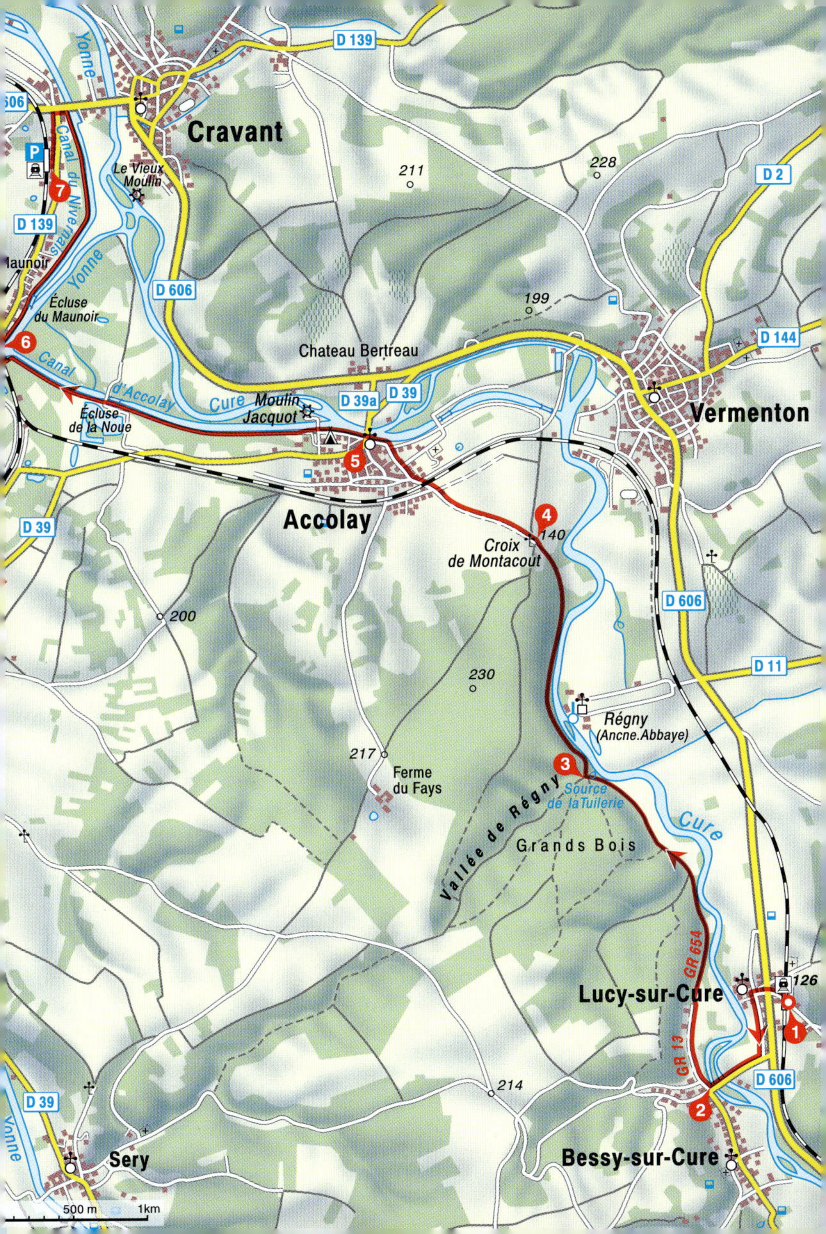
D 139
Yonne
Cravant
Le Vieux Moulin
Canal du Nivernais
D 139
211
228
D 2
Yonne
D 606
Écluse du Maunoir
199
D 144
Chateau Bertreau
Canal d'Accolay
Cure
Moulin Jacquot
D 39a
D 39
Vermenton
Écluse de la Noue
Accolay
D 39
Croix de Montacout
140
D 606
200
D 11
230
Régny (Ancne.Abbaye)
217
Ferme du Fays
Source de la Tuilerie
Vallée de Régny
Cure
Grands Bois
GR 654
Lucy-sur-Cure
126
GR 13
D 606
214
D 39
Yonne
Sery
Bessy-sur-Cure
500 m
1km

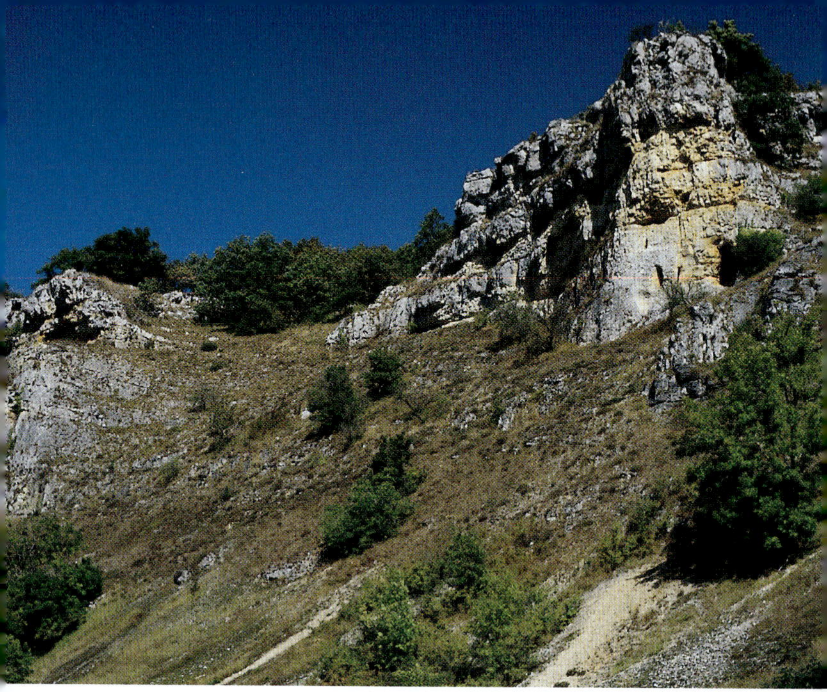

Felsen bei Arcy-sur-Cure (3 km südlich von Bessy-sur-Cure).

Fluss entfernen wir uns langsam von der Cure und treffen beim **Croix de Montacout** ❹ (Kreuz von Montacout) auf einen Fahrweg, dem wir über weite Felder sanft hinab nach **Accolay** ❺ folgen. Am Ortsrand setzt Teer ein und wir überqueren anschließend leicht nach rechts die Bahnlinie. An der nächsten Gabelung halten wir uns rechts, an der übernächsten links und erreichen dann den Canal d'Accolay.

Ihm folgen wir links auf einem markieren Fußweg zunächst unter der D 39 hindurch. Für knapp 2,5 km wandern wir am schattigen und ruhigen Kanal entlang und können mit etwas Glück einen farbenprächtigen Eisvogel beim Fischen beobachten. So erreichen wir schließlich die Einmündung des Kanals in die **Yonne** ❻.

Hier kurz links und dann rechts überqueren wir vorsichtig auf der Eisenbahnbrücke den breiten, eindrucksvollen Fluss. Danach folgen wir rechts der Yonne zur Écluse du Maunoir (Schleuse von Maunoir) und anschließend dem Canal du Nivernais bis zur D 606. Hier biegen wir links ab und gleich darauf erneut links, um auf der D 139 für ca. 350 m zum Bahnhof und Parkplatz von **Cravant-Bazarnes** ❼ zu gehen, dem Endpunkt der Tour.

↗ 110 m | ↘ 110 m | 12.4 km

3.30 h Die Seen von Bourdon, Moutiers und Charmoy

Eine abwechslungsvolle Seenrunde im Westen von Burgund

Drei unterschiedliche Seen faszinieren den Wanderer im Naturpark von St-Hubert de Boutissaint. Etwas abseits vom Weg steht in Moutiers eine sehenswerte Kirche mit alten Wandmalereien (12./13. Jh.).

Ausgangspunkt: Réservoir du Bourdon, Parkplatz beim Campingplatz am Réservoir du Bourdon. Von St-Fargeau auf der D 85 nach Südosten bis Les Landiers, dann auf der D 385 nach Süden zum Parkplatz am See (6 km).
Anforderungen: Die Tour verläuft auf meist ordentlichen Wegen, die nach starkem Regen abschnittsweise morastig sein können, und kaum befahrenen Teersträßchen. Die Markierungen sind in der Regel gut, aber nicht durchgehend.
Einkehr: Unterwegs keine; nur am Ausgangsort.
Tipp: In St-Fargeau sollten Sie unbedingt das Schloss mit interessanter Inneneinrichtung und Kapelle sowie den Park mit Farm besichtigen.
Karte: IGN 2521 SB, St-Fargeau/Neuvy-sur-Loire, 1:25.000.

Einladend wirkt der Étang de Charmoy.

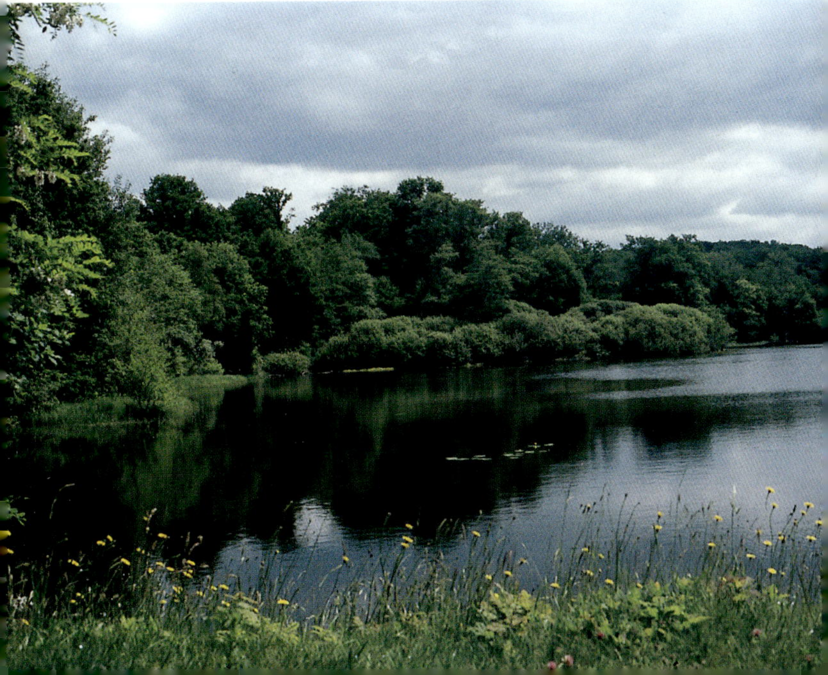

Vom Parkplatz folgen wir der Zufahrtsstraße links weiter zum malerischen **Réservoir du Bourdon** ❶ und nehmen dort noch vor der Brücke links den unmarkierten Uferweg, der wesentlich schöner ist als der markierte Fahrweg etwas weiter landeinwärts. Bei einem Bach treffen wir wieder auf den gelb-rot markierten Weg und überqueren ihn nach rechts. Dann entfernen wir uns über Wiesen vom See. Am Waldrand an einer Kreuzung folgen wir unserer bisherigen Markierung geradeaus in den Wald. Zum Schluss über Wiesen treffen wir auf ein Teersträßchen und gehen rechts nur wenige Meter bis zum idyllischen **Étang de Charmoy** ❷.

Hier kehren wir um und folgen dem kaum befahrenen Sträßchen leicht bergauf in nördlicher Richtung ohne Markierung vorbei am Weiler Les Quinaux bis zur verkehrsreichen **D 85** ❸. Wir überqueren diese mit Vorsicht und wandern auf der schmalen Straße über Wiesen und Felder leicht bergab zum **Étang de Moutiers** ❹.

Nach Überquerung der alten Bahnlinie nehmen wir rechts den gelb-rot markierten Uferweg (z. T. sehr feucht) entlang der Bahntrasse, die sich später entfernt. Wir bleiben am schattigen Ufer, bis wir erneut auf die Bahnlinie treffen, der wir links zwischen zwei Teilen des Sees bis zur D 151 folgen. Sie führt durch Wald am verlassenen Haus von Nézeau vorbei. Gut 100 m danach biegen wir an einer Verzweigung am Nordostende des Sees links Richtung St-Fargeau ab. Das Sträßchen folgt jetzt ohne Markierung stets dem Nordufer, wobei zahlreiche Bäume vielfach den Blick auf den See versperren. An der nächsten Kreuzung gehen wir nicht links über die Staumauer, sondern weiter geradeaus für etwa 600 m, bis der gelb-rot markierte Wiesenweg links abzweigt. Wir überqueren einen Bach und später die alte Bahnlinie und folgen unseren Markierungen leicht aufwärts zu den zwei Häusern von Les Petits Clergeaux. Nach ca. 200 m Teerstraße nehmen wir bei einem Buchenwäldchen den gelb markierten Querweg nach rechts.

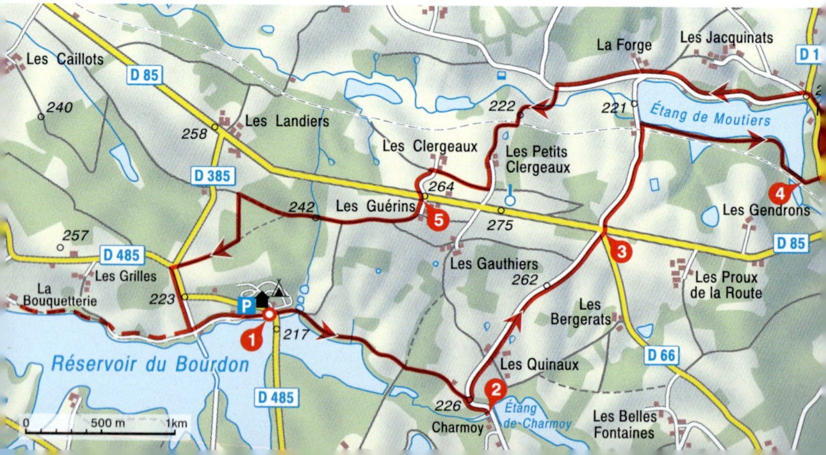

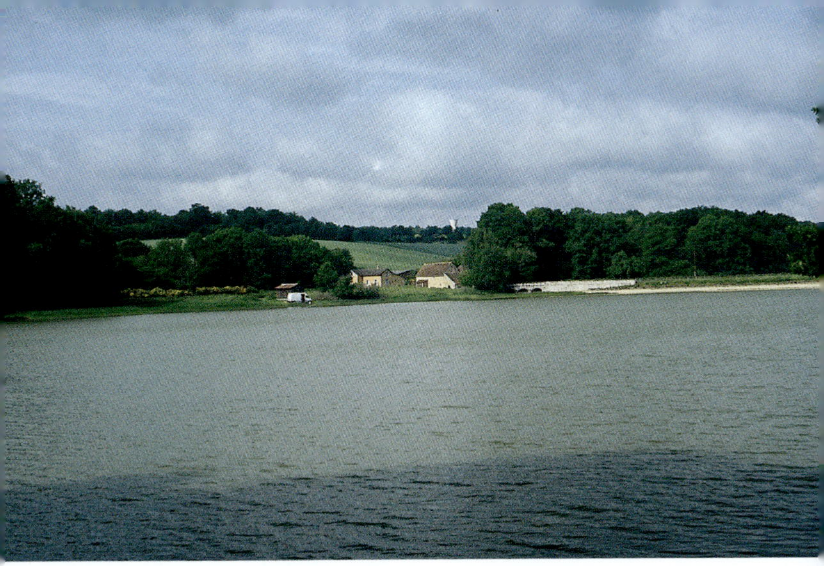

Die weite Wasserfläche des Étang de Moutiers.

Vor einem Haus gehen wir auf einer schmalen Asphaltstraße links hinauf zur **D 85** ❸. Wir überqueren sie Richtung Les Guérins und halten uns am Ende der Teerstraße rechts.

Wir folgen dem Fahr- und später Fußweg über Wiesen leicht abwärts in den Wald, die Markierungen sind hier nicht immer deutlich. Am Waldrand nehmen wir links (grünes Kreuz!) den feuchten Weg leicht bergab mit schlechten gelben Markierungen. Nach 300 m halten wir uns rechts und nach weiteren 50 m nochmals leicht rechts, um dann auf die D 385 zu treffen. Hier wandern wir links bergab und in einer Linkskurve geradeaus über die von Bäumen gesäumte Sackgasse zum **Réservoir du Bourdon** ❶. Am Seeufer können wir entweder links direkt den gelb-rot markierten Weg zurück zum Parkplatz nehmen oder rechts am malerischen Ufer entlang einen Abstecher nach La Bouquetterie machen (hin und zurück ca. 45 Min.).

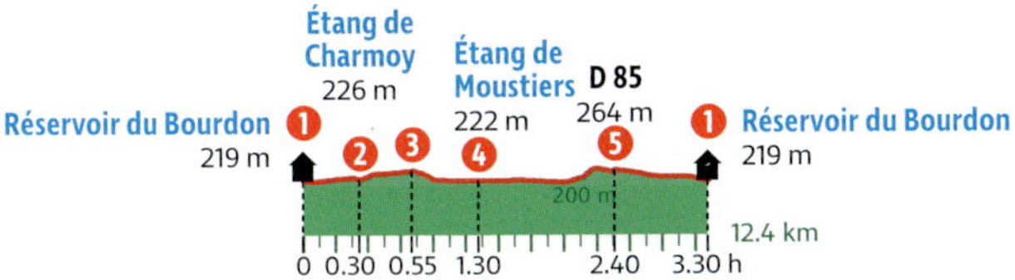

TOP

9

↗ 190 m | ↘ 190 m | 12.4 km

3.45 h

Die Felsen von Saussois

Eindrucksvolle Kletterfelsen im Tal der Yonne

Ein 160 Millionen Jahre altes Korallenriff des ehemaligen Jurameers ist heute für viele Kletterer ein magischer Anziehungspunkt im malerischen Tal der Yonne. Auch für Nichtalpinisten ergeben sich von den Felsen hoch über dem Tal faszinierende Tiefblicke auf den Fluss und die Umgebung.

Ausgangspunkt: Châtel-Censoir, Parkplatz am Bahnhof der Linie Auxerre-Clamecy. Von Auxerre auf der D 606 nach Süden, nach Vincelles die D 100 nach Châtel-Censoir (39 km).
Anforderungen: Die Tour ist durchgehend und ausreichend markiert (gelb-rot); die Wege sind meist ordentlich, z. T. auch schmal, nur kurze Stücke verlaufen auf Teer. Im Bereich der steilen Felsabbrüche sind etwas Trittsicherheit und Schwindelfreiheit erforderlich.

Einkehr: Etwas abseits vom Weg, sonst nur am Ausgangsort.
Tipp: In Auxerre gibt es viel zu sehen: die Altstadt, den Uhrturm (15. Jh.), die gotische Kathedrale St-Étienne (innen und außen) mit Kirchenschatz und Krypta, die ehemalige Abtei St-Germain mit karolingischer Krypta (Fresken aus dem 9. Jh.), zwei Museen (Musée d'Art et d'Histoire und Musée Leblanc-Duvernois).
Karte: IGN 2721 SB, Vermenton/Joux-la-Ville, 1:25.000.

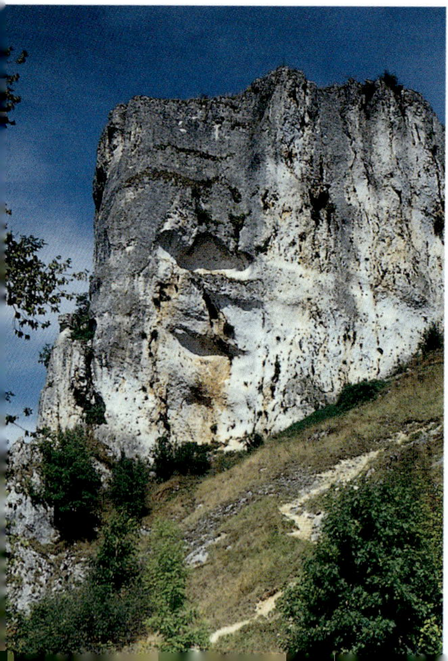

Vom Bahnhof in **Châtel-Censoir** ❶ überqueren wir zunächst mit Vorsicht auf einem unbeschrankten Übergang die Bahngleise, halten uns dann links und anschließend rechts, um auf einer Brücke über den Kanal der Yonne zu gelangen. An ihm entlang wandern wir links auf einer Asphaltstraße bis zu einem kleinen Hafen, wo wir rechts die D 321 nehmen.
Beim **Château de St-Marc** ❷ nehmen wir den Fahrweg nach links – hier fehlt allerdings eine Markierung – für etwa 300 m und gehen dann rechts über Wiesen bergauf. An einer erneuten Gabelung halten wir uns rechts und treffen auf die D 217. Auf ihr wieder rechts. Kurz darauf an der Kreuzung mit der D 321 und

Die Felsen von Saussois.

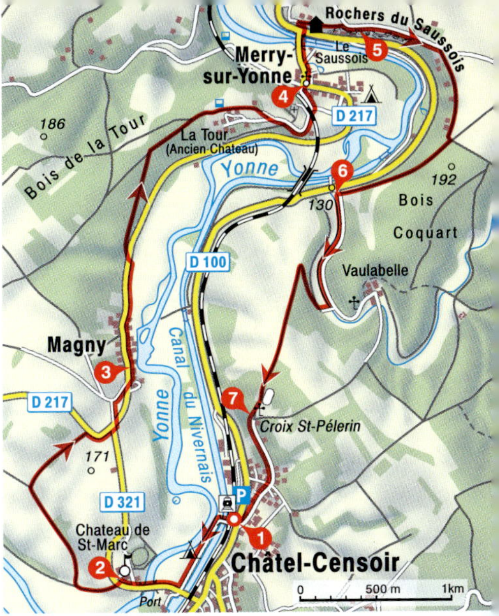

einer schönen Aussicht bis zu den Felsen von Saussois nehmen wir links den Feldweg mit gelb-roter Markierung talabwärts. Später rechts erreichen wir bei den ersten Häusern von **Magny** ❸ wieder die D 217, die links durch den Ort führt.

Etwa 300 m hinter Magny bei einem Seitental führt unser markierter Weg zunächst links und dann rechts im Wald bergauf. Auf der Anhöhe treffen wir auf einen Fahrweg und folgen ihm rechts ziemlich eben, wobei weitere Abzweigungen nach links nicht beachtet werden. Bei ein paar vereinzelten Häusern treffen wir auf ein Teersträßchen – hier erneut rechts – und wandern auf ihm mit schönen Blicken auf die Felsen von Saussois über Wiesen bergab. Unterwegs überqueren wir die Bahnlinie und halten uns danach links hinab nach **Merry-sur-Yonne** ❹.

Im Ort queren wir die Kreuzung schräg nach rechts versetzt, passieren die Kirche (sie liegt rechts von uns) und gehen über die Yonne und den Kanal auf einer Brücke. Dabei haben wir eine besonders eindrucksvolle Sicht auf die steilen Kalkfelsen von Saussois. Unmittelbar danach treffen wir auf die D 100, wo es rechts ein paar Minuten entfernt eine Einkehrmöglichkeit gibt. Ansonsten halten wir uns links für ca. 50 m und nehmen noch vor einer Rechtskurve den Pfad nach rechts. Schon nach wenigen Metern geht es erneut rechts und dann bergauf zu einem Teersträßchen. Auf ihm wandern wir rechts weiter am Rand der Hochfläche entlang mit guter Sicht ins Tal. Bei der ersten Ausbuchtung der Holzleitplanken auf der rechten Seite lohnt sich besonders rechts ein Abstecher zu den **Felsen von Saussois** ❺. Vorsicht, wir stehen unmittelbar am Rand der Steilabbrüche mit schwindelerregenden Tiefblicken. Mit etwas Glück können wir hier auch einen Wanderfalken beobachten und die seltene Spitzorchis entdecken. Nach etwa 700 m zweigt unser gelb-rot markierter Weg rechts ab. Er führt zunächst durch dichten Laubwald und trifft am Waldrand auf einen Querweg. Auf ihm geht es rechts wieder durch Wald bergab ins Tal. Kurz vor der **D 100** ❻ treffen wir auf ein Teersträßchen.

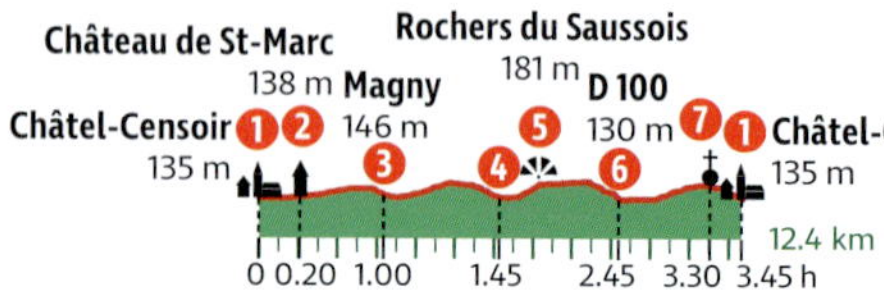

Auf ihm wandern wir leicht links zwischen Wald und Wiesen in einem Trockental. Kurz vor dem Ende weist unsere Markierung nach rechts und wir steigen am gegenüberliegenden Hang im Wald bergauf. Am Waldrand haben wir einen besonders schönen Blick auf die markanten Felsen von Saussois. Hier nehmen wir spitzwinkelig nach links den Weg über Wiesen weiter aufwärts – eine Abzweigung nach rechts ins Tal bleibt unberücksichtigt, und wir erreichen nach einer aussichtsreichen Strecke beim **Croix St-Pélerin** 7 einen Fußballplatz, wo eine Teerstraße beginnt. Auf ihr führt die gelb-rote Markierung bergab nach **Châtel-Censoir** 1. Im Ort geht es auf der Rue de la Chatonnière geradeaus weiter zur D 100. Nach ihrer Überquerung haben wir wieder unseren Parkplatz am Bahnhof erreicht.

Ein Paradies für Freizeitkapitäne: der Canal du Nivernais bei Châtel-Censoir.

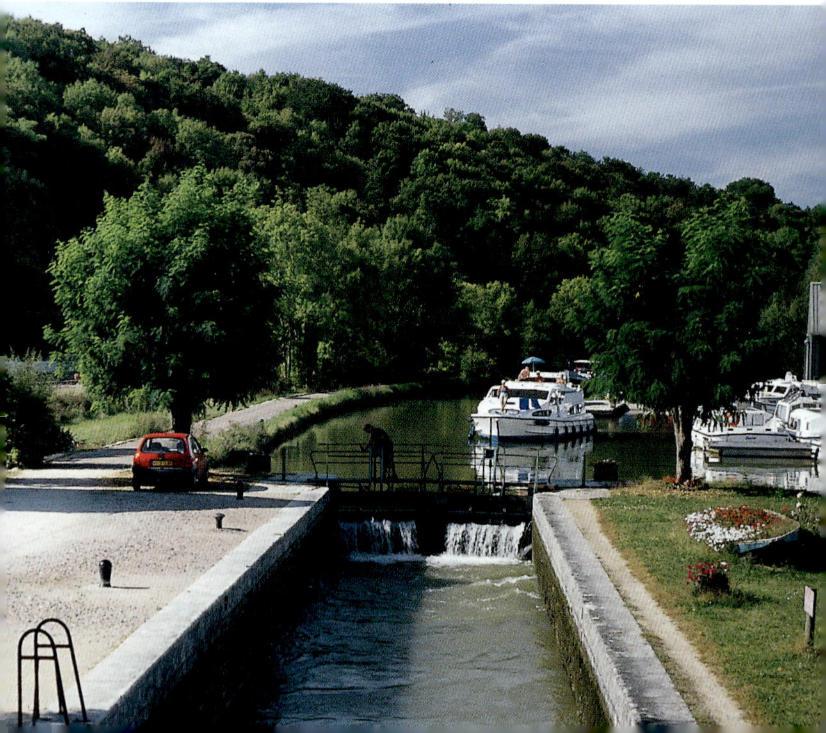

Am Ursprung der Druyes

Beschauliche Wanderung zur Quelle der Druyes

Das reizende Tal der Druyes mit vielen Sumpfpflanzen und der mächtigen Quelle des Flusses steht im Mittelpunkt dieser Tour. Ein herrlicher Blick ergibt sich von den eindrucksvollen Überresten des Château von Druyes-les-Belles-Fontaines aus dem 12. Jahrhundert. Ebenfalls sehenswert ist das Portal der romanischen Dorfkirche (12. Jh.). Harmonisch fügt sich der Viadukt (1880–1884) der 1942 stillgelegten Bahnlinie in die Landschaft ein.

Ausgangspunkt: Druyes-les-Belles-Fontaines, 168 m, Parkplatz an der Place Jean Bertin. Von Auxerre auf der N 151 nach Süden bis Courson-les-Carrières, dann auf der D 104 weiter zum Ausgangspunkt (25 km).
Anforderungen: Auf der gesamten Runde haben wir ordentliche Wege und – bis auf eine Ausnahme – mehrere kurze Passagen auf Asphalt. Die Markierung ist meist ordentlich, ein unmarkierter Abschnitt bereitet keine Orientierungsschwierigkeiten.
Einkehr: Unterwegs keine; nur am Parkplatz in Druyes-les-Belles-Fontaines.
Tipp: Clamecy östl. von Druyes-les-Belles-Fontaines besitzt eine malerische kleine Altstadt an der Yonne sowie die Kirche St-Martin (12.–16. Jh.) mit einer reich dekorierten Fassade und einer interessanten Innenausstattung.
Karten: IGN 2621 SB, Courson-les-Carrières/Thury, 1:25.000.

Vom Parkplatz in **Druyes-les-Belles-Fontaines** ❶ nehmen wir in nördlicher Richtung die Rue de la Comtesse Mahaut leicht bergan bis zum Parkplatz vor dem **Schloss** ❷. Rechts ist ein kurzer Abstecher dorthin möglich, um die schöne Aussicht zu genießen (insgesamt 10 Min. mehr).
Beim mächtigen Stadttor halten wir uns links und gleich rechts den gelb markierten Wiesenweg hinab zur D 104. Wir überqueren sie leicht nach links versetzt und wandern auf dem Schotterweg sanft aufwärts an einem Wasserspeicher vorbei zu einer Hochfläche mit Wiesen. Dort folgen wir unserer Markierung an zwei Kreuzungen geradeaus, bis sich der Weg in die bewaldete **Grande Vallée** ❸ senkt.
Dort weisen die gelben Zeichen nach rechts und führen durch Wald und über Felder hinauf nach **Fontenailles** ❹, wo die Teerstraße beginnt. An drei Gabelungen geht es geradeaus weiter und nach dem Dorfweiher ebenfalls

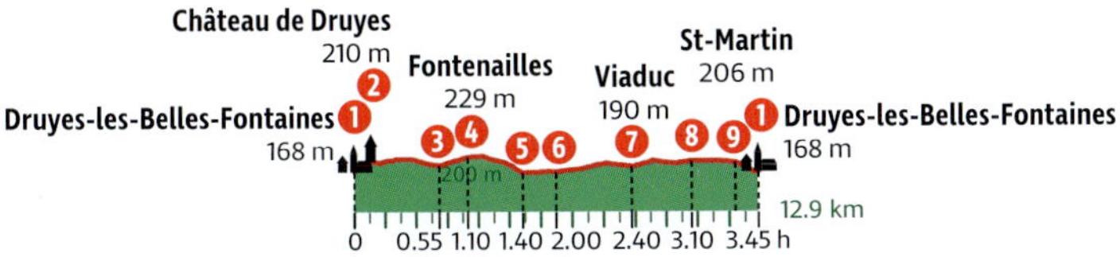

die Rue des Roussiottes, die später leicht links zu einer Querstraße führt. Hier halten wir uns wieder rechts (jetzt auch rote Zeichen) und nehmen nach einer Einmündung in einer Linkskurve den Feldweg leicht rechts bergab über Felder und Wiesen bis zur **D 73** 5.

Wir überqueren zunächst die Straße leicht nach rechts versetzt Richtung Süden, dann über eine Brücke die idyllische Druyes. Die sumpfigen, renaturierten Ufer werden von Weiden gesäumt. An der nachfolgenden Kreuzung verlassen wir unser Teersträßchen nach rechts. Der nun gelb-rot markierte Fahrweg verläuft am Talrand zur **Farm von Blin** 6 mit einer kleinen Quelle. Wir gehen dort links durch eine Unterführung und dann rechts hinauf zur Trasse der 1942 stillgelegten Eisenbahn, deren Gleise und Schwellen von der deutschen Besatzung abtransportiert wurden. Kaum spürbar bergauf folgen wir für knapp 1 km der Trasse und steigen kurz vor einem alten Tunnel rechts steil hinauf zur D 148 (hier erneut rechts).

Die gelb-roten Zeichen führen uns auf der Straße an den alten Bahnhofsanlagen von Druyes-les-Belles-Fontaines vorbei, wo wir geradeaus die D 104 a und dann links die D 104 nehmen. Knapp 100 m später biegen wir rechts in einen geschotterten Fahrweg ab, der uns zum **Viadukt von Druyes** 7, 190 m, bringt. In 24 m Höhe überqueren wir auf 180 m den Taleinschnitt mit schönen Blicken auf den Ort und das Schloss, an der anschließenden Verzweigung müssen wir jedoch aufpassen. Der mittlere Weg mit gelber Markierung ist eine Abkürzung nach St-Martin (ca. 40 Min. Zeitersparnis).

Wir aber wandern links auf der ehemaligen Eisenbahntrasse ohne Markierung weiter sanft aufwärts durch einen tief eingeschnittenen Hügel. Anschließend geht es gemütlich durch Wald und über Felder mit freier Sicht. Nach knapp 30 Min. führt in einer lang gezogenen Rechtskurve an einem Feld mit zwei Steinblöcken links ein Wiesenweg von der Bahnlinie hinauf zur D 73; kurz nach der Abzweigung sehen wir bereits die Unterführung. Auf der **D 73** 8 überqueren wir rechts die Bahn und nehmen nach der Farm

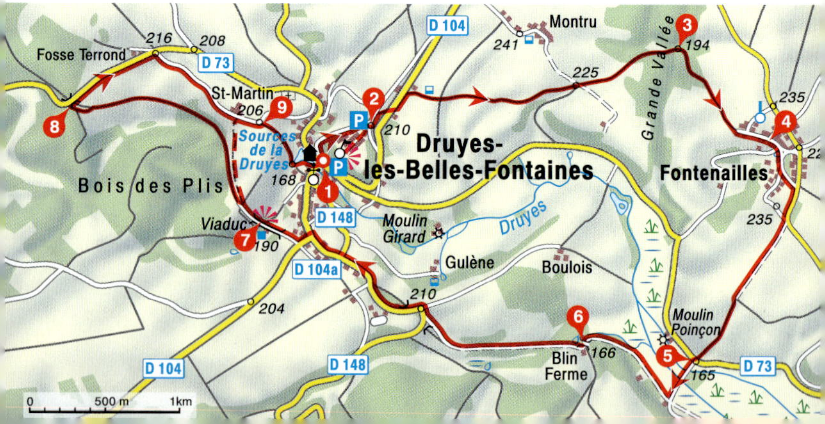

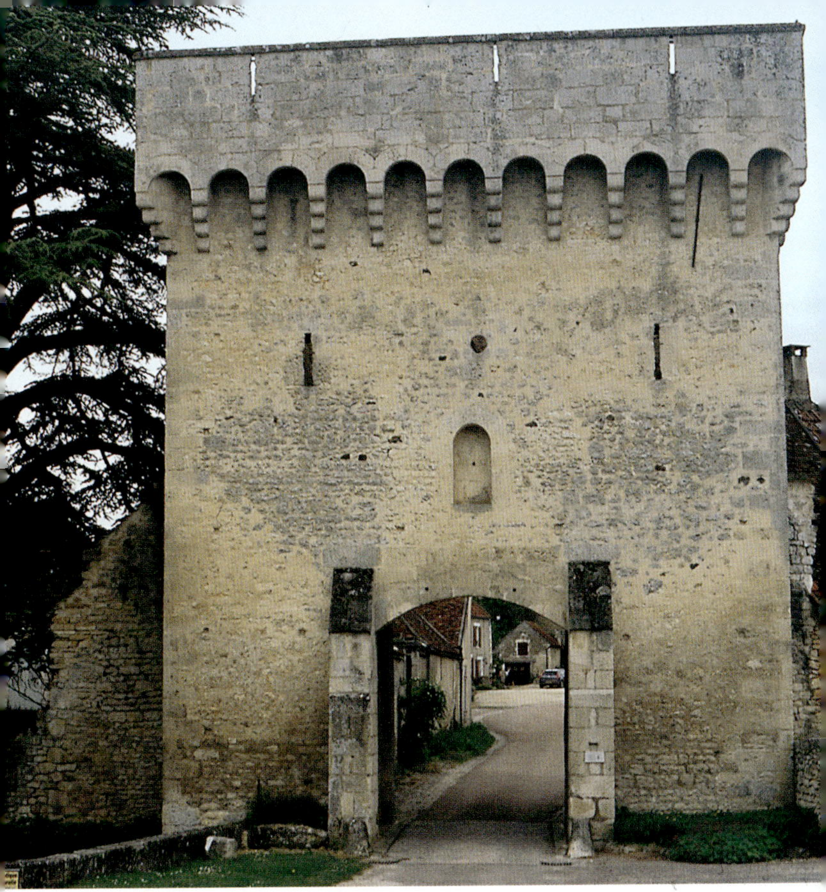

Das trutzige Eingangstor zur Burg von Dryes-les-Belles-Fontaines.

von Fosse Terrond rechts das gelb markierte Teersträßchen mit Blick auf das Schloss von Druyes-les-Belles-Fontaines. Bei der Farm von **St-Martin** 9 mündet die oben erwähnte Abkürzung ein.
Knapp 200 m später gehen wir in einer Linkskurve geradeaus auf einem Wiesenweg (gelbe Zeichen) weiter hinab zum Quelltopf der Druyes mit ihrem absolut klaren Wasser. Danach folgen wir am Damm entlang ohne Markierung dem jungen Fluss, den wir unterwegs überqueren zur Place Jean Bertin mit der Auberge des Sources und unserem Ausgangspunkt, dem Parkplatz in **Druyes-les-Belles Fontaines** 1.

↗ 50 m | ↘ 50 m | 13.5 km

11 Im malerischen Tal der Vingeanne

4.00 h

Auf Treidelpfaden am Marne-Saône-Kanal entlang

In Beaumont-sur-Vingeanne können wir das eindrucksvolle Schloss von 1725 mit seinem großen Garten besichtigen, bevor wir ins grüne Tal der Vingeanne hinabsteigen. Der Fluss wird mehrmals vom Marne-Saône-Kanal gekreuzt, dem wir auf Treidelpfaden in malerischer Landschaft an der Grenze zwischen Burgund und der Franche-Comté folgen.

Ausgangspunkt: Beaumont-sur-Vingeanne, Parkplatz an der Mairie; Bushaltestelle der Linie 35–37 Dijon-Gray an der D 27. Von Dijon auf der D 70 nach Osten bis Mirebeau-sur-Bèze, dann auf der D 27 nach Beaumont-sur-Vingeanne und dort rechts zum Parkplatz (33 km).
Anforderungen: Die Wanderroute ist durchgehend unmarkiert: Im Ortsbereich ist daher etwas Vorsicht geboten, am Kanal gibt es keine Orientierungsprobleme. Meist Fahrwege oder schmale Teersträßchen (oft mit Fahrverbot). Bei Hitze ist die Tour nicht zu empfehlen.
Einkehr: Keine.
Tipp: In Fontaine-Française 3 km weiter nordwestl. verdient das schöne Schloss aus dem 18. Jh. mit prächtigen Möbeln und Gobelins einen Besuch: Folgen Sie den Spuren Voltaires und von Madame de Staël.
Karte: IGN 3122 SB, Mirebeau-sur-Bèze/Marcilly-sur-Tille, 1:25.000.

Einen Einblick in das frühe 18. Jh. bietet das Schloss von Fontaine-Française.

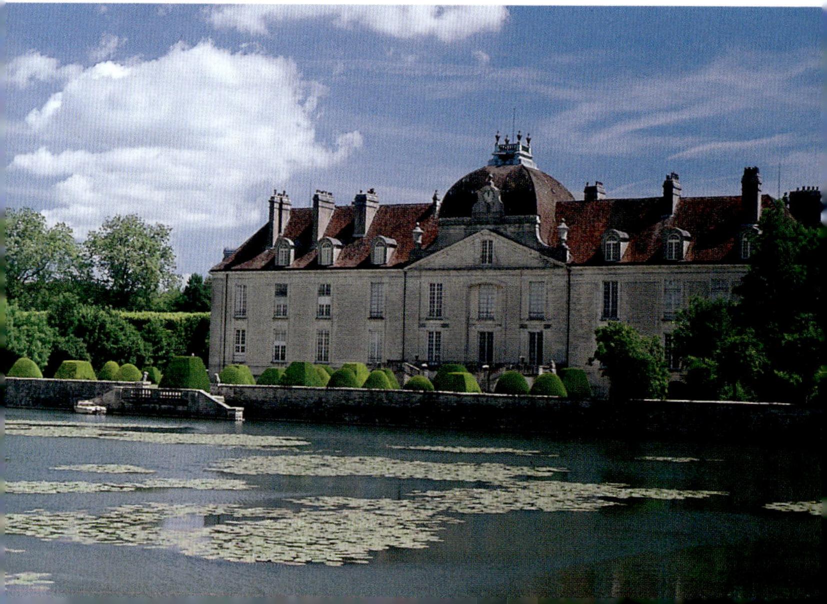

Von der Mairie in **Beaumont-sur-Vingeanne** ❶ gehen wir auf der D 27 c (Rue de Plantenay) hinab und verlassen an der Schlossmauer entlang den Ort. Gleich danach biegen wir links und dann rechts ab (Chemin des Prés). Wir tangieren die Vingeanne und erreichen bald da-rauf den Marne-Saône-Kanal, den wir bei der **Schleuse Nr. 35** ❷ auf einer Brücke überqueren. Wir folgen links dem Kanal auf einem schmalen Teersträßchen mit Fahrverbot über Wiesen und Feldern, wobei im Sommer nur wenige Bäume Schatten spenden. Wir passieren eine alte Schleuse Nr. 34. Am teilweise bewachsenen Ufer erreichen wir die Brücke der **D 27 h** ❸ bei Dampierre-et-Flée**.**

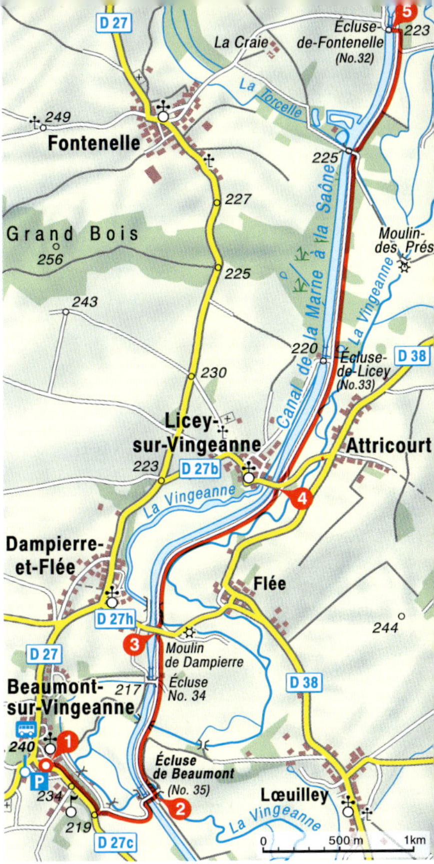

Nach ihrer Unterquerung folgen wir zunächst einem Schottersträßchen durch eine schattige Allee, dann wird es teilweise wieder sonniger und viel Schilf säumt die ruhigen Ufer des Kanals bis zur Brücke der **D 27 b** ❹ bei Licey-sur-Vingeanne. Nach der Unterquerung der Brücke geht es an Wiesen und Feldern sowie der Schleuse von Licey (Nr. 33) vorbei. Dann wird es etwas waldiger und wir wandern unter einer alten Brücke hindurch. Wir genießen die malerische, ruhige Landschaft und folgen dem Marne-Saône-Kanal bis zur **Schleuse von Fontenelle** (Nr. 32) ❺. Hier haben wir unseren Wendepunkt erreicht, auf demselben Weg gelangen wir wieder zurück zum Parkplatz in **Beaumont-sur-Vingeanne** ❶.

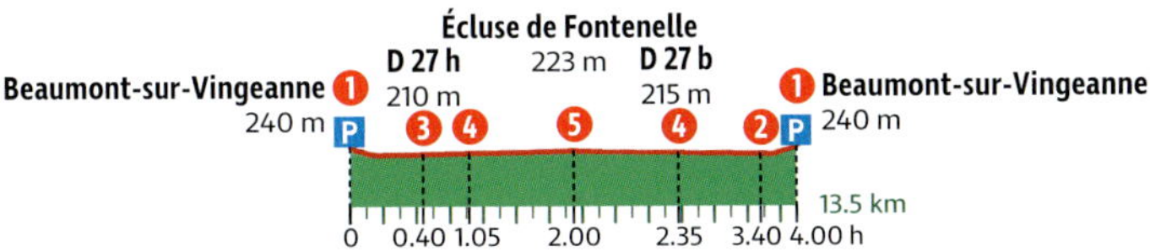

↗ 230 m | ↘ 230 m | 12.4 km

12 An der Quelle des Ignon

3.45 h

Klare Quellen in einem idyllischen Tal

An einer Felswand tritt das klare Wasser des Ignon ans Tageslicht und führt durch ein bukolisch anmutendes Tal nach Poncey mit seiner kreuzförmigen Kirche aus dem 18. Jh. und sehenswerter Innenausstattung. Im schattigen Wald von Poncey sind wir meist alleine unterwegs.

Ausgangspunkt: Parkplatz an der D 26. Von Dijon auf der D 971 nach Nordwesten über St-Seine-l'Abbaye, 6 km später rechts auf die D 26 abbiegen, Parkplatz gleich rechts oberhalb der Ignon-Quellen (33 km).
Anforderungen: Der Abstieg zur Quelle ist steil und bei Nässe rutschig; sonst meist ordentliche Wege, ausreichende Markierung. Drei kurze Teerabschnitte.
Einkehr: Keine.
Hinweis: Während der Jagdsaison kann der Weg gesperrt sein; unbedingt entsprechende Hinweise beachten.
Tipp: In St-Seine-l'Abbaye lohnt die Abteikirche (13.–16. Jh.) einen Besuch (im Inneren beachtenswerte Grabsteine sowie schönes Chorgestühl).
Karte: IGN 3022 ET, Val Suzon, 1:25.000.

Vom **Parkplatz** an der **D 26** ❶ nehmen wir den weiß-rot markierten Pfad, der in einem schattigen Laubwald mit z. T. seltenen und geschützten Pflanzen steil bergab führt. Achtung, bei Nässe besteht hier erhebliche Rutschgefahr! Im Talgrund sprudelt aus Spalten an einer Felswand das klare Wasser der **Ignon-Quelle** ❷ hervor. Neben Tausendfüßlern können wir in dem sumpfigen Milieu seltene Pflanzen wie Waldbingelkraut und gefiederte Zahnwurz entdecken. Der Weg führt zunächst über einige kleine Bäche sowie sonnige Wiesen und dann im Wald am Talrand entlang, bis er auf einen Fahrweg trifft. Während der GR 2 nach rechts abzweigt, halten wir uns links (gelbe Zeichen) und wandern meist über Wiesen an zwei kleinen Seen und einer Fabrik vorbei. Bei einer alten Mühle überquert der Fahrweg den Ignon; durch Wäldchen und über Wiesen sowie an einzelnen Häusern vorbei erreichen wir die D 26. Auf ihr wandern wir rechts nach **Poncey-sur-l'Ignon** ❸. Hier nehmen wir rechts die Rue du Pont, überqueren nochmals auf einer Brücke den Ignon und biegen links in den Chemin du Château ab. Auf dem gelb markierten Schotterweg halten wir uns zunächst gera-

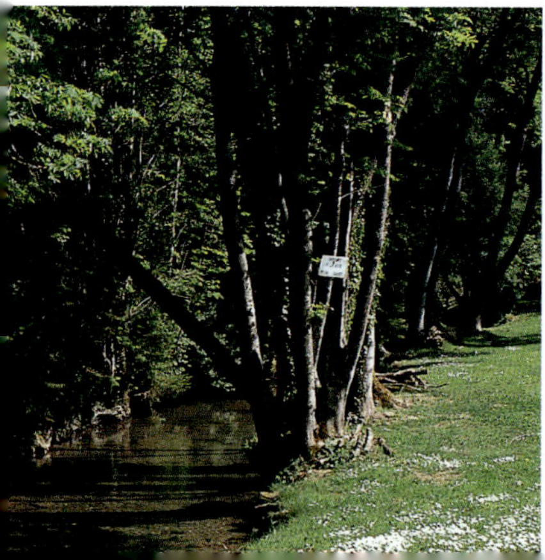

Der idyllische Ignon bei Poncey.

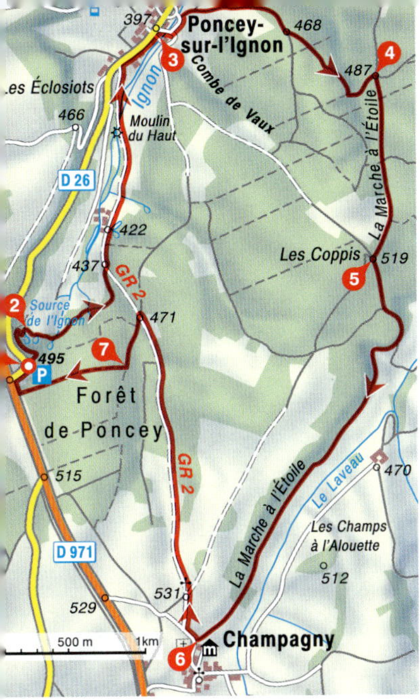

deaus, dann rechts. Unter einer Stromleitung hindurch steigen wir am rechten Talrand den Hang empor und gelangen in den Wald. Wir passieren eine Jagdhütte und biegen nach ca. 5 Min. links ab. Hier ist alles verwachsen und die Markierung nicht zu erkennen. Die grasige Piste beschreibt eine lang gezogene Linkskurve, um eine Schlucht zu umgehen. Dabei müssen ca. 150 m vor deren Ende zwei Abzweigungen nach rechts und halbrechts ignoriert werden. Dann mündet sie leicht bergauf am Ende der Kurve auf den Querweg **»La Marche à l'Étoile« 4**. Wir biegen hier rechts ab und folgen der roten Markierung geradeaus durch den Wald, ohne Abzweigungen zu beachten. Nach einer Lichtung bei **Les Coppis 5** halten wir uns links und steigen im Wald etwas bergab. Am Waldrand geht es rechts immer zwischen Wiesen und Wald oberhalb eines kleinen Baches entlang Richtung **Champagny 6**. Etwas oberhalb des Ortes beim Punkt 498 m erreichen wir ein Teersträßchen, dem wir rechts bergauf folgen (gelbe und weiß-rote Zeichen). An der ersten Gabelung biegen wir rechts ab und wandern zuerst auf Teer, dann auf Schotter sowie an einem Wegkreuz geradeaus weiter über Wiesen in den Wald. Der GR führt leicht abwärts durch den schattigen Wald. Nach ca. 2 km verlassen wir den GR an einer Lichtung in spitzem Winkel nach links, nun etwas bergauf. Nach gut 300 m müssen wir aufpassen, denn rechts zweigt unser wenig ausgeprägter und schlecht markierter Pfad ab. Ziemlich eben geht es zunächst durch den Wald zu einer abgeholzten Fläche, die wir auf der rechten Seite passieren. Wir wandern unter einer Stromleitung hindurch und gehen bei einem Masten links 30 m an der Rodung entlang, um dann rechts den schmalen Pfad in den Wald mit schwach gelber Markierung zu nehmen. Als verwachsener Wiesenweg mündet er in die D 971. Wir folgen rechts der Straße bis zur Abzweigung der **D 26**, die gleich darauf zum **Parkplatz 1** führt.

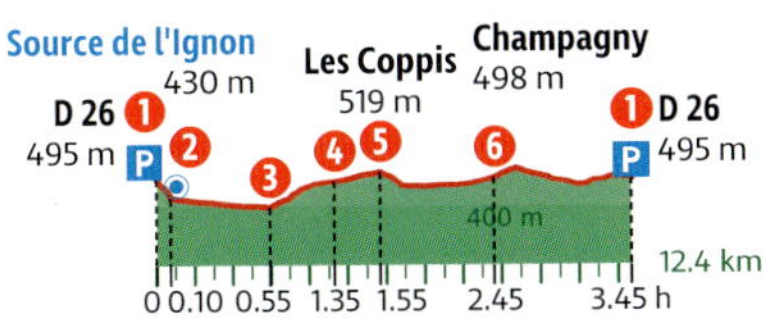

↗ 80 m | ↘ 80 m | 23.1 km

13 Der Canal de Bourgogne bei Pouillenay

6.20 h

Gemütliches Wandern an der einst wichtigen Lebensader

Ruhig und fast eben gehen wir an der ehemals wichtigen Wasserstraße entlang, auf der wir heute nur einige Freizeitkapitäne antreffen. Bäume und Wiesen säumen meist den Lauf des Kanals mit lang gezogenen Kurven und vielen Schleusen: eine ideale Tour für Frühjahr und Herbst.

Ausgangspunkt: Pouillenay, Parkplatz direkt am Westufer des Kanals; Bushaltestelle (Linie 71 Semur-Veneray) etwa 600 m weiter im Ort an der D 9. Von Semur-en-Aussois auf der D 954, dann auf der D 9 nach Osten bis Pouillenay (11 km).
Anforderungen: Der markierte Weg am Kanal bereitet keine Schwierigkeiten.
Einkehr: Café in Marigny-le-Cahouët etwas abseits vom Weg im Ort.
Tipp: Alesia (Alise-Ste-Reine) mit sehenswertem Museum; am Mont Auxois archäologische Ausgrabungen mit Erklärungen zur Entscheidungsschlacht zwischen Galliern und Römern unter Caesar.
Karte: IGN 2922 SB, Semur-en-Auxois/Vitteaux, 1.25.000.

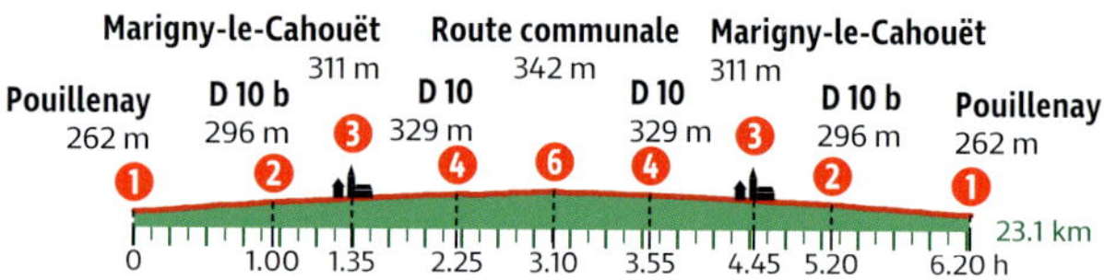

Vom Parkplatz bei **Pouillenay** ❶ überqueren wir rechts auf der D 9 den Kanal de Bourgogne und nehmen rechts den Feldweg am linken Ufer entlang Richtung Chassey. Der Kanal wird von vielen Laubbäumen – meistens Pappeln – gesäumt, zahlreiche Kühe weiden auf den umliegenden Wiesen. Der Blick über die Hügellandschaft reicht bis nach Chassey. Wir passieren etliche Schleusen sowie eine Teer- und eine Schotterstraße. Nach einer Stunde überqueren wir die **D 10 b** ❷, die Zufahrt nach Chassey. Wir aber folgen weiter wie bisher dem gewundenen Verlauf unseres Kanals und unterqueren später die Eisenbahn und die D 10. So erreichen wir nach 19 Schleusen bei den ersten Häusern von **Marigny-le-Cahouët** ❸ erneut die D 10. Wer hier einkehren will, folgt der Straße links in den Ort zum Café am Hauptplatz und kehrt von dort nach Westen zu unserer Route zurück.
Wenn wir keine Pause einlegen, überqueren wir abermals die D 10 und bleiben weiterhin am linken Ufer des Kanals mit vielen Bäumen (z. T. auch Nadelgehölze) und Schleusen; er wendet sich bald nach Westen. Unterwegs über Wiesen passieren wir zwei Schotterstraßen und treffen zum dritten Mal auf die **D 10** ❹.

Auf ihr überqueren wir nun nach rechts den Kanal und folgen ihm dann links am rechten Ufer entlang. Nach knapp 1,5 km queren wir die **D 10 d** **5** und erreichen etwa 20 Min. später nach einer ruhigen und geruhsamen Wanderung den Wendepunkt unserer Tour an der Straßenbrücke der **Route communale** **6** von Charigny nach Villeneuve-sous-Charigny. Wir wandern dann auf derselben Strecke zurück nach **Pouillenay** **1**.
Wer nur eine Strecke gehen möchte, sollte folgenden Vorschlag unter Benutzung öffentlicher Verkehrsmittel beachten: Wir beginnen die Tour in Semur-en-Auxois, parken dort am Institut médico-éducatif an der D 970 und fahren mit dem Bus Nr. 71 zunächst nach Pouillenay. Dann gehen wir auf der D 9 nach Westen zum Kanal und zweigen dort vor der Brücke rechts ab. Es folgt nun die Wanderung entlang dem Canal de Bourgogne wie oben beschrieben bis zum Wendepunkt bei der Straßenbrücke. Dort zweigen wir

Pappeln säumen den Weg am Canal de Bourgogne bei Marigny-le-Cahouët.

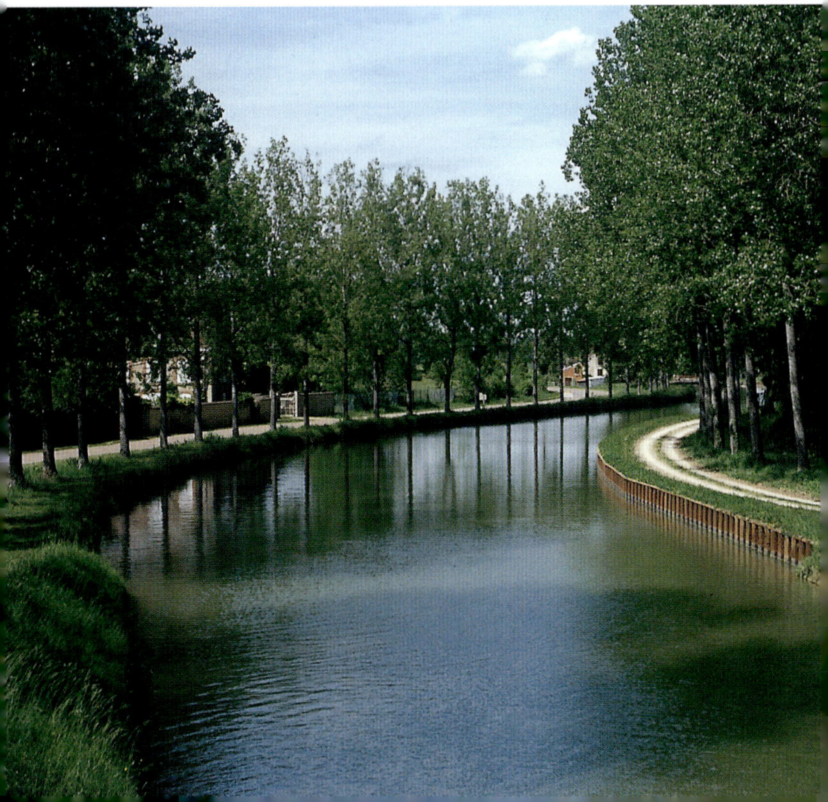

rechts ab und folgen der Route communale vorbei an Wiesen und Feldern, bis wir links auf dem Chemin du Mais zur D 970 in Villeneuve-sous-Charigny wandern. Hier gehen wir rechts in den Ort zur Bushaltestelle der Linie 49, die uns zurück zum Start in Semur-en-Auxois bringt. Erkundigen Sie sich vorher unbedingt nach den Fahrzeiten, denn die Verbindungen sind nicht sehr zahlreich. Die Gesamtgehzeit dieser Variante beträgt 3.45 Std.

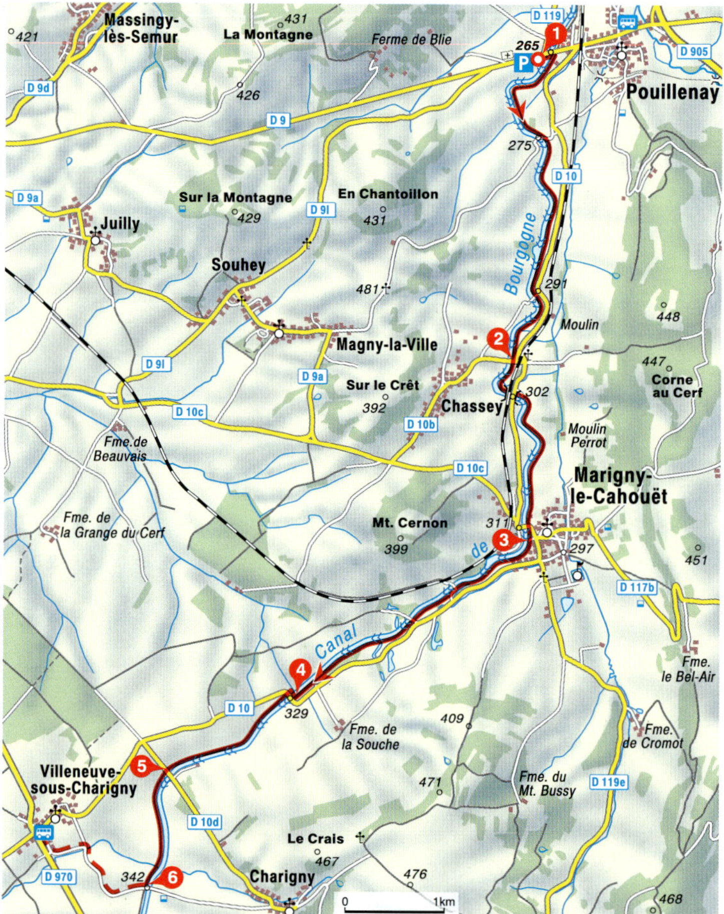

↗ 210 m | ↘ 210 m | 11.4 km

3.30 h

Avallon und das Tal des Cousin

14

Viel Wald und eine reiche Vogelwelt

Das idyllische Tal des Cousin mit zahlreichen Mühlen bietet viel Schatten und man erlebt eine Vielzahl an Vögeln. Dasselbe gilt auch für den ruhigen Bois-Dieu. Die Altstadt von Avallon lockt mit vielen Restaurants und Geschäften, dazu mit einer gut erhaltenen Stadtmauer, der Kirche St-Lazare (11. Jh.) mit einem schönen Portal und sehenswertem Innenraum und einem Museum zur Geschichte der Region.

Ausgangspunkt: Cousin-le-Pont im Süden von Avallon unten an der Brücke über die D 427, Parkplatz; der Bahnhof liegt 2 km nördl. von Cousin-la-Roche.
Anforderungen: Die Wanderung ist durchgehend und meist ausreichend markiert, die Wege sind in der Regel ordentlich, allerdings gibt es mehrere kürzere und ein längeres Teilstück auf Teer.
Einkehr: Unterwegs keine, nur in Avallon selbst.
Karte: IGN 2722 ET, Avallon, 1:25.000.

Vom Parkplatz in **Cousin-le-Pont** ❶ gehen wir zunächst rechts am Fluss auf einem gelb-rot markierten Fußweg entlang und dann kurz hinauf zur Straße. Auf ihr erreichen wir rechts an Häusern vorbei eine Kreuzung in **Cousin-la-Roche** ❷, einem Stadtteil von Avallon. Hier halten wir uns rechts und gleich wieder links über Treppen hinauf (gelbe Zeichen).
Ein breiter Hohlweg führt von Bäumen gesäumt zu einem Sattel (**Col** ❸) und kurz darauf zu einer Gabelung (Einmündung des Rückweges). Wir gehen nun geradeaus auf einem steinigen und teilweise betonierten Fahrweg bergab. Dieser mündet oberhalb des Campingplatzes auf ein Sträßchen (hier links). Beim letzten Haus etwa 200 m später nehmen wir links den steilen Weg bergauf. Nach einer Linkskurve biegen wir auf halber Höhe an einer

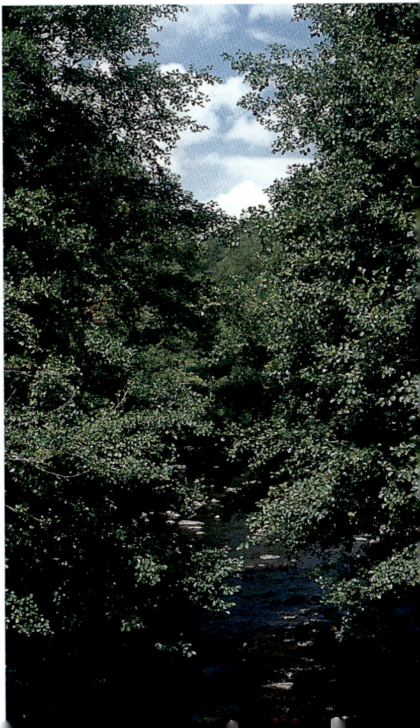

Der naturbelassene Flusslauf des Cousin.

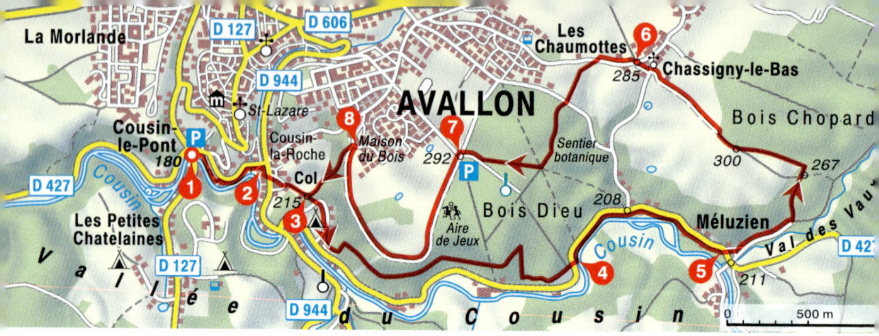

Gabelung rechts ab. Circa 200 m danach passieren wir eine Stromleitung und gelangen zu einer Verzweigung von fünf Wegen. Geradeaus folgen wir stets unserer gelben Markierung leicht hügelig im Wald über dem Tal des Cousin für gut einen Kilometer bis zu einer Kreuzung. Hier steigen wir spitzwinkelig nach rechts und später nach links bergab. Der breite Hohlweg mündet schließlich auf die **D 427** ④, der wir im schattigen Tal des Cousin flussaufwärts bis **Méluzien** ⑤ folgen. An der ehemaligen Buvette des Coteaux nehmen wir links die schmale Sackgasse in den Val des Vaux. Beim letzten Haus am Ende der Teerstraße gehen wir links im Wald auf unserem gelb markierten Weg bergauf zum Waldrand, dem wir nach links weiter aufwärts folgen. Nach dem höchsten Punkt (300 m) folgen wir einem Fahrweg über Felder leicht abwärts bis **Chassigny-le-Bas** ⑥. Dort überqueren wir an einem Trafohäuschen eine Straße und setzen die Tour auf der Rue Chabru fort bis zur Hauptstraße. Hier halten wir uns links und bei Containern am Ortsende ebenfalls. Nach 100 m nochmals links treffen wir dann über Felder auf die direkte Verbindungsstraße nach Méluzien.
Nach deren Überquerung treffen wir im Wald von Bois-Dieu auf einen informativen Sentier botanique. Wir folgen immer dem gelb markierten Hauptweg zu einer sternförmigen Kreuzung. Hier nehmen wir den zweiten Weg rechts in rechtem Winkel nach Westen Richtung Chaumes weiter durch den Wald zu einem großen **Parkplatz** ⑦.
Nun geht es links auf einem breiten Schotterweg am Waldrand mit schönen Blicken auf die Altstadt von Avallon fast eben weiter. An einem Spielplatz vorbei passieren wir später in einer weiten Rechtskurve eine Stromleitung. Stets am Rande des Hochplateaus erreichen wir beim **Maison du Bois** ⑧ eine Teerstraße. Hier biegen wir in spitzem Winkel nach links ab und steigen im Wald steil bergab bis zum oben erwähnten Sattel (**Col** ③). Dort rechts haltend, erreichen wir über **Cousin-la-Roche** ② wieder unseren Parkplatz in **Cousin-le-Pont** ①.

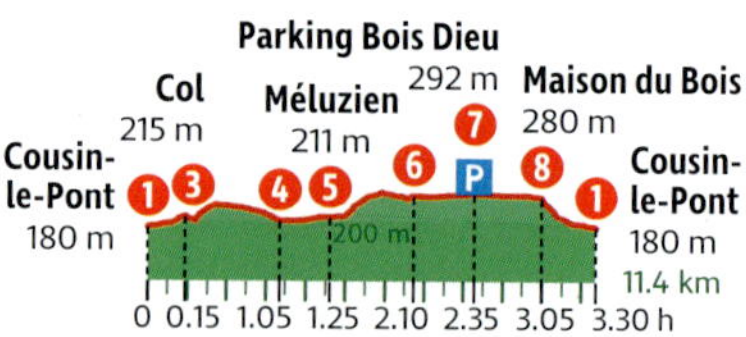

↗ 240 m | ↘ 240 m | 13.7 km

4.00 h

Die Gorges de la Cure bei Pierre-Perthuis

TOP **15**

Künstliche und natürliche Brücken in der Schlucht der Cure

In St-Père starten wir mit einem Besuch der eindrucksvollen gotischen Kirche (13. Jh.) Notre-Dame mit dem wunderbaren Portal. Der größte Teil der Wanderung verläuft über Wiesen und Hügel sowie durch Wald und Weinberge. Besondere Attraktionen sind eine natürliche Steinbrücke sowie eine alte (von 1770) und eine moderne Brücke über die Cure am Beginn der reizvollen Waldschlucht.

Ausgangspunkt: St-Père an der D 36 (Rue du Gravier), Parkplatz beim Trafohäuschen. Von Avallon nach Westen auf der D 957 zum Ausgangsort (13 km).
Anforderungen: Die Wanderung ist durchgehend und bis auf wenige Ausnahmen ausreichend markiert; die Wege sind meist ordentlich und es gibt nur vier nicht zu lange Passagen auf Asphaltstraßen.
Einkehr: Restaurants in Pierre-Perthuis und St-Père.

Tipp: In Vézelay sollten Sie neben der Altstadt mit ihren Stadtmauern und alten Häusern unbedingt die eindrucksvollste romanische Basilika (12. Jh.) Frankreichs besichtigen. Kunsthistorische Bedeutung haben das Tympanon des Zentralportals sowie die Kapitelle. Auch die Malereien in der Krypta (13. Jh.) und die Seitenportale sollten beachtet werden.
Karte: IGN 2722 ET, Avallon, 1:25.000.

Als sei die Zeit stehen geblieben: Häuser am Ufer der Cure in St-Père.

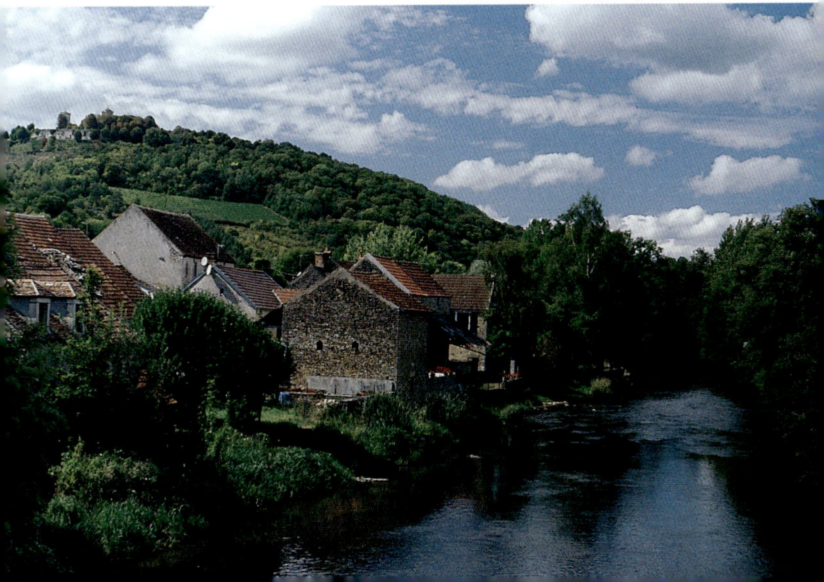

Vom Parkplatz in **St-Père** ❶ gehen wir links auf der D 36 (= Rue du Gravier) zur D 957 und überqueren links die Cure. Von der Brücke ergeben sich schöne Blicke auf Vézelay und das klare Flusswasser. Gleich danach nehmen wir erneut links die D 958 durch den Ort. Vor der eindrucksvollen Kirche biegen wir rechts in die Rue du Moulin des Marguerites, später links in die Rue dessus les Fosses und an der folgenden Gabelung rechts in den Chemin de la Fontaine.

An Gärten vorbei geht die Teerstraße nach den alten Waschhäusern in einen Schotterweg über und führt in einen lichten Wald. Danach zweigt unser GR rechts ab verläuft ca. 800 m über Wiesen leicht aufwärts zu einer Kreuzung, an der wir uns links halten. Durch Wald weiter bergauf erreichen wir eine Kreuzung am **Mont Libœuf** ❷.

Geradeaus steigen wir an Weinbergen entlang hinab in ein Tal zu einer weiteren Kreuzung (226 m). Hier folgen wir dem GR erneut geradeaus mit Blick auf die umliegenden Hügel über Wiesen sanft bergauf, bis wir das Ende einer Teerstraße tangieren. In diesem Bereich sind die Markierungen teilweise schlecht. Geradeaus gehen wir auf unserem Weg hinab nach **Foissy-lès-Vézelay** ❸, wo wir rechts den weiß-roten Zeichen zur D 53 folgen.

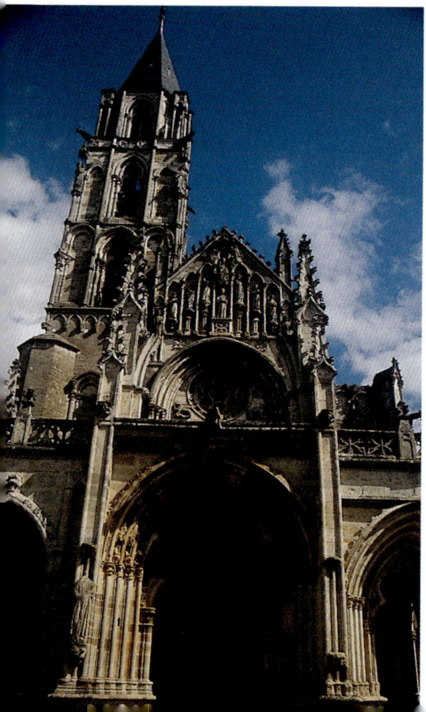

Hier halten wir uns nochmals rechts und biegen am Ortsende links in die Rue du Lait ein. An einem alten Taubenschlag vorbei führt das schmale Sträßchen bergauf – die Kehre kann auf einem steinigen Weg abgekürzt werden – bis zu einem Kamm, wo der Asphalt endet. Der aussichtsreiche Höhenweg zweigt an einer Gabelung leicht links ab und führt dann geradlinig hinab zu einem **Restaurant** an der D 958.

Hier links und gleich wieder rechts wandern wir durch das alte Stadttor von Vauban nach **Pierre-Perthuis** ❹. An einem Turm führt der weiß-rot markierte Fußweg rechts hinab zu einem Parkplatz an der Cure, die wir auf der alten Brücke mit Blick auf das neue Viadukt und den Fluss überqueren. Der Weg führt malerisch durch dichten Laubwald in der **Schlucht der Cure** bis zur Ruine der **Mühle von Gingon** ❺. Hier geht es

Das gotische Kirchenportal von St-Père.

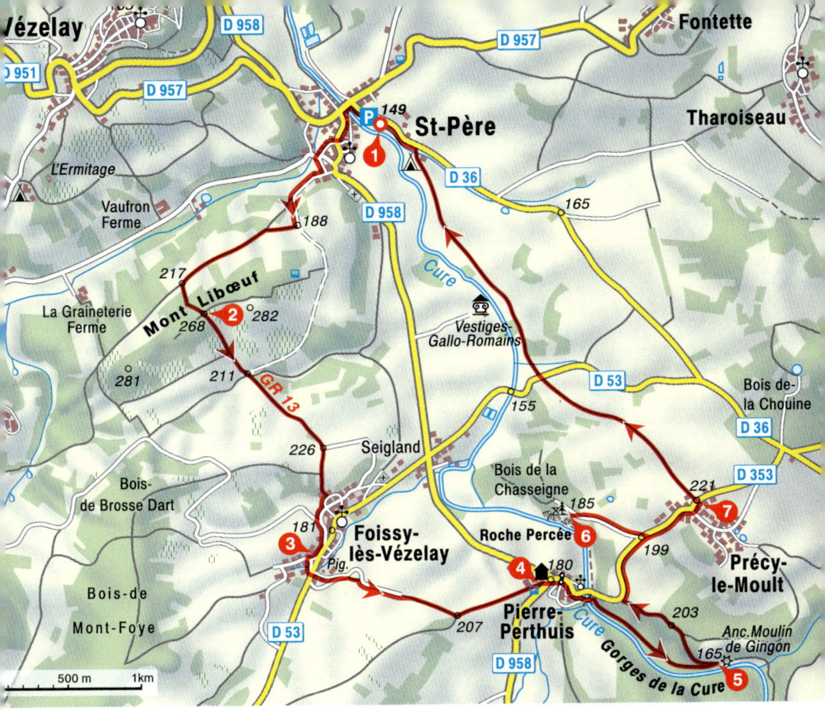

links hinauf zu einem steinigen Querweg. Auf ihm steigen wir links – jetzt mit gelber Markierung – hinauf zum Hochplateau (203 m). Dort erneut links folgen wir den gelben Zeichen am Rande der Schlucht über Wiesen bis zur D 353, wo wir rechts abbiegen. An der nächsten Gabelung machen wir links einen Abstecher – ohne Markierung – zur **Roche-Percée** ❻ (Hinweistafel). Zwischen Hecken führt das Teersträßchen hinab zu einem Picknickplatz. Links von der Straße haben wir hier einen eindrucksvollen Blick auf das Felstor und die Cure tief unter uns. Wir kehren dann zur D 353 zurück und gehen auf ihr links nach **Précy-le-Moult** ❼. Am Ortsende nehmen wir links den Feldweg mit gelber Markierung, der aussichtsreich zunächst eben, dann hinab zur D 53 führt (155 m). Geradeaus verläuft der Hohlweg weiter abwärts zur Cure. Im Tal wandern wir flussabwärts zu einem Campingplatz, wo wir auf die D 36 treffen, der wir links nach **St-Père** ❶ folgen.

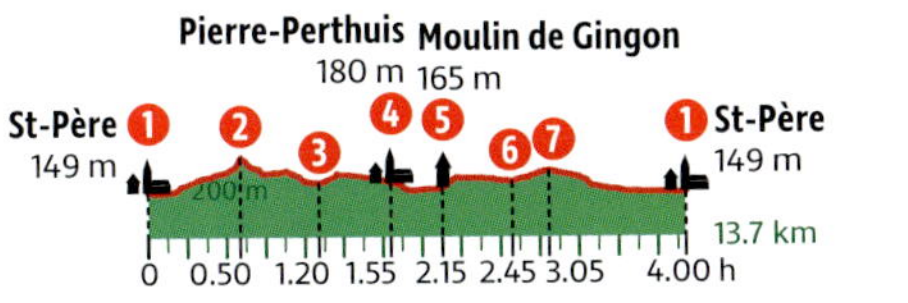

↗ 230 m | ↘ 230 m | 12.4 km

16 Rund um Rouvray

3.30 h

Abwechslungsreiche Wanderung zu drei malerischen Seen

Die Rundtour startet in Rouvray mit einigen alten Häusern und einem Steinkreuz. Sie führt dann abwechslungsreich über Wiesen und durch Wald sowie an drei idyllisch gelegenen Seen vorbei.

Ausgangspunkt: Rouvray, Parkmöglichkeiten am Rand der Hauptstraße bei der Post; Haltestelle der Buslinie 49 (Avallon-Dijon). Von Avallon südöstlich über die D 606 bzw. 906 (22 km).
Anforderungen: Meist ordentliche Wege, zwei etwas längere Abschnitte verlaufen auf Teerstraßen. Die Querung eines Baches an einer Furt kann bei hohem Wasserstand etwas problematisch sein.
Einkehr: Nur in Rouvray selbst.
Karte: IGN 2822 OT, Quarré-les-Tombes, 1:25.000.

Vom Parkplatz in **Rouvray** ❶ nehmen wir gleich nach der Post rechts die Rue de la Croix Bertauld in südöstlicher Richtung abwärts durch den Ort und halten uns an der nächsten Kreuzung geradeaus Richtung Le Foulon. Später missachten wir, dass die orange Markierung nach links zeigt, und bleiben geradeaus auf unserem Teersträßchen bergab über Wiesen und Weiden. An einem Wegkreuz bei einer Eiche nehmen wir rechts den geschotterten Chemin des Calvaires mit schwacher gelber Markierung, der schattig zwischen von Bäumen gesäumten Weiden bergab führt. Bei der Einmündung eines Teersträßchens folgen wir diesem links hinab zum **Étang de Vannoise** ❷, der idyllisch in einer Senke liegt.

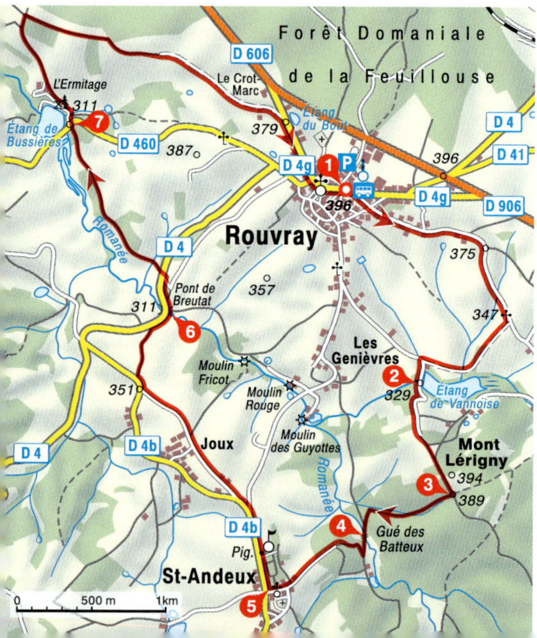

Wir wandern auf dem schattigen Sträßchen, zuerst auf Teer-, dann auf Naturbelag, bergauf durch Mischwald und an Ginsterbüschen vorbei, ohne Abzweigungen zu berücksichtigen, bis zum

»Gipfel« des **Mont Lérigny** ❸. Dort nehmen wir rechts den gelb markierten Fahrweg im Wald bergab. Kurz vor dem Talgrund halten wir uns links und überqueren die Romanée das erste Mal auf einer Furt (**Gué des Batteux** ❹). Kurz danach folgen wir der gelben Markierung rechts im Wald kräftig hinauf Richtung **St-Andeux** ❺. Auf der Anhöhe beginnt der Teerweg, der uns geradeaus in den Ort bringt. Die Kirche zu unserer Linken erreichen wir die D 4b. Hier halten wir uns rechts und wandern am Schloss vorbei. An der ersten Gabelung nach dem Ort verlassen wir die D 4b nach rechts und gehen auf dem Grand Chemin (nur für Anlieger) an vereinzelten Häusern vorbei, bis wir erneut auf die D 4b treffen (der ursprüngliche Weg nach rechts ist nicht mehr begehbar.). Hier rechts und gleich nochmals rechts wandern wir auf dem gelb markierten Wiesenweg weiter bergab zur D 4. Auf ihr überqueren wir rechts auf einer Brücke (**Pont de Breutat** ❻) zum zweiten Mal die Romanée.

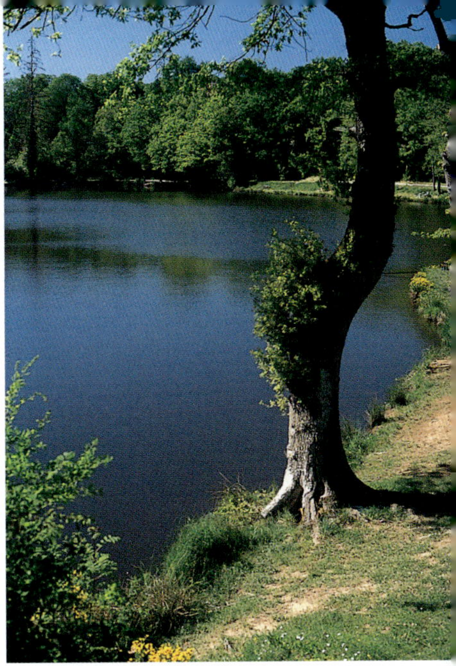

Stets einladend: der Étang de Bussières.

Wir folgen der Straße noch für 200 m leicht aufwärts, bis uns die gelben Zeichen links in einen Wiesenweg (Chemin des Ânes) weisen. Etwas oberhalb der Romanée wandern wir leicht hügelig weiter zur D 460. Wir überqueren sie und gehen am Ufer des malerischen **Étang de Bussières** ❼ mit einem Picknickplatz entlang bis zu einer Verzweigung von drei Wegen. Wir nehmen rechts den etwas verwachsenen Weg mit gelben Zeichen bergauf an einer Farm vorbei, bis wir auf einen Querweg treffen. Auf ihm wandern wir leicht hügelig nach rechts und ca. 600 m später nochmals nach rechts. Der aussichtsreiche, gelb markierte Fahrweg geht später in ein Teersträßchen über, und nach etwa 800 m erreichen wir die Hauptstraße beim Étang du Bout. Rechts wandern wir zurück nach **Rouvray** ❶ und dort leicht links (Rue du Général Leclerc) zum Ausgangspunkt.

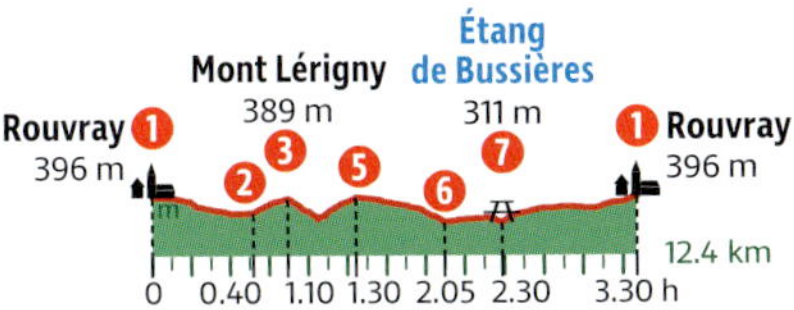

↗ 210 m | ↘ 210 m | 8.9 km

17 Hauteville-lès-Dijon und der Wald von Suzon

2.45 h

Über eine aussichtsreiche Hochfläche in der Nähe von Dijon

Von Hauteville-lès-Dijon mit schönen Blicken auf Dijon überqueren wir zweimal eine von mehreren Tälern durchzogene Hochfläche. Der schönste Teil ist die einsame Waldschlucht im Forst von Suzon, die einem Urwald ähnelt.

Ausgangspunkt: Hauteville-lès-Dijon, Parkplatz bei der Kirche; dort befindet sich auch die Bushaltestelle (Linie 41 von Dijon). Von Dijon über die D 971 und die D 107f (6 km).
Anforderungen: Die Route ist durchgehend und meist ausreichend markiert. Am Anfang und am Ende kaum befahrene Teersträßchen, sonst gute Fußwege.
Einkehr: Unterwegs keine; nur am Ausgangsort.
Hinweis: Während der Jagdzeit kann der Weg im Wald gesperrt sein. Beachten Sie entsprechende Verbote.
Karte: IGN 3022 ET, Val Suzon, 1:25.000.

In **Hauteville-lès-Dijon** ❶ gehen wir vom Parkplatz bei der Kirche – sie reicht bis ins 10. Jh. zurück – auf der Grande Rue nach Norden bergab, an einem Kreisverkehr geradeaus und an der folgenden Gabelung links (Rue de Messigny). An der nächsten **Verzweigung** ❷ wandern wir ebenfalls links (Wegweiser »Tour du Val Suzon«) auf dem Chemin de la Paisse bergauf

Malerischer Blumenschmuck an einem Haus unterwegs.

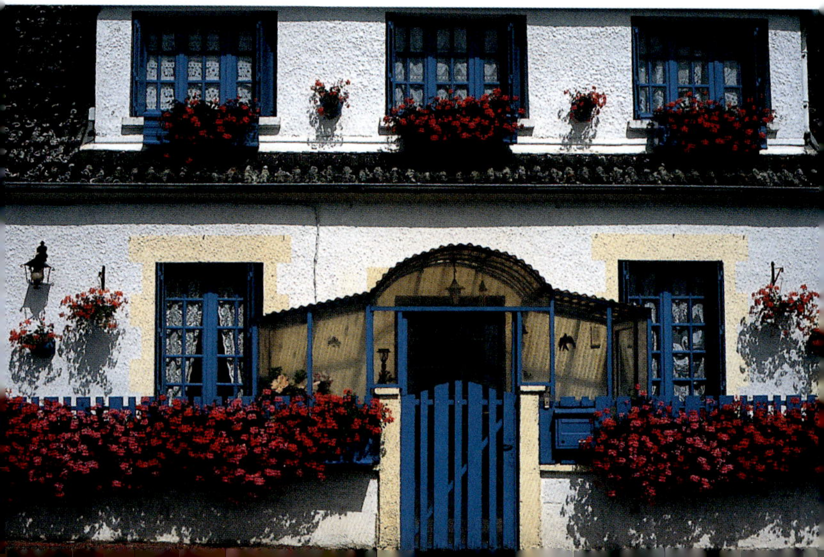

zum Ortsende und folgen nun geradeaus einem geteerten Feldweg (La Bergerie) mit gelben Zeichen über Felder. Mit Blick auf das Fort von Hauteville (links) passieren wir eine Hochspannungsleitung und tangieren die Combe Talant. Dann steigen wir bergab in die **Combe de Pionelle ❸** mit einem lichten Wäldchen.

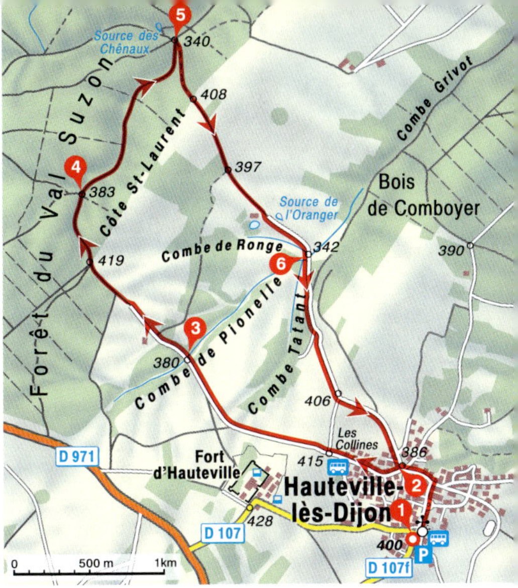

Nun gehen wir wieder bergauf über Felder bis zum Waldrand, wobei unterwegs der Asphaltweg endet. Jetzt wandern wir auf einem steinigen Weg, durch den absolut schattigen, urwaldartigen Laubwald von Val Suzon bergab in eine **Schlucht ❹** bis zu einer Gabelung. Hier weist die gelbe Markierung nach rechts und ein angenehmer Waldweg führt sanft bergab bis zu einer sternförmigen Kreuzung (**Carrefour en Étoile ❺**). Hier besteht nach links die Möglichkeit eines Abstechers zur idyllischen **Quelle von Chênaux** (nur einige Minuten). Von der Kreuzung nehmen wir den gelb markierten Weg in spitzem Winkel nach rechts, der für knapp 500 m kräftig im Wald ansteigt. Dann führt ein Feldweg zum zweiten Mal fast eben über die Hochfläche mit Feldern, auf der im Frühling viele seltene Blumen blühen (u.a. Zweiblättriger Blaustern, Küchenschelle, Buschwindröschen, Feuerrotes Adonisröschen, Acker-Gelbstern, Sonnenwend-Flockenblume, Acker-Ringelblume und diverse Orchideenarten). An einem Wäldchen vorbei geht der Naturweg mit zunehmendem Gefälle in eine Teerstraße über und wir entdecken kurz darauf zu unserer Linken eine kleine Quelle (Source de l'Oranger), die im Sommer oft ausgetrocknet sein kann. Wir steigen noch weiter hinab zum Grund der **Combe de Ronge ❻**.

Auf der anderen Seite geht es im Wald hinauf zum Hochplateau und zurück nach **Hauteville-lès-Dijon ❶**, wo wir links in die Rue de Messigny einbiegen und dann rechts auf der Grande Rue zum Parkplatz gelangen.

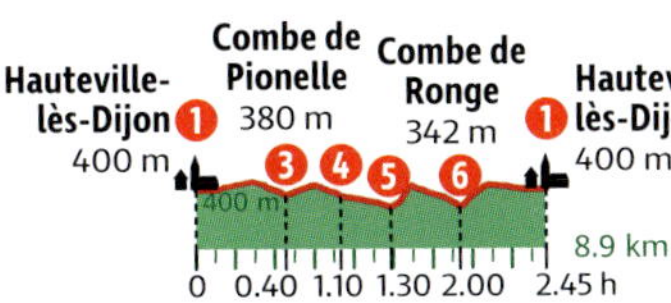

↗ 110 m | ↘ 110 m | 5.3 km

18 In der Combe d'Ahuy

1.45 h

Eine artenreiche Waldschlucht mit einem ehemaligen Kalkofen

Eindrucksvoll ist der urwaldartige Wald mit seiner abwechslungsreichen Vegetation in der Combe d'Ahuy. Zeugnis der »industriellen« Vergangenheit ist ein gemauerter Ofen zum Kalkbrennen (bis 1000 °C). Zurück geht es auf dem »Kuhweg« durch lichten Kiefernwald.

Ausgangspunkt: Ahuy, Platz des 19. März 1962; dort am Brunnen Bushaltestelle der Linie 10. Von Dijon in nördlicher Richtung auf der D 974 und D 107 a nach Ahuy (4 km).
Anforderungen: Nur im Ortsbereich von Ahuy Asphaltbelag, sonst meist ordentliche Wege ohne Schwierigkeiten; durchgehende, ausreichende Markierung.
Einkehr: Keine.
Hinweis: Der Wald kann während der Jagdzeit gesperrt sein. Beachten Sie unbedingt entsprechende Hinweise.
Karte: IGN 3022 ET, Val Suzon, 1:25.000.

Vom Parkplatz in **Ahuy** ❶ nehmen wir die Rue des Grands-Clos nach Westen zu einem Kreisverkehr und dann die Rue du Paradis. An ihrem Ende geht es rechts in die Rue de Hauteville und nach ca. 100 m links auf einer Teerstraße mit gelben Markierungen weiter. Nach 20 m weisen unsere gelben Zeichen erneut nach links in den **Sentier des Combes** ❷. An einer Bruchsteinmauer entlang zwischen einem Feld und einem lichten Wäldchen sehen wir rechts von uns einen ehemaligen Kalkofen (Four à Chaux), der inzwischen restauriert wurde. Dann wandern wir sanft bergauf in ei-

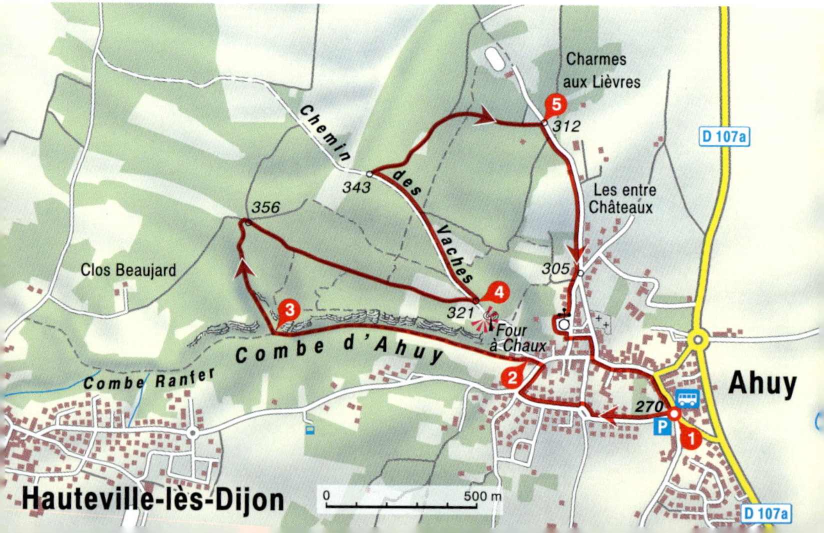

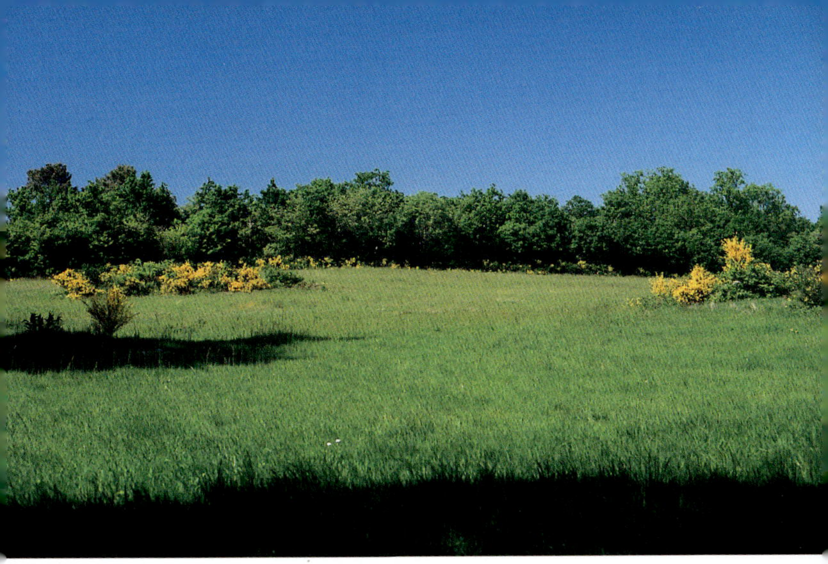

Ginster begleitet uns immer wieder auf der Wanderung in der Combe d'Ahuy.

nem urwaldartigen Mischwald mit abwechslungsreicher Vegetation durch die **Combe d'Ahuy** ❸ bis zu einer Gabelung.

Hier steigen wir rechts (später nochmals) auf dem gelb markierten Weg in einem Seitental bergauf bis zur Anhöhe (356 m), wo wir auf eine Forststraße treffen. Hier zeigen unsere Zeichen erneut nach rechts und in lichtem Kiefernwald geht es sanft bergauf, bis wir auf den breiten **Chemin des Vaches** ❹ treffen. Ein paar Meter geradeaus bieten sich rechts beim Sendemast schöne Blicke auf Dijon.

Auf dem steinigen »Kuhweg« (Chemin des Vaches) wandern wir links leicht aufwärts (Circuit du Four à Chaux und Circuit des Charmes aux Lièvres) und ignorieren die erste Kreuzung. An der nachfolgenden Gabelung verlassen wir den Chemin des Vaches nach rechts leicht bergab und halten uns an der nächsten Kreuzung erneut rechts. Durch lichten Kiefernwald erreichen wir schließlich eine **Teerstraße** ❺. Hier zeigt die gelbe Markierung nach rechts Richtung Ahuy. An der ersten Gabelung im Ort geht es halb rechts, an der zweiten rechts sowie dann in einer Linkskurve um die Kirche St-Agnan (12. Jh.). Nun biegen wir rechts und gleich links in die Rue de l'Église ab. An deren Ende bei der Mairie halten wir uns rechts (Rue des Écoles), später links (Grande Rue), bis uns schließlich rechts die Rue des Tilleuls zurück zum Parkplatz in **Ahuy** ❶ bringt.

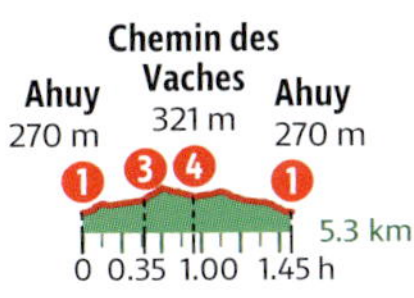

↗ 470 m | ↘ 470 m | 19.4 km

19 Rund um den See von Crescent

6.00 h

Ein fjordartiger Stausee in alpin anmutender Landschaft

Der Stausee von Crescent wurde in den 1930er-Jahren zur Energiegewinnung und zur Regulierung der Flüsse Cure und Chalaux aufgestaut. Heute fügt er sich gut in die hügelige Landschaft des Morvan. Die lang gezogene Form und die teils steilen Hänge erinnern an einen norwegischen Fjord.

Ausgangspunkt: Réservoir du Crescent, Parkplatz am Nordzipfel nahe der Staumauer. Von Avallon auf der D 944 nach Süden bis L'Huis Raquin, dort links, wieder links zur Staumauer, dann rechts zum Parkplatz (16 km).
Anforderungen: Die Tour ist durchgehend und meist ausreichend markiert. Kaum befahrene Teersträßchen wechseln sich mit ordentlichen Fußwegen ab. Momentan sind einige Passagen über Felder von Bauern abgesperrt, aber es gibt Umleitungen.
Einkehr: Keine.
Karte: IGN 2722 ET, Avallon, 1:25.000.

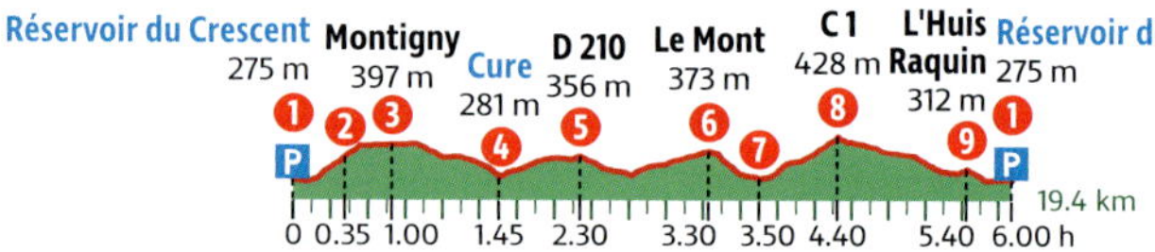

Vom Parkplatz am **Réservoir du Crescent** ❶ gehen wir kurz auf unserem Zufahrtssträßchen weiter, bis rechts der gelb-rot markierte Waldweg direkt am Seeufer entlang abzweigt. Er steigt zum Schluss links steil hinauf zu unserer Fahrstraße, die uns rechts nach **Chézelles** ❷ bringt. Dort weist unsere Markierung nach rechts, und über Wiesen mit Büschen führt der Weg hinauf nach **Montigny** ❸. Kurz davor treffen wir wieder auf unsere Straße, die rechts in den Ort führt.

Hier halten wir uns an der ersten Gabelung links und an der zweiten rechts. Auf der D 192 verlassen wir Montigny bis zu einer Verzweigung von drei Straßen. Wir nehmen die rechte über Weiden hinab nach Villaine. Dort biegen wir an einem alten Wartehäuschen rechts in die Rue Basse ein, bis bei den letzten Häusern links unser von Hecken gesäumter Wiesenweg abzweigt. Wir folgen stets – zunächst fast eben – unserer gelb-roten Markierung und sehen unterwegs vielleicht einen Wiedehopf. Zum Schluss geht es steil hinab zur Brücke über die **Cure** ❹.

Nach Überquerung des malerischen Flusses führt der nun gelb markierte Weg rechts hinauf zu einem Fahrsträßchen (der Zugang links zu einer alten Mühle ist verboten). Auf ihm wandern wir rechts hinauf zu einer Querstraße (eine Abkürzung in einer Linkskurve nach rechts ist abgesperrt). Ihr folgen wir rechts über L'Huis Gourot hinauf ins Dorf Courotte (eine zweite Abkürzung nach rechts über Wiesen ist ebenfalls gesperrt). Aussichtsreich führt unser kaum befahrenes, zum Teil von Bäumen gesäumtes Sträßchen über Wiesen zur D 210.

Auf ihr steigen wir mit Blick auf ein Schloss rechts hinab Richtung Stausee. Kurz davor verlassen wir die **D 210** ❺ und nehmen links die schmale Straße mit gelber Markierung (Tafel Le Mont) zunächst im Wald bergauf. Dann führt das Sträßchen mit wenig Verkehr über Wiesen mit schönen Blicken auf den See von Crescent hinauf nach **Le Mont** ❻. Dort biegen wir rechts ab und passieren bergab einige malerische Häuser. In einer Rechtskehre gibt es links einen gelb markierten, verwachsenen, steilen Fußweg als Abkürzung aussichtsreich über Wiesen hinab.

Wieder auf dem Sträßchen folgen wir ihm links – zum Schluss ohne Markierung (der markierte Fußweg nach links ist länger!) hinab zur **D 518** ❼ (hier rechts). Auf einer Brücke überqueren wir rechts einen Ausläufer des Sees. Danach nehmen wir links die C 1, bis links der GR als Wiesenweg abzweigt.

Der Stausee von Crescent fügt sich perfekt in die Landschaft ein.

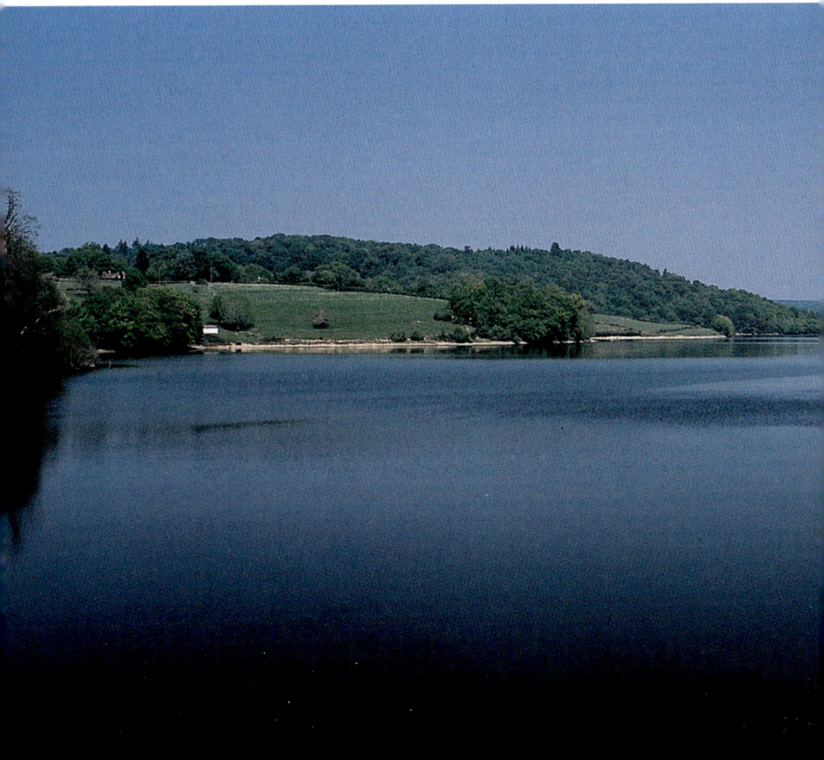

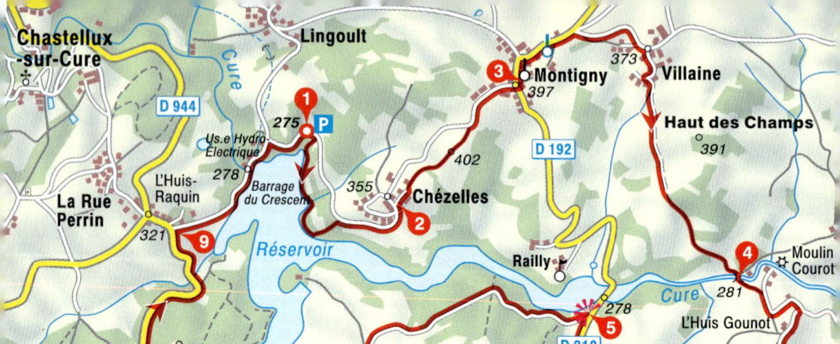

Zunächst am See entlang führt er dann rechts hinauf nach L'Huis Bargeot, wo wir auf ein Sträßchen treffen. Hier links und gleich rechts folgen wir stets der weiß-roten Markierung bis zum Ortsende auf der Teerstraße, dann geht es auf einem Feldweg bergauf mit schöner Sicht auf den Stausee und die umliegenden Hügel. Der zum Schluss etwas verwachsene Wiesenweg mündet kurz vor einer Anhöhe wieder auf die **C 1** ❽.

Hier links und nach wenigen Metern rechts führt der aussichtsreiche Weg zunächst leicht hügelig über Wiesen. Dann fällt der Weg ab und an zwei Abzweigungen weisen unsere Markierungen nach rechts. So erreichen wir am Waldrand entlang die verkehrsarme D 518. Ihr folgen wir nach links weiter bergab. Wenn der GR links abzweigt, bleiben wir auf der Straße mit gelb-roter Markierung. Nach einem Wald überqueren wir einen Bach und steigen kurz bergauf zu einer Gabelung bei den Häusern von **L'Huis Raquin** ❾. Wir gehen nun rechts zum Stausee von Crescent hinab, überqueren die Staumauer und passieren ein E-Werk. An der folgenden Gabelung halten wir uns rechts und erreichen auf der Zufahrtsstraße schon bald wieder unseren Parkplatz am **Réservoir du Crescent** ❶.

Rund um Quarré-les-Tombes

Besuch bei Damhirschen in der Forêt au Duc

Quarré-les-Tombes ist ein idealer Ausgangsort für Wanderungen im Naturpark Morvan. Diese Tour führt durch die schattige Forêt au Duc zu einem Damhirschgehege. Reizvoll liegen die beiden Étangs de Mont, ebenso der Grand Étang. Unterwegs gibt es viel Fingerhut zu entdecken.

Ausgangspunkt: Route Forestière de la Gravière, Park- und Picknickplatz. Von Quarré-les-Tombes auf der D 10 nach Süden, nach Parkplatz erste Forststraße rechts zum Start der Tour (2 km).
Anforderungen: Die Wanderung ist in der Regel ausreichend markiert. Meist haben wir ordentliche Wege – allerdings gibt es bei Nässe einige sehr feuchte Abschnitte-, die mehrmals von geteerten Passagen unterbrochen werden.
Einkehr: Diverse Restaurants in Quarré-les-Tombes.
Hinweis: In der Jagdzeit können die Waldwege gesperrt sein. Beachten Sie unbedingt entsprechende Hinweise und Verbote.
Karte: IGN 2822 OT, Quarré-les-Tombes, 1:25.000.

Vom Park- und Picknickplatz in der **Forêt au Duc** ❶ überqueren wir die Gravière-Forststraße nach Norden und wandern auf dem gelb markierten Waldweg hinab nach Champlois. Im Ort folgen wir an einem Kreuz rechts dem Teersträßchen zur **D 10** ❷. Wir überqueren sie leicht nach links ver-

Der Grand Étang im geschichtsträchtigen Ort Quarré-les-Tombes.

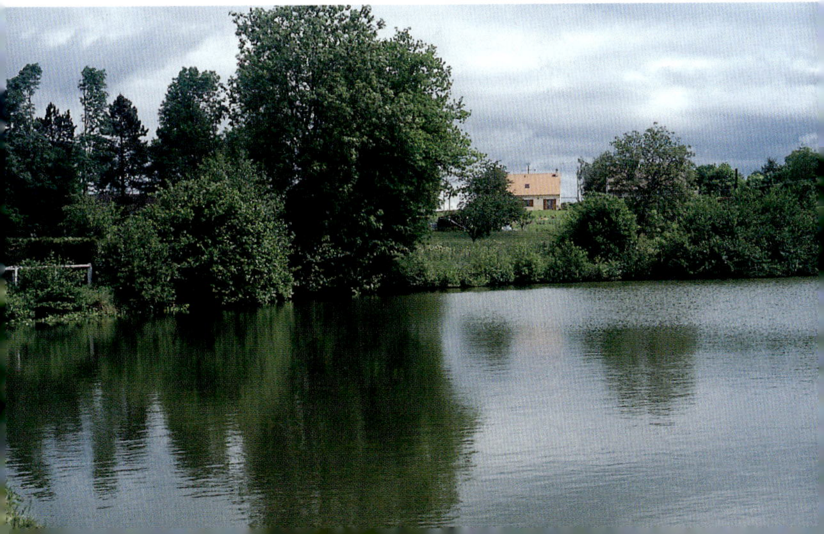

setzt (Tafel »La Presle«) und nehmen den ersten Wiesenweg rechts bergab. Im Tal halten wir uns nach der Zufahrt zu einem Gehöft links und passieren einen der beiden malerisch gelegenen **Étangs de Mont** ❸. Danach steigen wir links im Wald hinauf und folgen immer unseren gelben Zeichen, bis wir nach dem Waldrand auf eine Gabelung treffen, an der wir uns erneut links halten. Weiter bergab quert unser Feldweg einen Bach und führt dann hinauf zur Farm von Les Chaumes, wo er in ein Teersträßchen übergeht, das uns zur **D 55** ❹ leitet. Ihr folgen wir nach links bis zur nächsten Abzweigung (450 m).

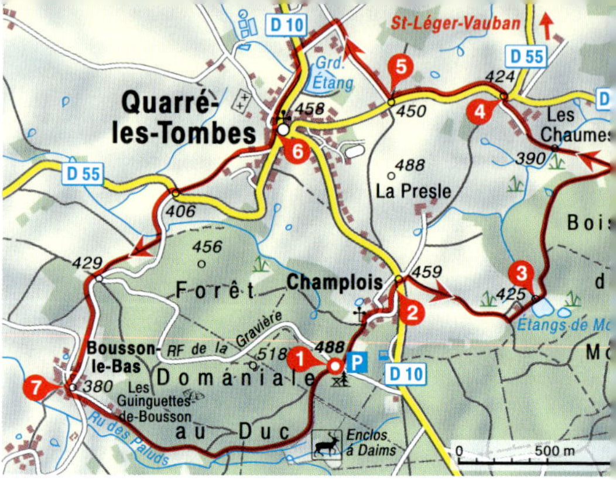

Hier nehmen wir das Teersträßchen rechts (rote Zeichen) über Wiesen mit Blick auf den **Grand Étang** ❺ und die nächste Straße links (nun gelb markiert). An der D 10 biegen wir links ab, passieren den schön gelegenen See und gelangen ins Zentrum von **Quarré-les-Tombes** ❻.

Am Hauptplatz gehen wir geradeaus an der Kirche vorbei (jetzt D 55) und nehmen bei einem Wegkreuz rechts den gelb markierten Pfad bergab, der erneut auf die D 55 trifft. Wir queren sie geradeaus und setzen unsere Wanderung nun auf dem Asphaltweg leicht hinab zum Waldrand fort. Hier können wir rechts als Abkürzung den verwachsenen, meist verschmutzten Weg nehmen, der nach ca. 300 m bergauf wieder kurz vor einer Kuppe auf unser Sträßchen mündet (429 m). Dort rechts und dann geradeaus führen uns die gelben Markierungen auf dem aussichtsreichen Weg hinab nach **Bousson-le-Bas** ❼. Hier halten wir uns links und dann gleich nochmals links (Rue de la Vernoie) nach Les Guinguettes-de-Bousson. Nach den Häusern endet die Teerstraße und der Weg führt am Waldrand ziemlich eben an Wiesen entlang. Später geht es dann im Mischwald bergauf zu einem Damhirschgehege (Enclos à Daims), das nicht nur für Kinder interessant ist. Anschließend steigen wir auf unserem gelb markierten Waldweg weiter bergauf und erreichen nach einer Schranke wieder unseren Parkplatz ❶.

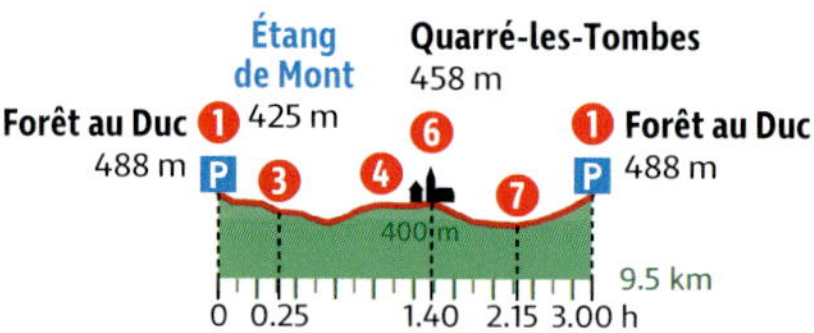

↗ 270 m | ↘ 270 m | 12.8 km

TOP 21

4.00 h

Die Schlucht der Cure und der Wald von Le Duc

Vom malerischen See von Griottier Blanc zur unberührten Waldschlucht der Cure

Bei sommerlicher Hitze wird man besonders gerne diese schattige Wanderung in der riesigen Forêt au Duc unternehmen, zudem lockt der reizvolle Wegverlauf in der Schlucht der Cure mit ihrer urwaldartigen Vegetation. Am Waldsee von Griottier Blanc mit dem kleinen Lehrpfad fühlen wir uns fast nach Nordeuropa versetzt.

Ausgangspunkt: Réservoir du Griottier Blanc, Park- und Picknickplatz. Von Quarré-les-Tombes auf der D 10 nach Süden, dann die zweite geteerte Forststraße (4. Abzweigung nach dem Ort; Tafel) rechts zum See (2,5 km).
Anforderungen: Die Route ist nur teilweise markiert, die unmarkierten Abschnitte erfordern etwas Orientierungsvermögen und den Umgang mit einer Karte. Einige Etappen auf kaum befahrenen Teersträßchen; in der Regel ordentliche Wege, die aber stellenweise etwas verwachsen sein können.
Einkehr: Keine.
Hinweis: In St-Léger-Vauban 5 km östl. von Quarré-les-Tombes befindet sich das Geburtshaus (heute ein Museum) von Vauban, dem berühmten französischen Festungsbauarchitekten Ludwigs XIV.
Karte: IGN 2822 OT, Quarré-les-Tombes, 1:25.000.

Ein Hauch von Urwald: die Cure zwischen Pont du Vieux Dun und Les Îles Menéfrier.

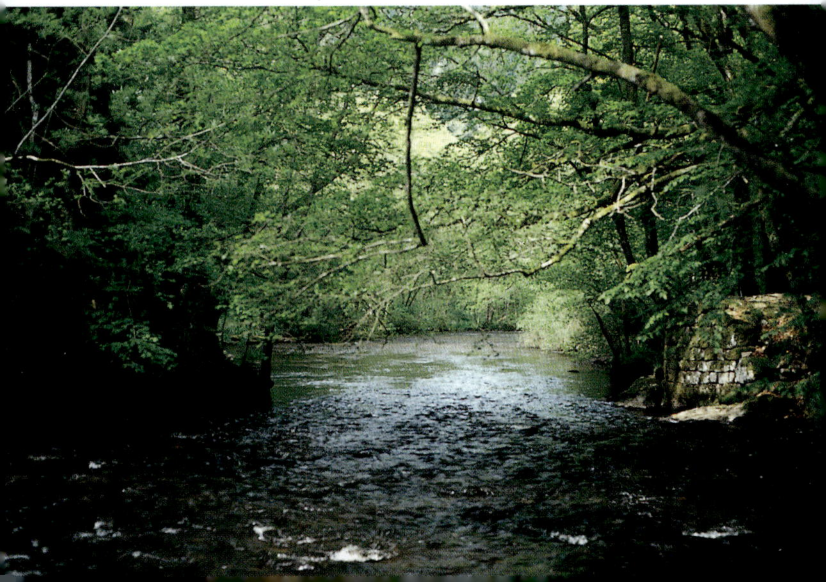

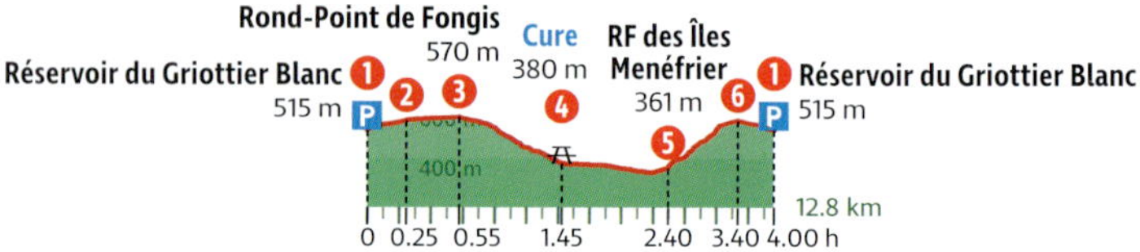

Vom **Parkplatz** gehen wir am Nordufer des malerischen **Réservoir du Griottier Blanc** ❶ entlang oder parallel im Wald. Die Landschaft mutet etwas nordeuropäisch an. Im Wasser tummeln sich Frösche, vielleicht können wir auch einen Haubentaucher ausmachen. Wir treffen auf die Route de Vannay und folgen ihr rechts auf einem Deich zwischen den beiden Teilen des Sees. Danach geht es im Wald geradeaus bergauf bis zu einer gesperrten Forststraße (**Route Forestière du Centre** ❷).
Hier halten wir uns links auf der breiten Schotterstraße für ca. 300 m. Dann nehmen wir den ersten Forstweg rechts, der teilweise sehr überwachsen

Einer der malerischsten Seen Burgunds: Réservoir du Griottier Blanc.

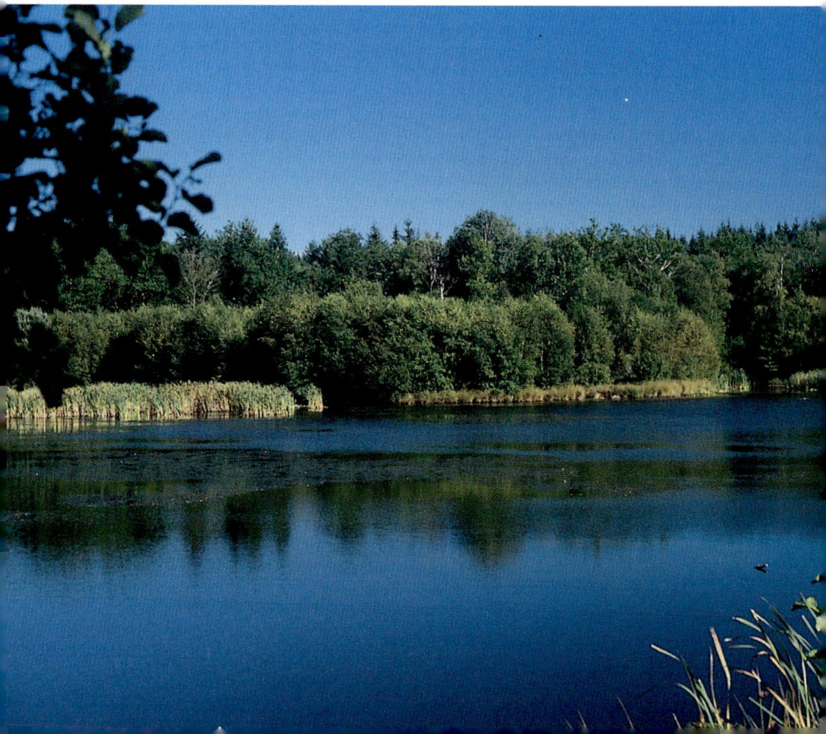

leicht hinab zum Forsthaus von Gué des Étangs führt. Hier treffen wir auf die gleichnamige Forststraße mit Teerbelag, der wir rechts sanft aufwärts zur Kreuzung **Rond-Point de Fongis 3** mit riesigen Thujen folgen.

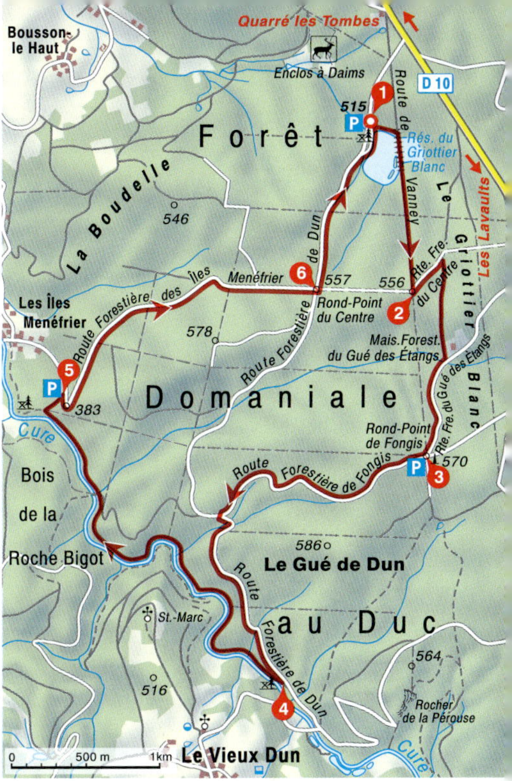

Jetzt wandern wir rechts auf dem gleichnamigen, geteerten Forststräßchen mit Einbahnregelung und kaum Verkehr im Laubwald stetig bergab bis zur Forststraße von Dun. Auf ihr geht es links weiter in der Forêt au Duc hinunter zur **Cure 4**, wo bei einem Picknickplatz rechts ein gelb markierter Weg abzweigt.

In einer urwaldartigen Wildnis führt der teilweise feuchte und schmutzige Pfad, umrahmt von Eichen, Buchen, Stechpalmen, Ginster, Brombeeren, bemoosten Felsen und umgestürzten Bäumen über Steine, Wurzeln und Seitenbäche leicht hügelig im tief eingeschnittenen Flusstal für gut 3 km flussabwärts. Nach Einmündung eines Fahrweges von rechts haben wir die letzten 800 m einen breiteren Weg, der meist oberhalb der Cure zu einem zweiten Picknickplatz führt. Hier steigen wir rechts kurz steil bergauf zur **Forststraße der Îles Menéfrier 5**.

Auf ihr geht es rechts – jetzt ohne Markierung – mit kräftiger Steigung, aber kaum Verkehr im dichten Wald von Duc hinauf zu einer Hochfläche, wo wir eine große Kreuzung erreichen (**Rond-Point du Centre 6**). Nun wandern wir links auf der Route Forestière (RF) de Dun im Hochwald sanft bergab zum Parkplatz am **Réservoir du Griottier Blanc 1**.

Wer nach der Wanderung einkehren möchte, dem sei die Auberge de l'Âtre in Les Lavaults wenige Kilometer südöstlich des Sees empfohlen. Das Restaurant des Hotels ist weithin bekannt für seine Pilzspezialitäten sowie seinen riesigen Weinkeller mit ca. 40.000 Flaschen.

↗ 20 m | ↘ 20 m | 23.6 km

22 Von Heuilley-sur-Saône nach Lamarche-sur-Saône

6.20 h

Ruhige Wanderung an den Ufern der Saône

Gemütlich folgen wir dem breiten Lauf der Saône. Vom Mont Ardoux (kurzer Abstecher) beim malerischen Städtchen Pontailler-sur-Saône haben wir einen wunderbaren Blick über die Saône-Ebene bis hin zum Jura.

Ausgangspunkt: Heuilley-sur-Saône, Parkplatz an der Kirche; Bushaltestelle in Lamarche-sur-Saône. Von Dijon auf der D 70 und D 961 nach Osten bis Pontailler-sur-Saône, dann auf der D 959 bzw. 976 nach Maxilly-sur-Saône, dort rechts über die D 25 d zum Ausgangspunkt (38 km).
Anforderungen: Gute Wege oder Teersträßchen, meist markiert.
Einkehr: Lokale in Pontailler-sur-Saône und Lamarche-sur-Saône.
Hinweis: Wer den Bus (Linie 40 Dijon-Soissons) nimmt, startet die Tour in Lamarche-sur-Saône in umgekehrter Richtung und kann von Pontailler-sur-Saône mit derselben Linie wieder zurückfahren.
Karten: IGN 3123 SB, Dijon/Auxonne und 3223 SB, Pesmes/Gendrey, beide 1:25.000.

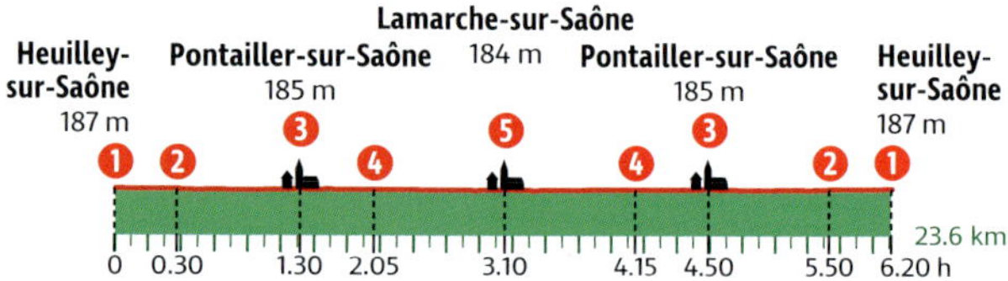

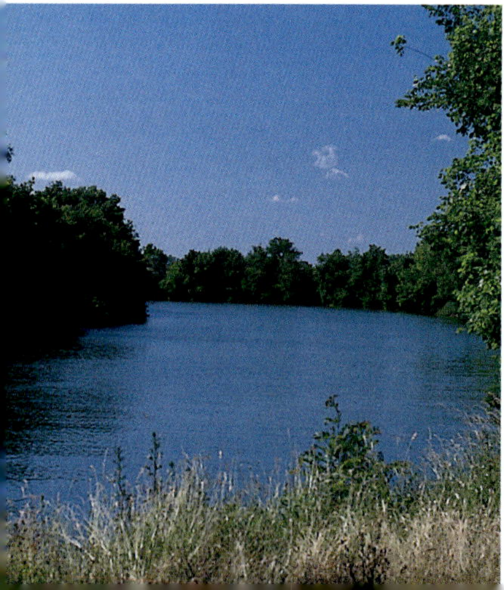

Vom Parkplatz an der Kirche in **Heuilley-sur-Saône** ❶ gehen wir nach Süden an der Post vorbei Richtung Saône zum **Marne-Saône-Kanal** ❷. Dort nehmen wir rechts den schmalen, aber geteerten Fuß- und Radweg (Voie Bleue) am bewaldeten Ufer mit vielen Platanen bis zur Kanalschleuse (ca. 1,5 km). Über eine Metallbrücke überqueren wir den Marne-Saône-Kanal und erreichen nach einer weiteren Schleuse die Saône selbst. Ein schmales Sträßchen mit Fahrverbot und Resten des alten Pflasters führt – später

Die Saône nördlich von Pontailler.

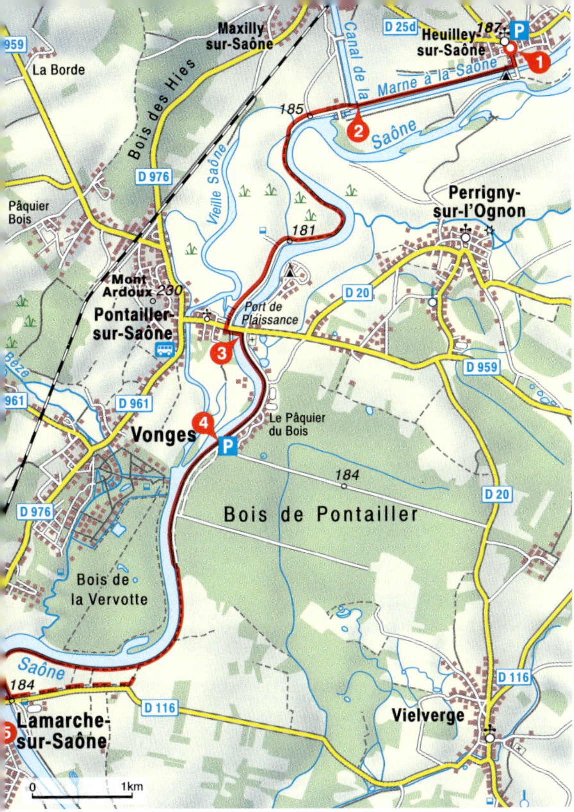

mit Naturbelag – idyllisch am Fluss entlang. Nach der Brücke über einen Wasserlauf gehen wir wieder auf einem Asphaltsträßchen und genießen den weiten Blick über die Wiesenlandschaft. Am Hafen mit Lokalen vorbei erreichen wir die D 959 in **Pontailler-sur-Saône** ❸. Wir gehen links über die Straßenbrücke. Gleich danach nehmen wir rechts die kleine Teerstraße (Voie Bleue) entlang des Flusses vorbei an einem See und am Stadion zu den Häusern von Le Pâquier du Bois. Nach dem Ort beginnt ein dichter Wald (hier Fahrverbot). An einer Gabelung (184 m) halten wir uns rechts und folgen immer der breiten Saône. Am Ende des **Bois de Pontailler** ❹ ist auch das Fahrverbot aufgehoben, und über Wiesen sowie am Fluss wandern wir gemütlich fast ohne Autoverkehr weiter, bis in einer Rechtsbiegung der Saône das Sträßchen sich links vom Fluss entfernt und zur D 116 führt (eine Alternativroute zum Fußweg). Wir folgen weiterhin dem nun überwachsenen Weg entlang der Saône (keine Autos!), bis wir auf die D 116 treffen. Auf ihr überqueren wir den Fluss rechts und erreichen die Hauptstraße in **Lamarche-sur-Saône** ❺, wo sich gleich links der Hauptplatz mit Restaurants und Bushaltestelle befindet. Wer hier nicht einkehren will, kann bereits an der Kreuzung mit der D 116 umkehren und auf derselben Route zum Parkplatz in **Heuilley-sur-Saône** ❶ zurückgehen.

↗ 40 m | ↘ 40 m | 15.4 km

23 Im Wald von St-Léger

4.15 h

Gemütliche Runde durch einen artenreichen Laubwald

Der Wald von St-Léger bietet viel Schatten und Erholung. In der lieblichen Landschaft liegen einige moorige Seen, die sich allerdings nicht zum Baden eignen. Auf den saftigen Wiesen grasen die für Burgund typischen Rinder.

Ausgangspunkt: St-Léger-Triey, Parkmöglichkeit am Straßenrand bei der Kirche; Bushaltestelle (Linie 38 Dijon–Talmay). Von Dijon auf der D 70 und D 961 nach Osten, hinter Étevaux die D 104 d links nach St-Léger-Triey (27 km).
Anforderungen: Ordentliche Fahr- oder Forstwege, Teilstrecken sind asphaltiert, meist wenig Verkehr. Wenig Markierungen, daher sind eine Landkarte und etwas Orientierungssinn nötig.
Einkehr: Keine.
Karte: IGN 3123 SB, Dijon/Auxonne, 1:25.000.

In **St-Léger-Triey** ❶ gehen wir kurz auf der D 104 d nach Norden weiter und halten uns an der ersten Gabelung (Rue Haute) links, ebenso an der zweiten Verzweigung (Chemin de la Noue). Die Straße führt nach dem Ort als geschotterter Feldweg über Wiesen weiter. Zur rechten finden wir einen moorigen See, der Zugang ist leider abgesperrt. So erreichen wir die D 25, der wir links zum **Forsthaus von Pont Bourdin** ❷ folgen. Wir überqueren die D 961 und wandern auf der schmalen, aber geteerten Forststraße mit

Der Étang Jobau (östl. der Tour an der D 961) ist ein Paradies für Fische und Frösche.

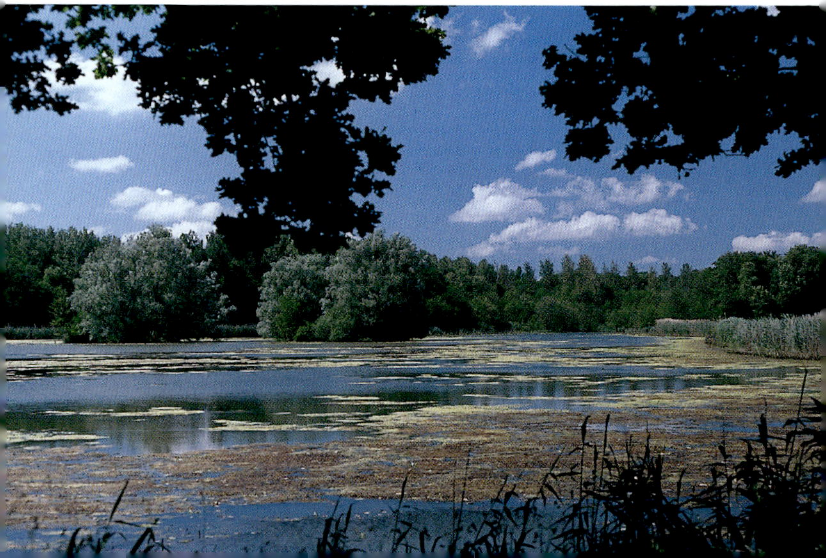

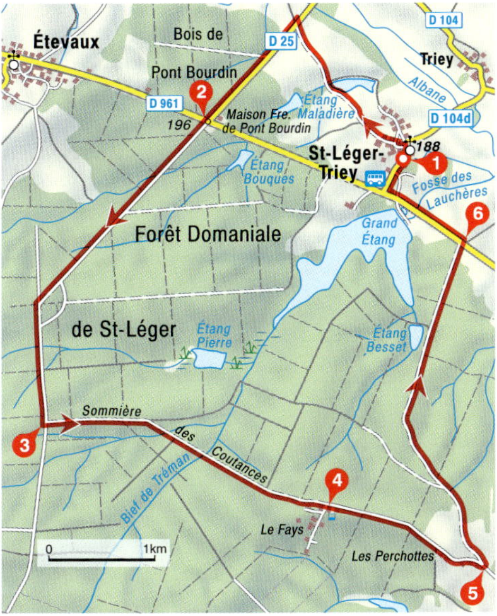

wenig Verkehr immer geradeaus durch den schattigen Laubwald an einer moorigen Lichtung vorbei. Wenn die Teerstraße eine Linkskurve beschreibt, nehmen wir geradeaus den Forstweg, der nach einer Linkskurve wieder auf das Asphaltsträßchen mündet. Auf ihm gehen wir noch circa 900 m geradeaus weiter, bis links die ungeteerte Forststraße **Sommière des Coutances** ❸ abzweigt, die als Radweg markiert ist (Fahrverbot).

Wir wandern durch einen lichten Laubwald mit zahlreichen seltenen Orchideen und halten uns an einer großen Gabelung leicht rechts. Fast unmerklich geht es bergab, um einen Bach zu überqueren, und dann wieder hinauf auf unserer breiten Forststraße. Ab den Häusern von **Le Fays** ❹ weist die Straße Teerbelag auf. An Telegrafenmasten entlang führt sie als schmale Schneise durch den Wald, der vor der Neubausiedlung **Les Perchottes** ❺ endet. Wir gehen an den Häusern vorbei bis zu einer Gabelung, wo wir uns spitzwinkelig nach links halten (Rue St-Léger). Das Schottersträßchen mit Fahrverbot führt über Wiesen in Richtung Wald. Nach etwa 800 m müssen wir an einer Gabelung rechts abbiegen und wandern auf unserer Forststraße fast eben durch den schönen Wald von St-Léger. Unterwegs passieren wir den malerischen Étang Besset und treffen schließlich auf die **D 961** ❻. Wir folgen der befahrenen Straße nach links und haben nach einem Bach links einen schönen Blick auf den Großen See (Grand Étang), der allerdings auf dieser Seite leider eingezäunt ist. An der ersten Gabelung danach bei einer Bushaltestelle nehmen wir rechts die D 104 d zurück nach **St-Léger-Triey** ❶.

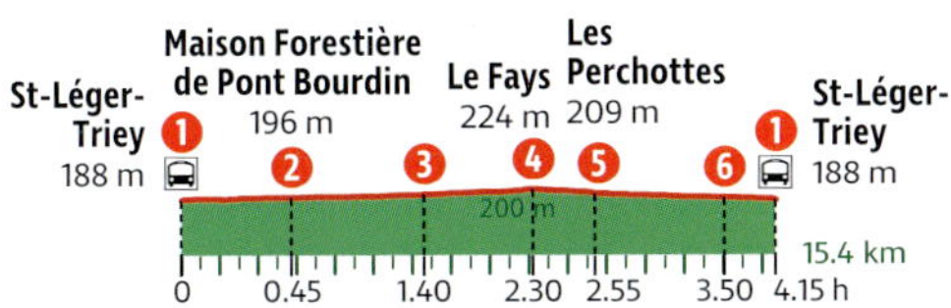

TOP

24

Rund um den Lac de St-Agnan

↗ 50 m | ↘ 50 m | 8.5 km

2.30 h

Schottische Impressionen in Burgund

Wunderbar liegt das dunkelblaue Wasser des Lac de St-Agnan in einer hügeligen Landschaft. Birken, Nadelbäume, Fingerhut und viele moorige Flächen erinnern den Wanderer etwas an das schottische Hochland.

Ausgangspunkt: Barrage de St-Agnan, Parkplatz. Von Quarré-les-Tombes auf der D 10 nach Süden, nach der Provinzgrenze (jetzt D 20) die erste Straße links Richtung St-Agnan nehmen. An der nächsten Abzweigung erneut links (jetzt Richtung Barrage) abbiegen und später rechts zur Staumauer (12 km).

Anforderungen: Die Runde ist durchgehend und meist ausreichend markiert, die Wege sind in der Regel ordentlich, manchmal aber etwas feucht. Am Ostufer gibt es allerdings ein längeres Stück Teerstraße.

Einkehr: Restaurant in St-Agnan.

Karte: IGN 2822 OT, Quarré-les-Tombes, 1:25.000.

Der Lac de St-Agnan erinnert an einen See im schottischen Hochland.

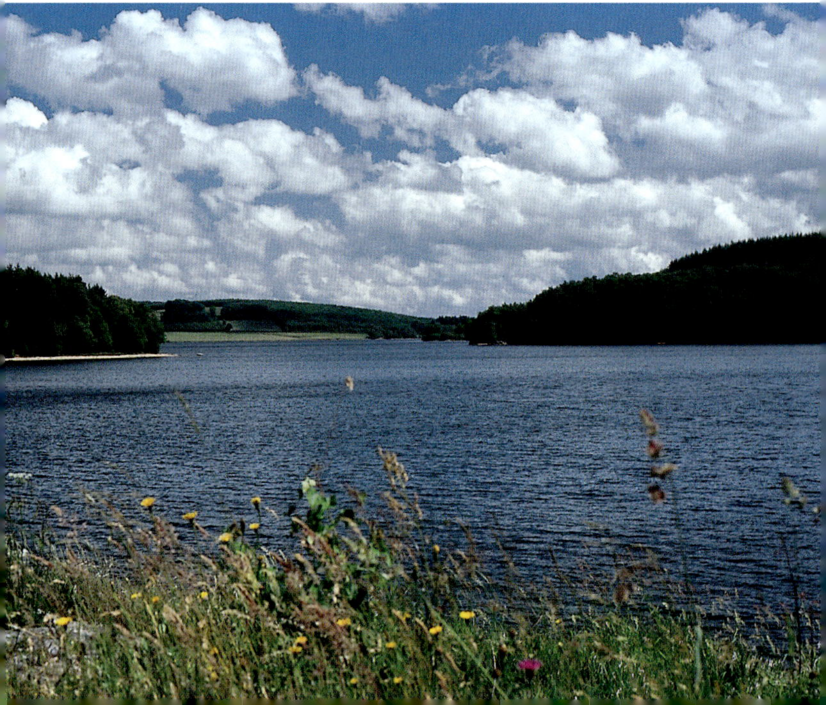

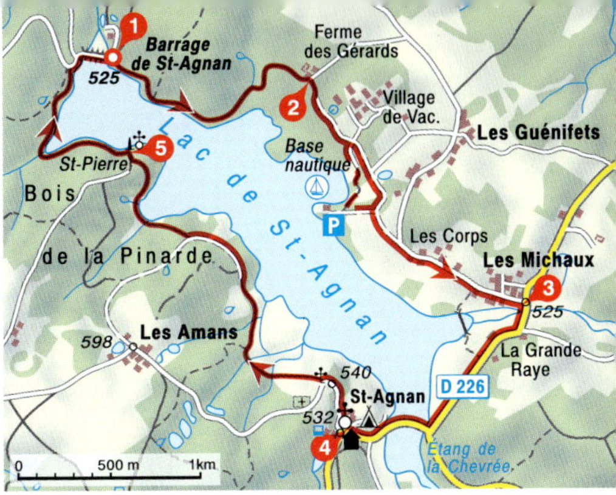

Vom **Parkplatz** an der **Staumauer ❶** des Lac de St-Agnan, der zur Wasserversorgung von rund 30 Dörfern erbaut wurde, nehmen wir rechts zwischen Felsen den gelb markierten Weg etwas oberhalb des Sees durch einen urwaldartigen Wald mit vielen Laub- und vereinzelten Nadelbäumen. Immer wieder ergeben sich schöne Ausblicke über die weite Wasserfläche. Nach der Querung eines kleinen Baches geht es links etwas hinauf zur **Farm von Gérards ❷**. Kurz danach gibt es nach rechts alternativ einen neuen Lehrpfad auf Holzstegen (etwas weiter). Unser mit Ginster flankierter Weg führt rechts etwas hinab und wird bei einer Ferienkolonie zu einem Waldsträßchen mit Naturbelag.

Wir folgen unseren gelben Markierungen weiter zur Base nautique (Verleih von Segel- und Tretbooten), wo nun die Asphaltstraße beginnt. Nach der Einmündung in eine breitere Straße geht es auf ihr rechts an den Häusern von Les Corps vorbei mit Blick auf Wiesen und den See nach **Les Michaux ❸**. Hier gehen wir rechts auf der D 226 immer mit Seeblick weiter, dann zwischen den beiden Seen St-Agnan und Chevrée nach **St-Agnan ❹**. Dort können wir eine Rast einlegen und uns in einem netten, kleinen Lokal stärken. An der Kirche verlassen wir rechts die D 226 und folgen der gelb-rot markierten Gemeindestraße nach dem Ort leicht bergauf. In einer Linkskurve nehmen wir rechts den teilweise feuchten, leicht hügeligen Weg mit schönen Blicken auf den See. Die Vegetation ist hier besonders vielfältig: Ginster, Farn, Fingerhut, Stechpalmen, Birken, Eichen, Buchen und Brombeeren schmiegen sich hangaufwärts. Nach einer Kreuzung geht es geradeaus leicht hinab zum Stausee, etwas später kürzen wir bei einer Landzunge ab und erreichen die Kapelle von **St-Pierre ❺** mit einer Stele. Danach queren wir einen Schotterweg und folgen den gelben Zeichen durch ein abgeholztes Areal und dichten Wald (z. T. Seeblick). Eine feuchte Zone mit einem Bach wird mittels Bohlen und einem Steg passiert. Zum Schluss geht es auf Schotter zu unserem Zufahrtssträßchen. Auf ihm überqueren wir rechts die Staumauer und erreichen wieder unseren **Parkplatz ❶**.

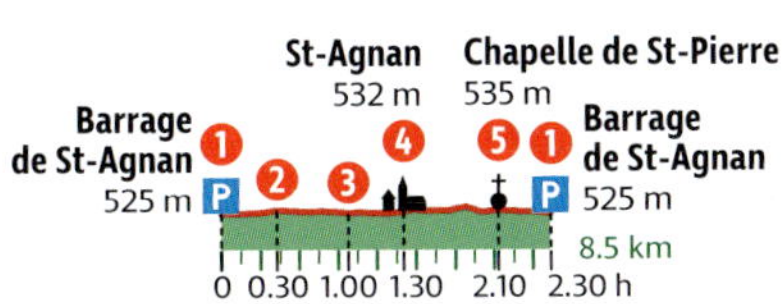

↗ 270 m | ↘ 270 m | 11.2 km

25 Im Naturpark der Combe à la Serpent

3.45 h

Auf dem Weg des Falken durch eine einzigartige Naturlandschaft

Schluchten, Wälder und Wiesen mit einer seltenen Flora und Fauna prägen diese Wanderung in unmittelbarer Umgebung der Großstadt Dijon. Der Naturpark wurde nach einer Sagengestalt benannt (Schlucht der Schlangen), was nicht heißt, dass es hier besonders viele Schlangen gibt.

Ausgangspunkt: Combe à la Serpent, Parking de Plombières bei Corcelles-les-Monts, 430 m; Bushaltestelle »Fontaine-d'Ouche/Combe« der Linie 40 von Dijon (insgesamt 3 km zusätzliche Wegstrecke). Von Dijon auf der N 5 und D 905 nach Plombières-lès-Dijon, dort links zur A 38, die wir geradeaus unterqueren. Auf der Gemeindestraße dann bergauf Richtung Corcelles zum Parkplatz.
Anforderungen: Die Wanderung ist durchgehend und meist ausreichend markiert, die Wege sind ordentlich, fast keine Asphaltstraße. Allerdings sind die beiden Abstiege in die Schlucht zum Teil steil und steinig sowie bei Nässe rutschig. Hier sind etwas Vorsicht und Trittsicherheit angebracht.
Einkehr: Keine.
Tipp: Für Weinliebhaber empfiehlt sich eine Fahrt von Marsannay nach Beaune auf der Route de Grands Crus durch die bekanntesten Weinorte Burgunds.
Hinweis: Von der Bushaltestelle geht es nach Westen bergauf am Stadion vorbei zu einem großen Parkplatz, dem Endpunkt für Autos. Dann wandern wir in der schattigen Combe à la Serpent auf dem Weg »F. Batier« bergauf bis zur Wanderroute (ca. 1,5 km) und weiter geradeaus.
Karte: IGN 3022 ET, Val Suzon, 1:25.000.

Vom **Parkplatz** ❶ nehmen wir nach Osten den gelb-rot markierten, leicht hügeligen Weg in den Naturpark Combe à la Serpent Richtung Parc à Daims (Dammhirschgehege) und ignorieren jegliche Abzweigung. Der Weg verläuft zunächst am Rand der Hochfläche mit vielen blühenden Blu-

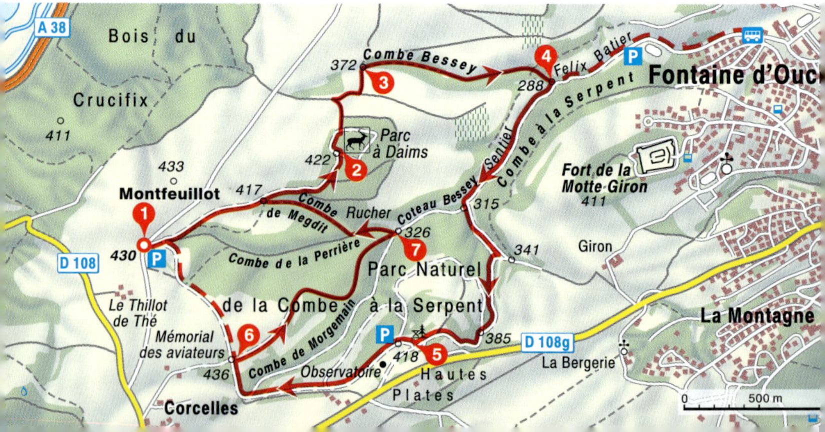

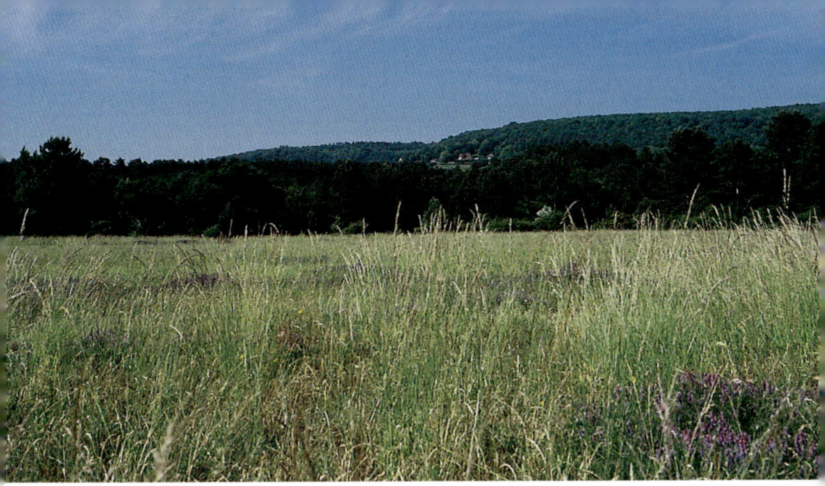

Die blumenreiche Hochfläche beim Parkplatz oberhalb der Combe à la Serpent.

men, wie der seltenen Spitzorchis, und führt dann in einen Mischwald mit Kiefern und Buchsbäumen. So gelangen wir schließlich zum **Damhirschgehege** ❷. Wir umgehen den Wildpark auf der linken Seite und nehmen nach der zweiten Rechtskurve links den Weg am Waldrand, der schließlich über Wiesen nach ca. 200 m auf einen Querweg trifft. Ihm folgen wir rechts für etwa 150 m und steigen dann auf dem gelb markierten Pfad leicht hinab zu einer Verzweigung in der **Combe Bessey** ❸.
Wir wandern nun rechts (weiterhin gelbe Zeichen) auf unserem Pfad, der immer steiler und steiniger wird, in der bewaldeten Schlucht bergab und ignorieren die Abzweigungen. An einer Kreuzung folgen wir den gelben Zeichen nach rechts durch dichten Bewuchs mit Buchsbäumen steil bergab. Diese Passage kann bei Nässe rutschig sein. Der steinige Pfad trifft im Talgrund auf einen breiten Weg, der links von der Bushaltestelle in Fontaine d'Ouche kommt. Wir wandern jetzt rechts auf dem zum großen Teil geteerten Sentier Batier (blaues Dreieck) durch die bewaldete **Combe à la Serpent** ❹ sanft bergauf. Teilweise bietet sich alternativ zum breiten Weg ein etwas verwachsener Pfad an. Mit Glück begegnen wir Smaragdeidechsen oder sehen einen Falken. Über Wiesen mit einem großen Spielplatz und mehreren Picknickplätzen kommen wir zur Abzweigung der Coteau Bessey. Wir halten uns links auf dem Sentier Batier und kurz darauf nochmals links und gehen über Wiesen bis

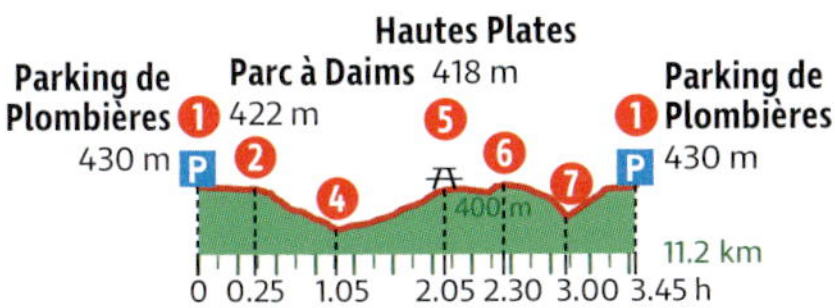

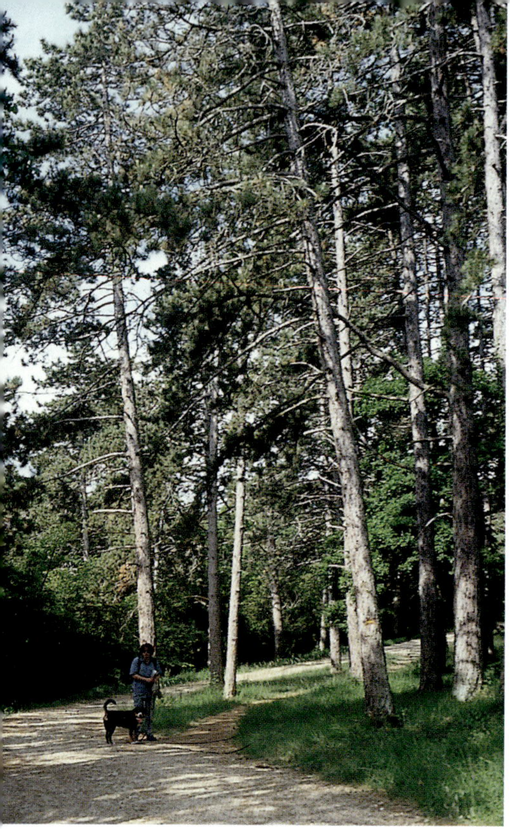

Im Naturpark Combe à la Serpent.

zu einer Gabelung im Talschluss. Hier biegen wir in spitzem Winkel nach rechts ab und 100 m weiter am Waldrand nach links. Der gelb markierte Weg führt nun bergauf, ein Querweg von rechts wird ignoriert. Durch Wald erreichen wir schließlich die Hochfläche von **Hautes Plates** ❺. Nach dem Picknickplatz folgen wir unseren gelben Zeichen erst rechts und dann links ziemlich eben Richtung Parking de Plombières an einem großen Parkplatz und dem Observatorium vorbei zum Rand der Combe de Morgemain, wobei ein erster Weg talwärts nach rechts ignoriert wird. Wir steigen nicht in die Schlucht hinab, sondern bleiben links auf dem Plateau und wandern ca. 300 m leicht bergauf zu einer Kreuzung. Geradeaus führt eine fast eben verlaufende Abkürzung am Rand der Hochfläche zurück zum Parkplatz. Am **Mémorial des aviateurs** ❻ führt unser Weg nach rechts über von Hecken gesäumte Felder in den Wald. Dort folgen wir dem gelb markierten Weg geradeaus talwärts. Mit Vorsicht steigen wir auf dem bei Nässe rutschigen Pfad hinab zum breiten Weg im Talgrund der **Coteau Bessey** ❼. Hier geht es scharf nach links zuerst in der Combe de la Perrière bergauf. Nach ca. 300 m biegen wir rechts in die Combe Megdit (weiterhin gelbe Zeichen) ab. Nach etwa 50 m können wir rechts einen kurzen Abstecher zu einem alten Bienenstock (Rucher) machen. In der schattigen Waldschlucht steigen wir teilweise steil hinauf zur Hochfläche. Kurz vor dem Rand halten wir uns rechts und treffen schon nach wenigen Metern auf den Hinweg, dem wir links zum **Parkplatz** von **Plombières** ❶ folgen.

↗ 40 m | ↘ 0 m | 14.3 km

4.00 h

Im Tal der Ouche von Pont-de-Pany nach La Forge

Gemütliche Wanderung zwischen Fluss und Canal de Bourgogne

Die Tour folgt in ihrem gesamten Verlauf dem von Bäumen gesäumten Kanal von Burgund und berührt dabei immer wieder die windungsreiche Ouche, die hier ein malerisches Tal mit bewaldeten Felshängen geschaffen hat.

Ausgangspunkt: Pont-de-Pany, Parkplatz an der Ouche-Brücke; Bushaltestelle (Linie 47-49 Dijon-Sombernon) an der Kanalbrücke. Von Dijon nach Westen auf der N 5, D 10 und D 905 bis zum Parkplatz (20 km).
Anforderungen: Überwiegend breiter Schotterweg entlang des Kanals, kurze Abschnitte auf Teer; überall markiert.
Einkehr: In Pont-de-Pany, Gissey-sur-Ouche, La Forge.
Karte: IGN 3023 OT, Nuits-St-Georges, 1:25.000.

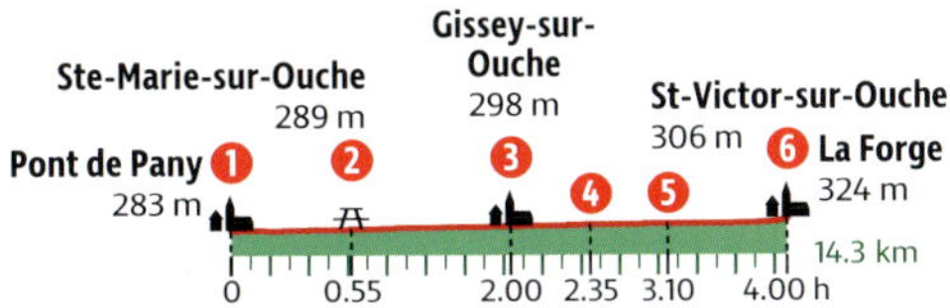

Die alte Steinbrücke bei Ste-Marie-sur-Ouche.

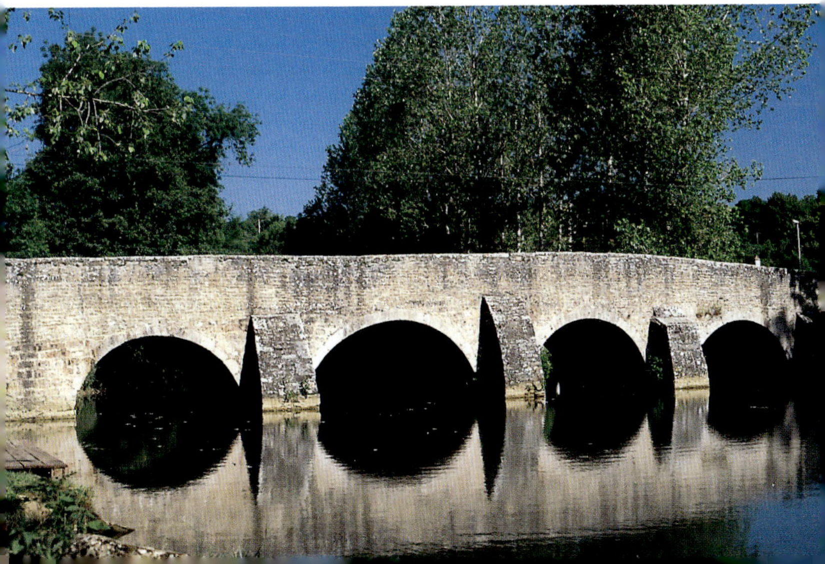

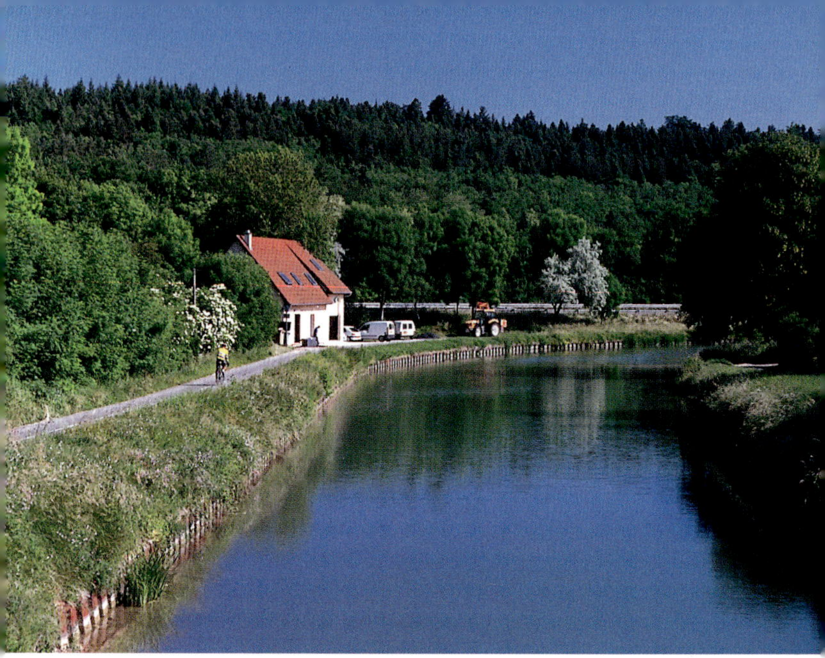

Auch für Radfahrer geeignet ist der Weg am Canal de Bourgogne bei Pont-de-Pany.

Vom Parkplatz in **Pont-de-Pany** ❶ überqueren wir nach Osten die Ouche und nehmen vor dem Kanal den breiten Schotterweg Richtung **Ste-Marie-sur-Ouche** ❷. Anfangs zwischen Fluss und Kanal, dann an einer Schleuse vorbei und zum Schluss wieder zwischen Fluss und Kanal erreichen wir den eben erwähnten Ort mit einem Picknickplatz und Kanuverleih. Wir folgen dem Kanal im waldigen, hügeligen Tal an drei Schleusen vorbei nach **Gissey-sur-Ouche** ❸ und tangieren dabei wiederholt den windungsreichen Verlauf der Ouche. Im Ort rechts über den Fluss gibt es eine Einkehrmöglichkeit.

Wir wandern weiter geradeaus wie bisher stets am Kanal entlang (zwei Schleusen). Der Ort Barbirey-sur-Ouche (keine Einkehr!) liegt etwas abseits zur Rechten. Kurz darauf überqueren wir die **D 8** ❹ und sehr sonnig geht es im breiten Tal an einer Schleuse und einer Mühle vorbei nach **St-Victor-sur-Ouche** ❺. Wir bleiben weiter auf unserem markierten Weg auf der rechten Seite des Kanals. Schattige und sonnige Abschnitte wechseln sich jetzt ab. Nach vier Schleusen erreichen wir die D 33, die links über den Kanal nach **La Forge** ❻ führt, wo wir an einer Bar vorbei die Haltestelle der Linie 47 (Dijon–Bligny) erreichen. Mit dem Bus geht es zurück nach **Pont-de-Pany** ❶.

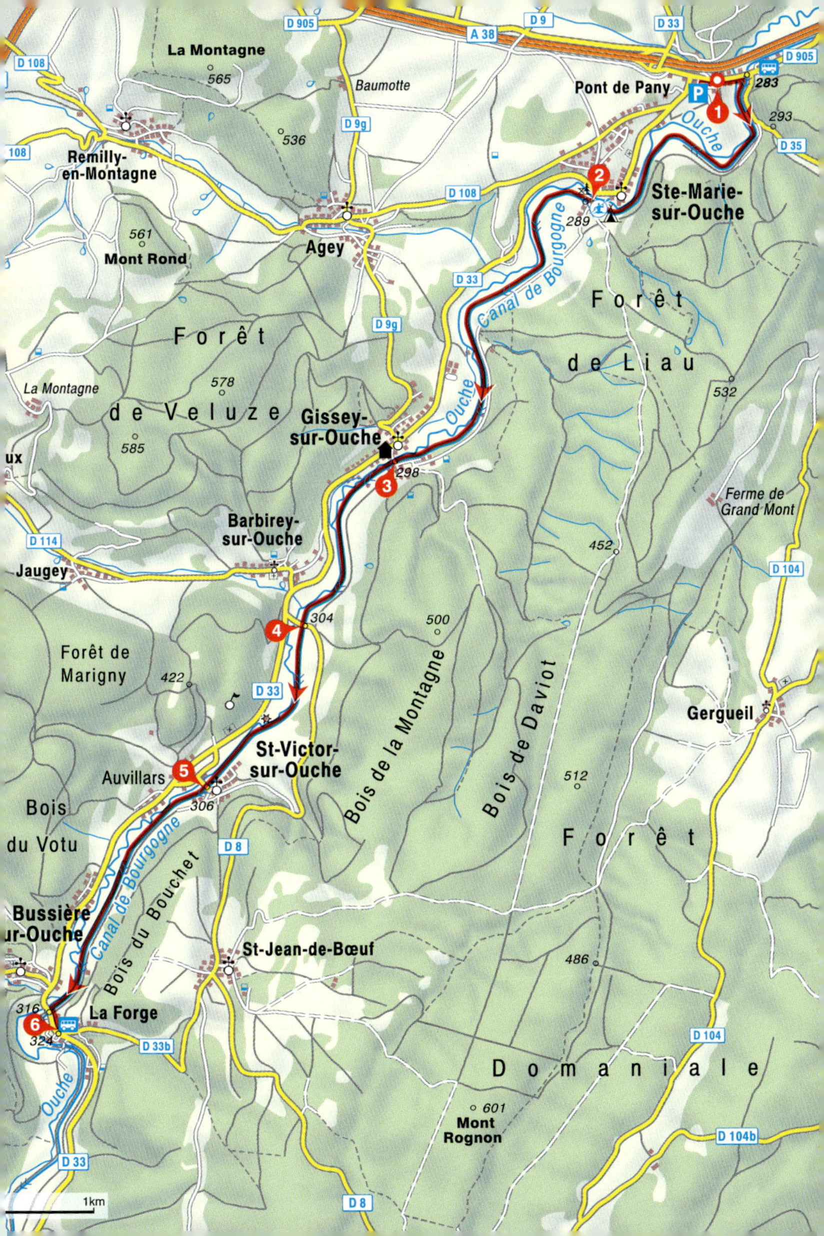

D 905
A 38
D 9
D 33
D 108
La Montagne
565
Baumotte
Pont de Pany
283
D 905
293
D 35
536
D 9g
Remilly-en-Montagne
D 108
Ste-Marie-sur-Ouche
289
Agey
561
Mont Rond
D 33
Canal de Bourgogne
Forêt
Forêt
de Liau
D 9g
La Montagne
578
de Veluze
Gissey-sur-Ouche
Ouche
532
585
298
Ferme de Grand Mont
Barbirey-sur-Ouche
452
D 114
Jaugey
D 104
304
500
Forêt de Marigny
422
D 33
Bois de la Montagne
Bois de Daviot
Gergueil
St-Victor-sur-Ouche
Auvillars
306
512
Bois du Votu
D 8
Forêt
Canal de Bourgogne
Bois du Bouchet
Bussière-sur-Ouche
St-Jean-de-Bœuf
486
316
La Forge
324
D 33b
D 104
Domaniale
Ouche
601
Mont Rognon
D 104b
D 33
1km
D 8

↗ 140 m | ↘ 140 m | 9.1 km

27 Dun-les-Places und das Tal der Cure

2.45 h

Die romantische Cure zwischen den Brücken von Saulieu und Montal

Der schönste Abschnitt dieser abwechslungsreichen Wanderung verläuft an den Ufern der Cure entlang durch eine urwaldartige Vegetation. Lohnend ist ein kurzer Abstecher zu den eindrucksvollen »Hundefelsen«.

Ausgangspunkt: Dun-les-Places, Parkplatz an der Post rechts am Ortsanfang. Von Quarré-les-Tombes nach Süden auf der D 10, D 20, D 211 und D 6 bis zum Ausgangspunkt (14 km).
Anforderungen: Die Route ist durchgehend und in der Regel ausreichend markiert. Die Wege sind meist ordentlich, kürzere Stücke aber auch steinig; es gibt zwei längere Abschnitte auf Teer. Bei Nässe besteht an der Cure Rutschgefahr.
Einkehr: Unterwegs am Pont du Montal, sonst in Dun-les-Places abseits vom Weg.
Karte: IGN 2723 ET, Château-Chinon, 1:25.000.

Vom Parkplatz in **Dun-les-Places** ❶ gehen wir nach Westen zur Kirche und dort an der Kreuzung links. Nach einer Einmündung von rechts zweigt an einem Haus rechts ein gelb markierter Wiesenweg einen Hügel hinauf ab und mündet dann auf die D 236 a. Auf ihr kommen wir rechts zur Kreuzung mit der D 236, die wir geradeaus überqueren. Auf der C 202 Richtung Croix des Sérolles wandern wir zwischen Häusern aufwärts und halten uns am Ortsende von **Mézaugueux** ❷ an einer Gabelung rechts.
Mit Blick auf die umliegenden Hügel geht es am mit Farn und Fingerhut bewachsenen Straßenrand über Weiden leicht bergab in ein kleines Tal,

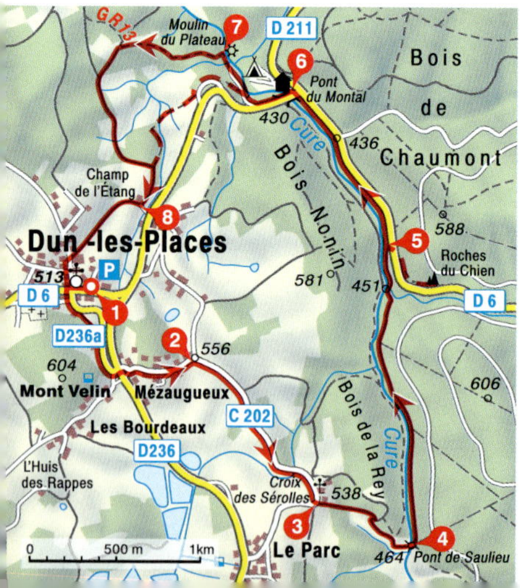

dann wieder etwas bergauf zum Weiler **Croix des Sérolles** ❸. Am Ortsende zweigt in einer Rechtskurve links ein steiniger Feldweg mit gelber Markierung ab. Durch Wald und über Wiesen – unterwegs einmal rechts – steigen wir den Hang teils kräftig hinab ins Tal. Am **Pont de Saulieu** ❹ überqueren wir die Cure und folgen ihr links flussabwärts für ca. 1,5 km. Der gelb markierte Weg verläuft oft steinig – und bei Nässe rutschig – am Fluss entlang durch einen dichten Mischwald mit vielen Nadelbäumen, die zum Teil mit Flechten und Moosen bewachsen sind. Hier herrschen wohltuende Ruhe und Einsamkeit. Unterwegs müssen Seitenbäche mittels Furt (unproblematisch) oder Brücke gequert werden. Etwa 500 m vor der letzten Brücke passieren wir eine Zone mit Kahlschlag, wo der Wald nun wieder sichtbar nachwächst; allerdings ist der Weg hier jetzt etwas verwachsen.

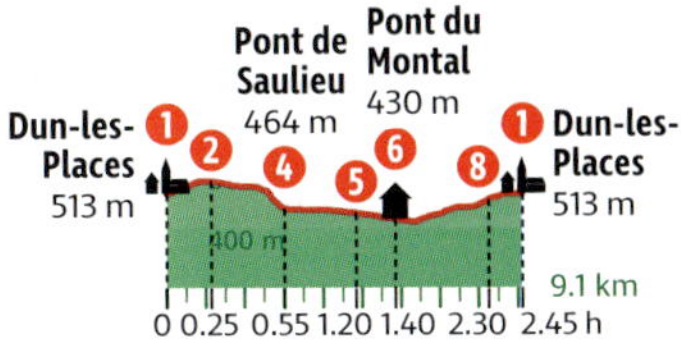

Schließlich erreichen wir wieder durch dichten Wald die D 6, wo wir rechts einen kurzen Abstecher (ca. 300 m) zu den Roches du Chien (Hundefelsen) mit ihrer charakteristischen Gestalt machen. Zurück folgen wir links der **D 6** 5 am Straßenrand weiter im bewaldeten Tal der Cure bis zum **Pont du Montal** 6 mit nettem Lokal. Hier überqueren wir auf der D 6 links die Cure und nehmen nach ca. 200 m rechts das schmale Sträßchen (jetzt mit weiß-roter Markierung, Tafel »Moulin du Plateau«) entlang der Cure. Unterwegs ignorieren wir eine gelb markierte Abkürzung nach links und erreichen kurz darauf die Mühle. Wir lassen die **Moulin du Plateau** 7 rechts von uns und halten uns kurz darauf links Richtung Mézauguichard. Wir verlassen nun das Tal der Cure und steigen im Wald etwas bergauf zu einer Kreuzung. Hier verlassen wir den GR und folgen nach links dem gelb markierten Weg durch Wald und über Wiesen am Fuße eines Hügel. Unterwegs ignorieren wir einen von rechts einmündenden Weg. Unser Hohlweg trifft schließlich auf die oben erwähnte Abkürzung. Hier halten wir uns rechts und lassen uns durch die Markierung nicht verwirren. Wir erreichen die Farm **Champ de l'Étang** 8. An ihr gehen wir rechts vorbei in ein Wäldchen, und über Wiesen stoßen wir auf ein Teersträßchen. Auf ihm wandern wir links nach **Dun-les-Places** bis zur großen Kreuzung bei der Kirche. Dort nochmals links, gelangen wir zu unserem Ausgangspunkt am Parkplatz 1.

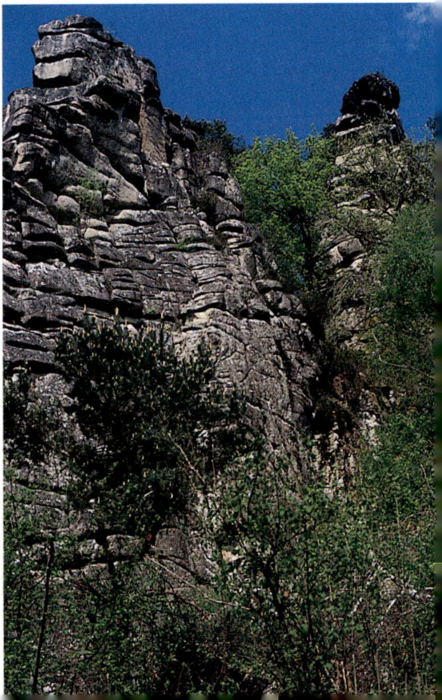

Bäume und Fingerhut umwuchern die Hundefelsen.

28 Rund um die Seen von Champeau und Fortier

3.00 h

Reizvolle Seenlandschaft im Herzen des Morvan

Jeder See hat seinen eigenen unverwechselbaren Charakter und bildet einen der landschaftlichen Höhepunkte im Naturpark Morvan. Die kleinen Dörfer und Gehöfte mit Weiden und Kühen sind typisch für die Region Burgund.

Ausgangspunkt: Champeau-en-Morvan, Parkplatz bei Kapelle oberhalb des Ortes. Von Saulieu nach Westen auf der D 26b (auch kurz D 977 bis) und D 106 bis Champeau-en-Morvan.
Anforderungen: Die Tour verläuft meist auf ordentlichen Wegen (zwei längere Abschnitte verlaufen auf einer Teerstraße), nur teilweise gut markiert; die unmarkierten Abschnitte verlangen zwar etwas Orientierungssinn, sind aber gut zu bewältigen.
Einkehr: Keine.
Karte: IGN 2823 ET Saulieu, 1:25.000.

Vom Parkplatz in **Champeau-en-Morvan** ❶ nehmen wir das Sträßchen hinab zur D 106, die wir geradeaus überqueren. Kurz darauf erreichen wir den malerisch von grünen Hügeln eingebetteten **Étang de Champeau** ❷. Wir folgen kurz rechts dem Seeufer Richtung Montabon (D 106 k) und halten uns an der nächsten Gabelung links (Tafel »Moulin Morin«) auf einem schmalen Sträßchen bis zu den Häusern von **Meix Billeau** ❸. An der ersten Abzweigung gehen wir geradeaus, an der zweiten nach links weiter (stets gelb-rote Zeichen) Richtung Le Neptune. Leicht bergauf kommen wir zu einer Gabelung am Waldrand. Hier nehmen wir den gelb-rot markierten Schotterweg links bergab, der schließlich als etwas verwachsener Waldweg auf ein Teersträßchen trifft, auf dem wir rechts weiter talwärts eine Querstraße erreichen. Dort können wir rechts einen Abstecher zum malerischen Étang Morin machen; ansonsten biegen wir links ab (jetzt gelbe Markierung!) und passieren schon bald die **Moulin Morin** ❹.

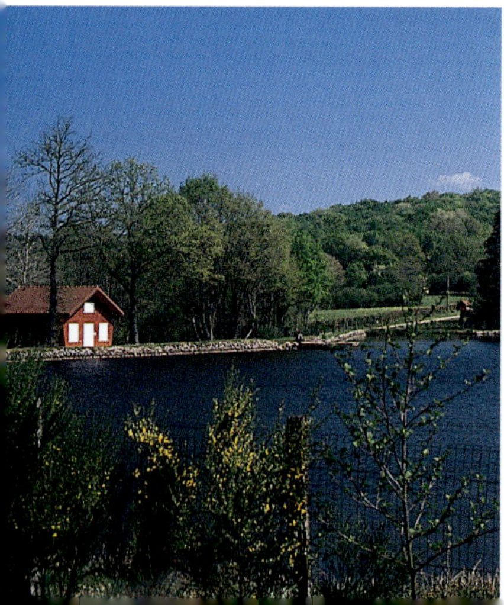

Nach der Überquerung des Cousin nehmen wir rechts die gelb markierte C 8 leicht bergauf, bis in einer Rechtskurve links ein Wiesenweg abzweigt. Später im Wald folgen wir

Der reizvolle Étang Morin.

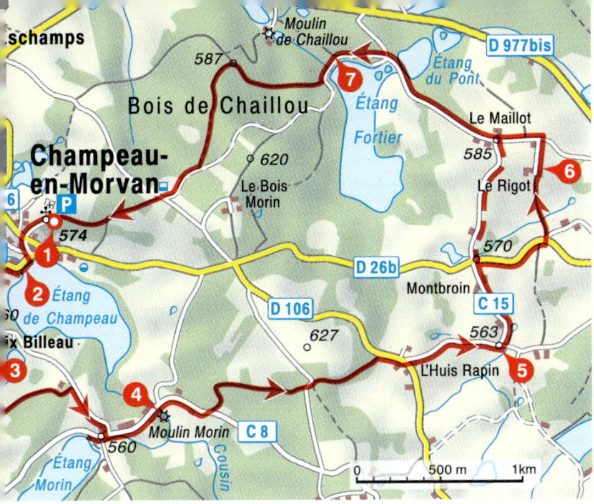

stets unseren Zeichen bergan, bis wir auf ein Teersträßchen treffen. Hier links und nach wenigen Metern in einer Linkskurve rechts verlassen wir die Asphaltstraße. Auf einem anfangs ebenen und unmarkierten Waldweg gehen wir an einer undeutlichen Verzweigung rechts auf dem gut ausgeprägten Weg merklich bergab, bis wir am Waldrand auf die D 106 treffen.

Bei den Häusern von L'Huis Rapin nehmen wir links das unmarkierte Teersträßchen bergab an von Hecken gesäumten Wiesen vorbei zu einer Abzweigung (gut 500 m). Hier geht es links auf der **C 15** ❺ an Wiesen und den Häusern von Montbroin vorbei zur D 26 b, wo geradeaus eine durchgehend geteerte Abkürzung nach Le Maillot besteht. Wir halten uns aber rechts und wandern unmerklich über Wiesen hinauf zur Abzweigung nach Les Suisses. Hier nehmen wir links den ungeteerten Fahrweg zum Gehöft von **Le Rigot** ❻. Kurz danach treffen wir wieder auf ein Teersträßchen, das uns links nach Le Maillot bringt. Hier halten wir uns rechts und passieren rechts den verwachsenen Étang du Pont, links den **Étang Fortier** ❼. Hier müssen wir Acht geben, um in einer Rechtskurve links das ungeteerte Waldsträßchen nicht zu verpassen, das am Nordufer des idyllischen Étang Fortier unmarkiert verläuft. An einer Gabelung biegen wir links ab und folgen nun den gelb-roten Markierungen am Seeufer entlang über den »Staudamm« zu einer Verzweigung. Hier gehen wir mit unseren Zeichen nach rechts im Wald von Chaillou bergauf. Bei der Quote 587 m (nach ca. 700 m), schon fast auf der Anhöhe, weist unsere gelb-rote Markierung nach links. Im dichten Mischwald führt unser stellenweise sehr feuchter Weg fast eben bis zu einem Schottersträßchen, das uns rechts aus dem Wald hinaus bringt. Bei einem Wasserspeicher treffen wir auf eine schmale Teerstraße. Wir queren sie geradeaus, der gelb-rot markierte Weg führt aussichtsreich zwischen Fingerhut, Brombeeren und Weideröschen leicht bergab zum Parkplatz in **Champeau-en- Morvan** ❶.

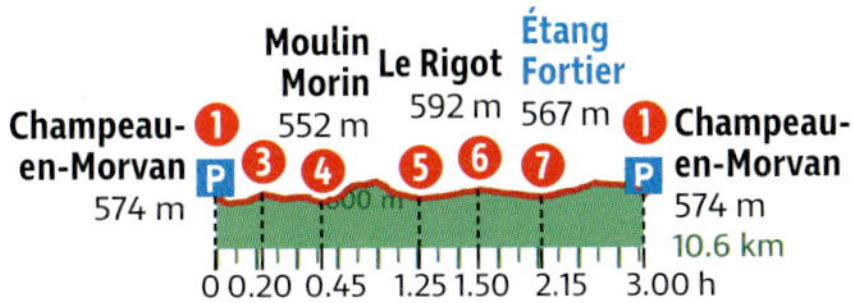

↗ 30 m | ↘ 30 m | 7.2 km

29 Umrundung des Lac de Chamboux

1.50 h

Auf stillen Pfaden zu einem kleinen, verwunschenen See

Wald, Wiesen, Schilf und moorige Zonen säumen die Ufer des malerischen Lac de Chamboux. Die schmalen Pfade entlang des Sees bieten viel unberührte Natur, Ruhe und Erholung.

Ausgangspunkt: Lac de Chamboux; Parkplatz bei der Brücke. Von Saulieu auf der D 26 nach Südwesten, nach der Brücke über den westlichen Arm des Sees links zum Parkplatz (6 km).
Anforderungen: Die Wanderung ist durchgehend markiert, nur kurze Passagen verlaufen auf Teerstraßen. Die Wege sind in der Regel ordentlich, verwachsene und feuchte Passagen sind teilweise über Holzbohlen begehbar.
Einkehr: Keine.
Tipp: In Saulieu lohnt vor allem die romanische Kirche St-Andoche (12. Jh.) mit ihren sehenswerten Kapitellen und dem Chorgestühl einen Besuch.
Karte: IGN 2823 ET, Saulieu / Lac des Settons, 1:25.000.

Vom Parkplatz am **Lac de Chamboux** ❶ überqueren wir die D 26 und folgen dem westlichen Arm des kleinen Sees durch viel Wald. Der gelb markierte, idyllische und ruhige Weg ist schmal und z. T. verwachsen. Sumpfige Stellen werden auf Holzbohlen gequert. Er mündet nach gut 1 km auf die **D 26** ❷, die wir geradeaus queren. Wir folgen den gelben Zeichen teilweise

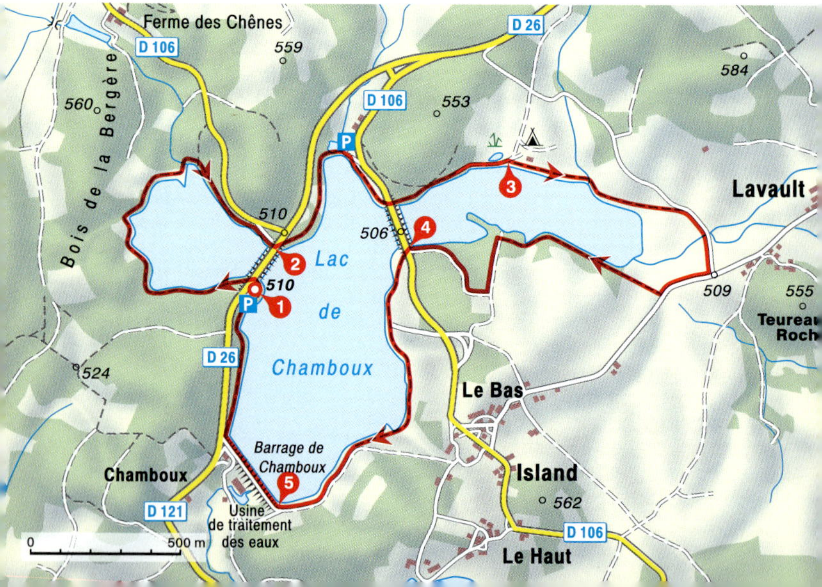

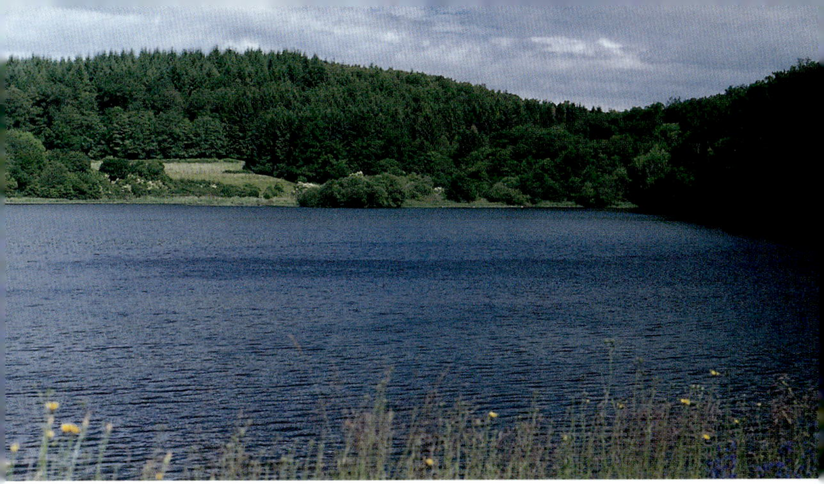

Verschiedenste Vegetationszonen säumen die Ufer des Lac de Chamboux.

an Stacheldraht entlang auf einem verwachsenen Weg mit schönen Blicken auf den Lac de Chamboux. Ein Graben wird mittels Holztreppen (mit Seil) gequert. Unterwegs passieren wir einen Parkplatz und treffen später auf die D 106. Wir überqueren sie noch vor der Brücke und setzen am linken Ufer des östlichen Seearmes unsere Tour fort. Zunächst in einem Wäldchen sanft bergauf, geht es ebenso wieder bergab zum See und zu einem **Campingplatz** ❸. Wir folgen dem teilweise feuchten Ufer mit schönen Seeblicken bis zu einem Sträßchen mit rudimentärem Teerbelag. Hier biegen wir rechts ab und treffen nach einem Bach auf eine breitere Straße, wo wir uns erneut rechts halten. Nach etwa 150 m zeigen unsere gelben Zeichen vor einem Gehöft nach rechts zum See. Der teilweise verwachsene Pfad führt uns aussichtsreich am Ufer entlang, bis wir auf einen breiteren Querweg stoßen. Auf ihm entfernen wir uns links von der Wasserfläche, bis am Waldrand rechts unser gelb markierter Weg abzweigt. Durch ein Wäldchen erreichen wir wieder den See und die **D 106** ❹. Wir überqueren noch vor der Brücke die Straße. Wie schon bisher verläuft unser gelb markierter Pfad teilweise verwachsen und feucht über Wiesen am See entlang bis zur Einmündung eines Fahrweges von Island. Auf ihm geht es geradeaus zur Staumauer (**Barrage de Chamboux** ❺).

Nach ihrer Überquerung treffen wir auf die D 26. Hier nehmen wir rechts neben der Straße direkt am Seeufer den verwachsenen Weg, flankiert von Bäumen, Iris und Schilf, zurück zu unserem Parkplatz am **Lac de Chamboux** ❶.

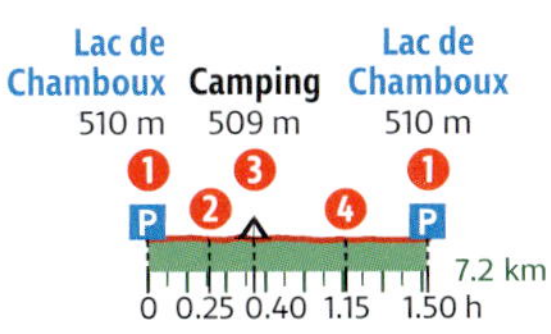

↗ 230 m | ↘ 230 m | 7.9 km

30 Im Tal des Ternin

2.45 h

Die typische Hügellandschaft des Morvan bei Alligny

Unsere Rundtour verläuft im grünen Tal des Ternin, der sich malerisch durch die Landschaft schlängelt und auf einer alten Steinbrücke überquert werden kann. Wir wandern gemütlich auf der Trasse der 1939 stillgelegten Bahnlinie (Chemin du Tacot) Corbigny-Saulieu.

Ausgangspunkt: Alligny-en-Morvan, Parkplatz bei der Kirche. Von Saulieu in südlicher Richtung auf der D 26 (später D 121) zum Ausgangsort (12 km).
Anforderungen: Die Tour verläuft meist auf ordentlichen Wegen und weist nur am Anfang und Ende zwei längere Teerpassagen auf; der gesamte Verlauf ist ausreichend markiert. Vor dem Betreten einer ehemaligen Mine wird ausdrücklich gewarnt.
Einkehr: Unterwegs keine, nur Restaurant am Ausgangsort.
Tipp: Einen Besuch lohnt das Informationszentrum des Naturparks Morvan in St-Brisson mit Museum und Arboretum.
Karte: IGN 2823 ET, Saulieu / Lac des Settons, 1:25.000.

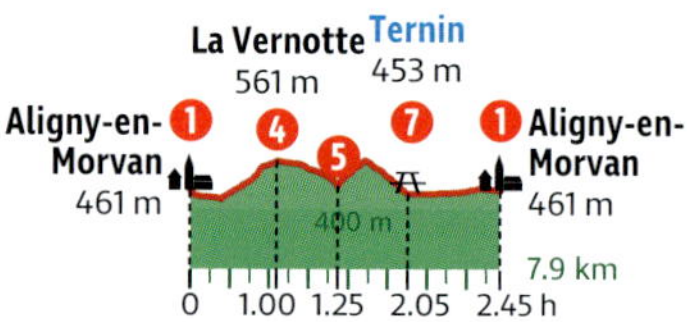

Vom Parkplatz bei der Kirche (12. Jh.) in **Alligny-en-Morvan** ❶, die im Inneren eine sehenswerte Pietà aus dem 15. Jh. beherbergt, verlassen wir den Ort nach Süden in Richtung Maux auf der D 121, um dann das erste Sträßchen (gelbe Zeichen) nach rechts zu nehmen (Tafel »Jarnoy«). An Viehweiden vorbei gelangen wir nach **Jarnoy** ❷ (15 Min.). Wir durchqueren den Ort geradeaus leicht aufwärts, bis kurz nach einer Kreuzung unser gelb-rot markierter Weg rechts abzweigt.
Dieser verläuft auf halber Höhe am Waldrand mit Blick auf das Tal des Ternin sanft aufwärts und mündet als Hohlweg auf die D 521. Ihr folgen wir links weiter hinauf nach **La Crémaine** ❸ mit Aussicht auf die umliegenden Hügel, bis uns am Ortsrand die gelb-rote Markierung rechts in einen Feldweg durch ein Wäldchen leitet. Wir erreichen schon bald wieder ein Teersträßchen, auf dem wir rechts für ca. 100 m weitergehen. Dann biegt unser Weg bei dem Gehöft von **La Vernotte** ❹ rechts ab und nach wenigen Metern nochmals (ein rotes Kreuz ist hier eher verwirrend, wir bleiben auf diesem Weg). Wir folgen nun stets der gelb-roten Markierung im Wald sanft bergab. Schon bald sehen wir rechts die Ruinen des Camp de la Crémaine, einer ringförmigen Wallanlage mit Graben. Zweck und Datierung sind unsicher: Von einer keltischen Siedlung über einen römischen Militärposten bis zu einer mittelalterlichen Befestigung reichen die Theorien. Nach gut 1 km treffen wir am Waldrand bei einem Wasserspeicher auf einen Fahrweg,

auf dem wir geradeaus über ein Feld gehen. Nach einer Kuppe beginnt wieder der Wald und wir nehmen gleich links den gelb-rot markierten Hohlweg kräftig bergab. Er passiert zur Rechten die Reste der ehemaligen **Mine** von **La Place** 5, in der bis kurz vor dem Zweiten Weltkrieg Blei und Silber gefördert wurden. Stollen von einer Gesamtlänge von 5 km wurden hier in die Hügel getrieben. Vor dem Betreten des Geländes wird ausdrücklich gewarnt! Kurz darauf queren wir im Talgrund einen Bach und steigen

Ruhig fließt der Ternin durch Alligny-en-Morvan.

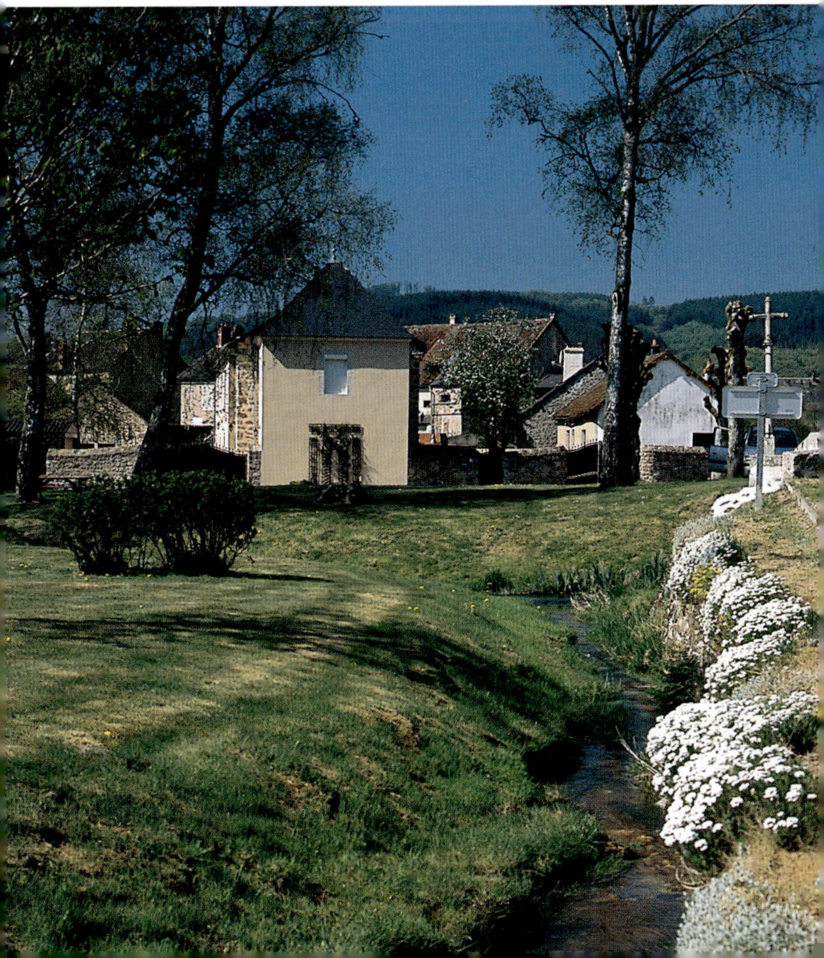

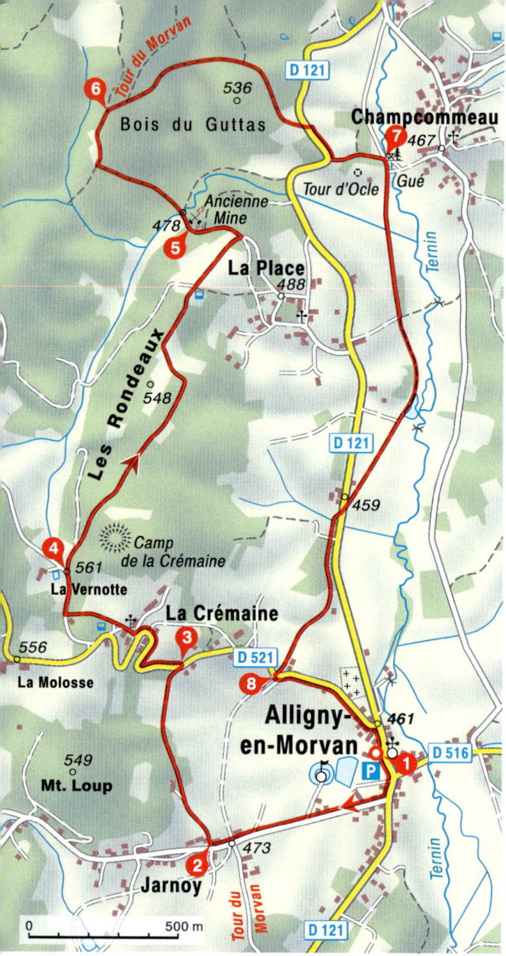

auf der anderen Seite im Wald auf unserem gelbrot markierten Weg steil bergauf. Am Waldrand halten wir uns rechts und erreichen bald eine **Gabelung** ❻. Hier verlassen wir nach rechts den Rundweg durch den Morvan (Tour du Morvan) und folgen den gelben Markierungen, die nicht immer deutlich sind, im dichten Wald steil bergab. Nach dem Wald mündet unser z. T. schmutziger Hohlweg auf die D 121, auf der wir rechts ca. 100 m weitergehen, bis in einer Rechtskurve unser Weg links abzweigt, wobei die gelbe Markierung am Anfang schlecht sichtbar ist. Wir passieren zunächst die Ruinen des Turms von Ocle, der zum Schloss der Herren von Alligny gehörte. Dann führt der teils schmutzige Pfad im Wald hinab zu einem malerischen Rastplatz am Ufer des **Ternin** ❼ bei einer alten Steinbrücke und Furt.

Wir folgen nun rechts im lieblichen Talgrund flussabwärts der Trasse der stillgelegten Bahnlinie von Saulieu nach Corbigny. Nach einem kleinen See entfernen wir uns nach rechts vom Ternin und erreichen über Wiesen und zwischen Hecken erneut die D 121, die wir bei einem Möbelgeschäft schräg nach links überqueren. Zunächst am Waldrand, dann über Felder führt der gelb markierte Weg zur **D 521** ❽ beim ehemaligen Bahnhof. Hier gehen wir links am Friedhof vorbei zurück nach **Alligny-en-Morvan** ❶ zur D 121, wo wir rechts gleich unseren Ausgangspunkt erreichen.

↗ 30 m | ↘ 30 m | 14.4 km

4.00 h

Rund um den Lac des Settons

TOP 31

Einer der abwechslungsreichsten Seen des Morvan

Der Lac des Settons ist nicht nur bei Naturliebhabern und Ornithologen, sondern auch bei Wassersportlern und Freizeitkapitänen ein beliebtes Ziel. An heißen Tagen empfiehlt sich ein erfrischendes Bad im See.

Ausgangspunkt: Barrage des Settons, Parkplatz bei der Staumauer an der Schiffsanlegestelle. Von Château-Chinon auf der D 944, D 37 und D 520 in nördlicher Richtung zur Barrage des Settons (18 km).
Anforderungen: Bis auf einen Abschnitt ist die Tour durchgehend markiert; auf der gesamten Länge keine Orientierungsprobleme. Die Wege sind meist ordentlich, stellenweise jedoch etwas feucht. Ein paar Abschnitte sind geteert.
Einkehr: Zahlreiche Lokale am Seeufer, besonders im Bereich der Staumauer.
Karten: IGN 2823 ET, Saulieu oder IGN 2723 ET, Château Chinon, beide 1:25.000.

Der Lac des Settons lädt Wanderer auch zum Baden ein.

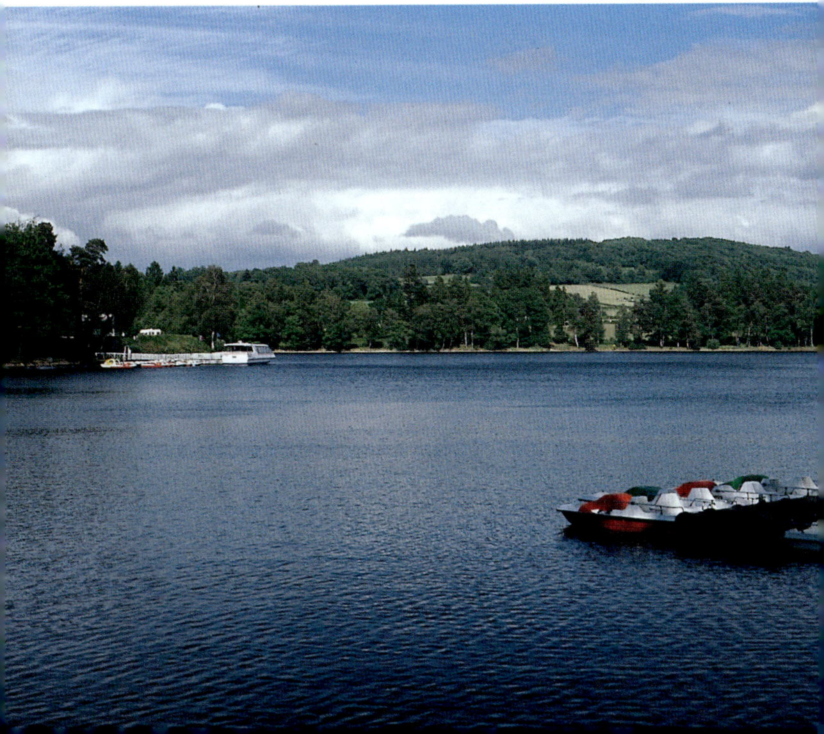

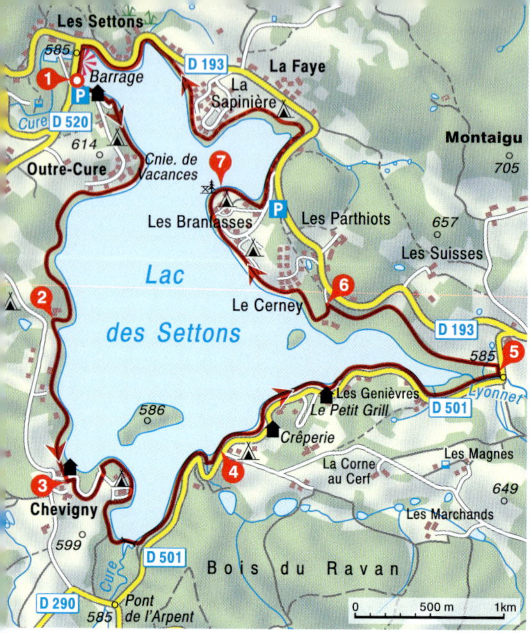

Vom Parkplatz bei der Staumauer (**Barrage des Settons)** ❶ folgen wir der weiß-roten Markierung, anfangs noch auf Teerstraße, am Campingplatz vorbei dem Seeufer entlang. Wir passieren noch eine Ferienkolonie, dann können wir die Ruhe des Sees und des Waldes, der etwas an Schottland erinnert, genießen. Nach Regenfällen ist der Weg allerdings feucht und rutschig, einige Stellen wurden schon aufgekiest oder mit Stegen versehen. In einer kleinen **Bucht** ❷ mit ein paar Häusern folgen wir nicht der gelb-roten Markierung zur Straße, sondern unseren weiß-roten Zeichen, bis wir in **Chevigny** ❸ bei einem Lokal auf ein Sträßchen stoßen. Auf ihm gehen wir links (jetzt gelb-rote Markierung!), dann auf einem Fußweg im Uhrzeigersinn um eine Halbinsel mit Campingplatz. Sobald sich der alte Weg (keine Markierungen mehr) vom Ufer entfernt, weisen unsere Zeichen nach links in den Wald. Kurz darauf erreichen wir den Südzipfel des Sees, der auf einem Holzsteg überquert wird. Anschließend geht es nach links und wir genießen den malerischen Seeuferweg. Später tangieren wir kurz die Straße, um einen Bach zu überqueren, kürzen dann eine Kurve ab und treffen bei einer Gabelung erneut auf die D 501. Wir folgen ihr jetzt ohne Markierung (diese führt nach rechts ins Hinterland) an einem **Campingplatz** ❹ vorbei und dann auf Pfadspuren aussichtsreich am bewaldeten Seeufer parallel zur Straße. Unterwegs queren wir ein paar Bäche auf Holzstegen. Kurz vor Les Genièvres liegt rechts neben der Straße ein saisonales Lokal (Le Petit Grill). Bei der Einmündung des Alternativweges von Süden erreichen wir wieder die

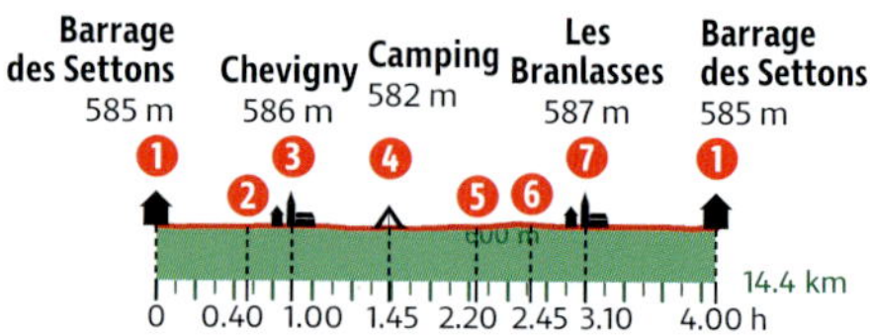

D 501. Wir überqueren nun links auf einer Brücke den **Lyonnet** ❺ und nehmen kurz darauf links den gelb markierten Weg im Wald an sumpfigen Wiesen vorbei in einiger Distanz zum See. An besonders moorigen Stellen gibt es Holzstege. Vor den Häusern von **Le Cerney** ❻ wenden wir uns links zum See hinunter und folgen dem Ufer rechts aussichtsreich an den Ferienhäusern und dem kleinen Hafen von **Les Branlasses** ❼ vorbei. Nach einer Halbinsel mit Picknickplatz und einer Bucht mit Parkplatz gehen wir ca. 250 m parallel zur D 193. Nach Überquerung eines Baches entfernen wir uns links wieder von der Straße und wandern auf unserem gelb markierten Weg aussichtsreich am bewaldeten Ufer des Lac des Settons an einem Campingplatz und unterhalb der Häuser von La Sapinière vorbei. Am Ortsanfang von Les Settons treffen wir wieder auf die D 193 und folgen ihr links zur Staumauer (hier erneut links). Wir überqueren sie mit einem letzten, besonders schönen Blick auf den See und erreichen wieder den **Parkplatz** ❶ an der Schiffsanlegestelle.

Abwechslungsreich und idyllisch präsentiert sich der Lac des Settons.

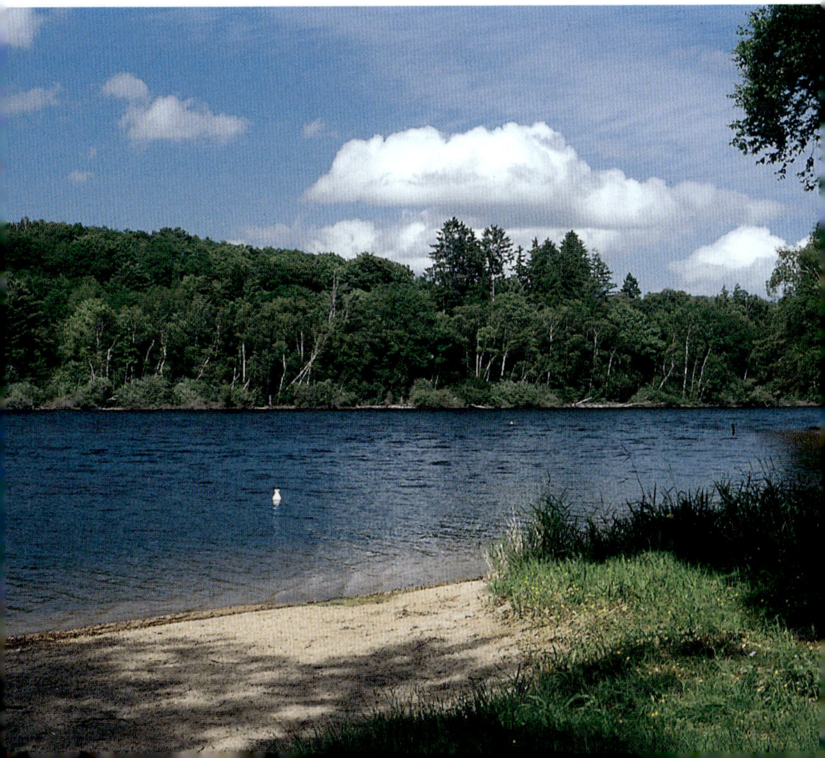

↗ 210 m | ↘ 210 m | 10.4 km

3.15 h

32 Étang de la Passée

Auf den Spuren des Maquis Bernard

Auf dieser abwechslungsreichen Rundtour wandern wir zwischen den malerischen Tälern der Cure und des Chalaux. Im Zweiten Weltkrieg war die Region eine Hochburg des französischen Widerstandes gegen die deutsche Besatzung (mit dem Maquis Bernard als bedeutendster Gruppe).

Ausgangspunkt: Cœuson, am ehemaligen Bahnhof (nur wenige Parkplätze) oder unterhalb an der Chalaux-Brücke (ebenfalls nur ein paar Plätze); das schmale, löchrige und steile Teersträßchen mit schlechtem Schotterbelag im letzten Teilstück zum Parkplatz am Militärfriedhof ist wenig ratsam. Von Château-Chinon auf der D 944, dann rechts auf der D 37 nach Norden. Bei Corancy links die D 12 über Chaumard nach Ouroux-en-Morvan. Nach dem Ort rechts von der D 12 abbiegen, auf der D 412 über Cœuson zur Chaloux-Brücke mit einer ersten Parkmöglichkeit (von dort führt rechts ein gelb-rot markierter steiniger Weg bergauf). Nach der Brücke rechts die erste Straße zum Ausgangspunkt nehmen.
Anforderungen: Außer zwei Abschnitten auf Teerstraße meist ordentliche Wege und Forststräßchen mit ausreichender Markierung.
Einkehr: Keine.
Karte: IGN 2723 ET, Château-Chinon, 1:25.000.

Vom Parkplatz beim **ehemaligen Bahnhof von Cœuson** ❶ (hier mündet von rechts der Weg von der Chalaux-Brücke) führt der steinige Weg mit gelb-roten Markierungen im dichten Wald bergauf – Abzweigungen nach links werden dabei nicht beachtet. Nach ca. 600 m am Hang erreichen wir am Waldrand eine Gabelung und nehmen rechts den gelb markierten Weg sanft hinab zu einem Bach. Nach dessen Überquerung geht es in einem Laubwald mit Kiefern erneut bergauf (Wege nach links werden weiterhin ignoriert). Nach einem zweiten Bächlein wenden wir uns nach Süden und wandern stets im Wald hinauf zu einem Querweg, wo unsere gelbe Markierung nach links zeigt. Mit sanfter Steigung erreichen wir so den **Kamm** ❷ auf einer Lichtung. Dann geht es im Wald steil bergab zu einer

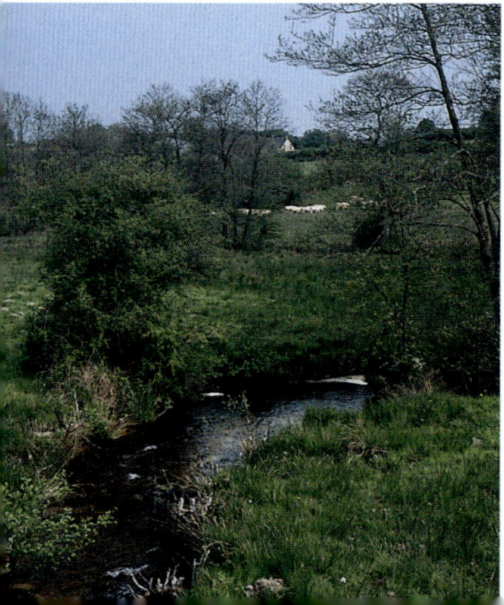

Die Vallée du Chalaux bei Savelot.

Verzweigung. Auf dem rechten Weg steigen wir weiter hinab und achten auf unsere gelben Zeichen, bis wir auf die D 37 treffen (kurz vorher mündet von rechts ein Weg ein), wo sich eine **Erinnerungsstele** ❸ an die Widerstandsgruppe des Maquis Bernard befindet (15 Min.). Wir folgen der Straße für ca. 600 m eben nach links bis zu einer Kreuzung.

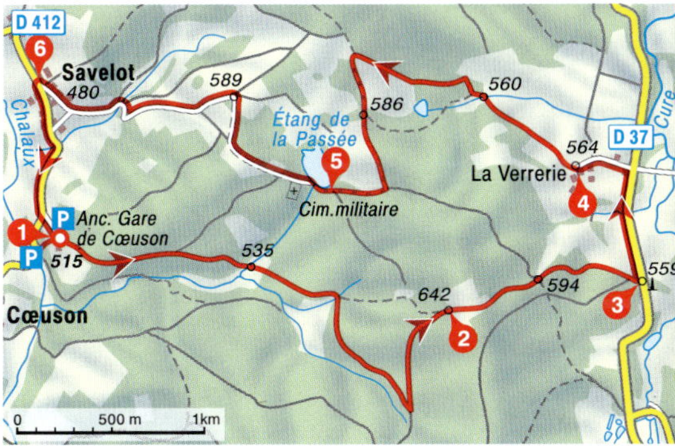

Hier verlassen wir das Tal der Cure auf einem schmalen Sträßchen nach links zum Gehöft von **La Verrerie** ❹ (gelb-rote, aber auch gelbe Zeichen). Danach führt der Weg fast eben an Hecken und am Wald entlang. Nach einem Bächlein folgen wir an einer Gabelung zuerst der Markierung nach rechts, um schon kurz darauf in einem Winkel von 90° nach links den Wald für ca. 300 m leicht aufwärts zu durchqueren. Nach weiteren 300 m steigen wir am Waldrand links zunächst etwas bergab und nach Einmündung eines Weges von links wieder sanft bergauf zu einer Kreuzung. Hier halten wir uns mit unserer Markierung nach rechts und erreichen fast eben den malerischen Waldsee **Étang de la Passée** ❺. Nach einem kurzen, aber schönen Wegstück am Seeufer passieren wir den französisch-englischen Militärfriedhof für Gefallene aus dem Zweiten Weltkrieg. Nur wenige Meter danach folgen wir an einer Gabelung dem jetzt gelb markierten Schottersträßchen geradeaus (während die gelb-rote Markierung nach links zeigt) kaum spürbar am Waldrand bergauf. Kurz nach dem »höchsten Punkt« (600 m), gehen wir an einer Verzweigung auf unserem geschotterten Fahrweg rechts hinab. Nach gut 100 m setzt ein Weg mit Teerbelag ein, nach weiteren 100 m steigen wir an einer Abzweigung links auf unserem gelb markierten Sträßchen mit stärkerem Gefälle aussichtsreich mit Blick auf die umliegenden Hügel über Wiesen und Weiden bergab. Teilweise begleiten Hecken, Farn, Fingerhut und Brombeeren unseren Weg. So folgen wir unseren gelben Zeichen hinab nach **Savelot** ❻. Dort treffen wir auf die D 412 und wandern auf ihr scharf nach links durch den Ort. Zwischen Weiden und Hecken gehen wir am Hang des idyllischen Tals des Chalaux leicht bergauf und nehmen an der nächsten Gabelung links die gelb markierte Stichstraße hinauf zum **Parkplatz** ❶.

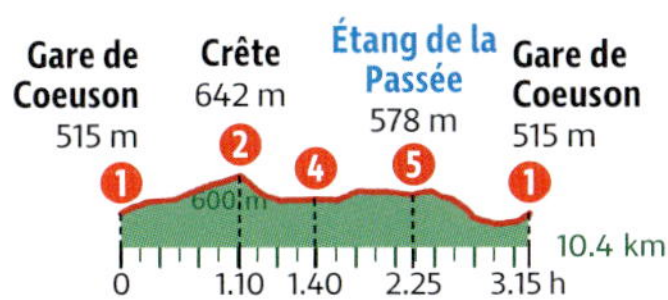

↗ 10 m | ↘ 10 m | 4.9 km

33 Umrundung des Étang de Baye

1.30 h

Ein Vogelparadies par excellence

Bei unserer Rundtour an den Ufern der malerischen Seen von Baye und Vaux stehen vor allem die Entdeckungen seltener Vögel wie Graureiher und Eisvogel im Vordergrund. Mit einem erfrischenden Bad oder einer Bootsfahrt können wir diese abwechslungsreiche Wanderung beschließen.

Ausgangspunkt: Étang de Baye, Parkplatz am Deich des Nordufers, 268 m. Von Corbigny auf der D 958 nach Süden bis La Collancelle, rechts über die D 523 zur D 135. Darauf ca. 200 m nach rechts, dann links auf einer Nebenstraße Richtung Damm. Links davor der Parkplatz (14 km).
Anforderungen: In ausreichendem Maß durchgehend gelb markierter Weg, meist in ordentlichem Zustand, nur eine längere Passage auf einem kaum befahrenen Teersträßchen.
Einkehr: Direkt am Weg keine, nur etwas abseits bei der Schleuse in Baye eine Gîte mit Verpflegungsmöglichkeit.
Karte: IGN 2723 SB, Corbigny/Lormes, 1:25.000.

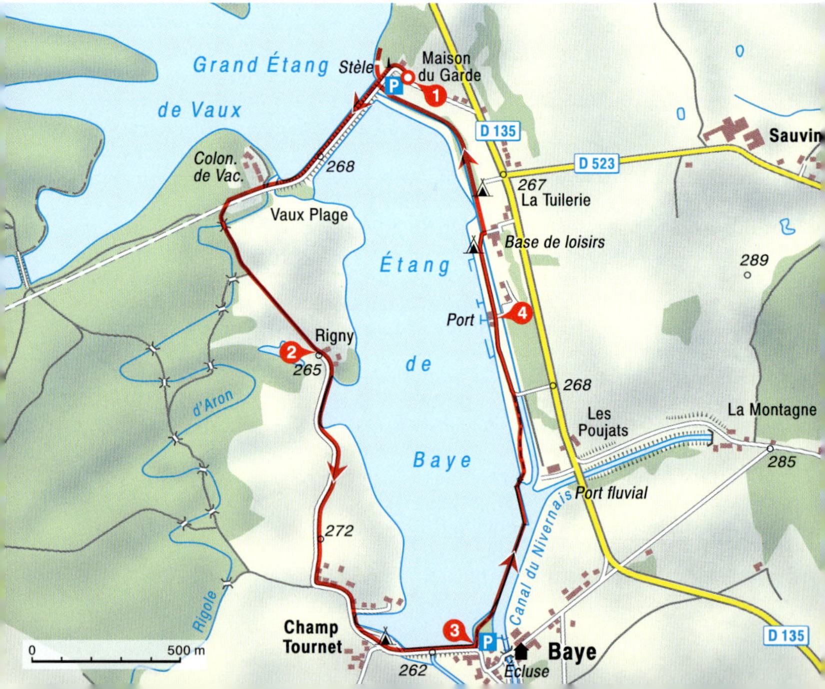

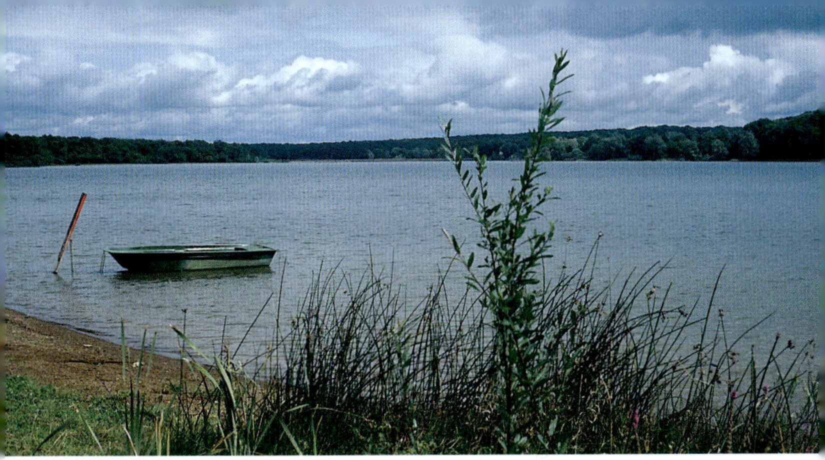

Nicht nur für Vögel attraktiv: der Étang des Vaux.

Vom Parkplatz am **Étang de Baye** ❶ steigen wir über Treppen hinauf zum Teersträßchen. Hier können wir nach Norden einen Abstecher machen, um auf einem Lehrpfad (Sentier découverte du Martin-Pêcheur) den seltenen Eisvogel zu beobachten. Danach gehen wir auf dem Asphaltsträßchen nach Südwesten über den Deich, der die Seen Vaux und Baye voneinander trennt. Weit erstreckt sich der Blick über die Wasserflächen mit zahlreichen Seerosen. Nach dem Deich besteht erneut die Möglichkeit zur Vogelbeobachtung. Dann folgen wir dem Schottersträßchen in den Wald und nehmen den ersten Weg leicht links mit gelber Markierung. Kurz darauf überqueren wir einen kleinen Bach auf einer Brücke; eine Abzweigung unterwegs nach rechts bleibt unberücksichtigt. Der Weg führt schließlich aus dem Wald und über Wiesen und eine Allee zur Farm von **Rigny** ❷.
Hier geht der Schotterweg in eine schmale, kaum befahrene Teerstraße über, die zunächst dem Seeufer folgt. Dann wandern wir über Wiesen sanft bergauf und bergab zu einem Campingplatz am See bei den Häusern von Champ Tournet. Danach überqueren wir den Damm mit dem Seeabfluss und erreichen einen Parkplatz bei einem kleinen Park. Eine Verpflegungsmöglichkeit besteht in der Gîte bei der Schleuse in **Baye** ❸ (kurzer Abstecher). Sonst durchqueren wir den Park und gehen über den Deich, der den Étang de Baye vom Canal du Nivernais trennt. Nach einer kleinen Metallbrücke passieren wir einen Bootsverleih und folgen unserem gelb markierten Wiesenweg am aussichtsreichen Seeufer an einem **Hafen** ❹ und Freizeitpark vorbei. An einem Wasserlauf entlang gelangen wir wieder zurück zu unserem Parkplatz am **Étang de Baye** ❶.

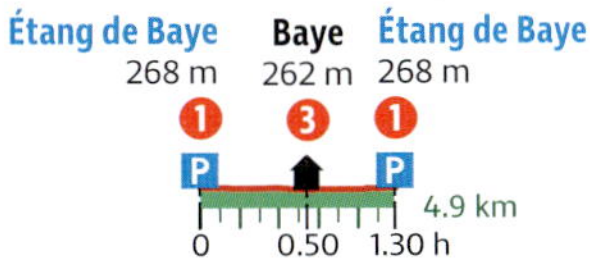

↗ 280 m | ↘ 280 m | 14.3 km

34 Am Réservoir de Pannecière-Chaumard

4.15 h

Der größte See im Naturpark Morvan

Fast wie ein Fjord schmiegt sich der Stausee von Pannecière-Chaumard in die hügelige Landschaft. Etliche Heilpflanzen gedeihen an seinen Ufern. Unterwegs bieten sich schöne Seeblicke und zahlreiche Bademöglichkeiten.

Ausgangspunkt: Chaumard, 355 m, Parkplatz bei der Schule. Bushaltestelle der Linie 4 (Château-Chinon – Gouloux). Von Château-Chinon auf der D 944, D 37 und D 12 nach Chaumard (14 km).
Anforderungen: Bis auf drei kürzere Abschnitte ist die Wanderung durchgehend markiert, Orientierung unproblematisch. Ordentliche Wege, einige Passagen auf Teerstraße. Ein steiler Abstieg verlangt etwas Trittsicherheit.
Einkehr: Unterwegs keine, nur in Chaumard.
Karte: IGN 2723 ET, Château-Chinon, 1:25.000.

In **Chaumard** ❶ gehen wir auf der Zufahrtsstraße kurz zurück und nehmen nach der Bar rechts in nördlicher Richtung die schmale Sackgasse, die später in einen gelb markierten Weg übergeht. Über Wiesen und durch Wald geht es bergauf, unterwegs mündet von rechts ein Weg ein, geradeaus haben wir gelb-rote Markierungen. Ca. 150 m später treffen wir an einer Gabelung auf eine Teerstraße und gehen hier rechts auf der Anhöhe nach **Les Quatre Vents** ❷. Bei einem Kreuz wandern wir geradeaus weiter und biegen am Ortsende rechts ab, wo wir schon bald auf einen steinigen Waldweg mit gelb-roter Markierung treffen. Immer geradeaus erreichen wir kurz vor der **D 12** ❸ bei einer Holzbaracke eine Gabelung. Wir biegen hier rechts ab und folgen immer geradeaus dem gelb markierten Hauptweg mit leicht hügeligem Verlauf durch den Wald. Zum Schluss etwas bergab, biegen wir unmittelbar vor einem Bach rechts ab und erreichen kurz darauf die Gedenkstätte für die 1944 getöteten französischen Widerstandskämpfer.

Am Réservoir de Pannecière-Chaumard.

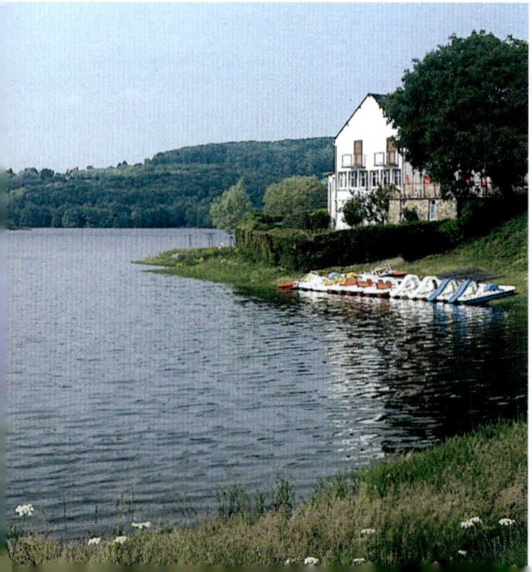

Dann führt der etwas steinige Weg in dem bewaldeten Tal steil bergab und mündet bei einer Gedenkstele auf die **D 505** ❹. Nun halten wir uns rechts und wandern auf dem wenig befahrenen Sträßchen im Tal der Oussière an dem Flüsschen entlang. Wir ignorieren die Abzweigung des

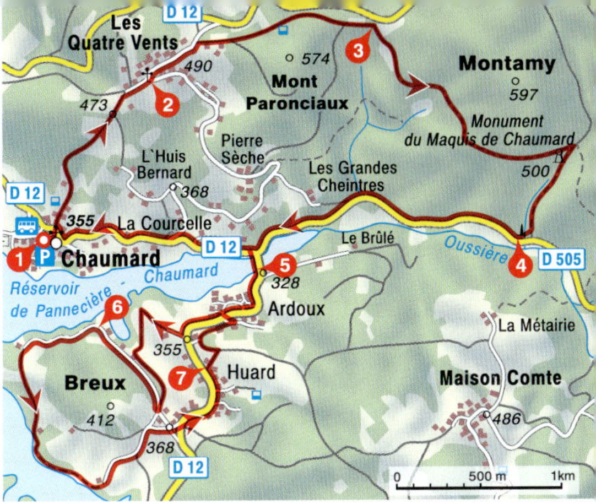

markierten Weges nach rechts und bleiben weiter auf der D 505, die schon bald einen Seitenarm des Stausees von Pannecière-Chaumard erreicht, wo wir dann auf die D 12 stoßen (328 m). Auf einer **Brücke** 5 überqueren wir den Seitenarm und passieren den Weiler Ardoux. Nach dem Ort biegt in einer lang gezogenen Linkskurve von der D 12 rechts ein kleines Sträßchen ab (die Markierung ist hier durchgestrichen). Der Teerbelag geht schon bald in einen verwachsenen Naturbelag über. Zunächst leicht bergab geht es nach einer scharfen Linkskurve bergauf zu einem schmalen Teersträßchen. Auf ihm wandern wir – jetzt wieder gelb markiert – an einzelnen Häusern vorbei durch Wald etwas hinab zum **Réservoir de Pannecière-Chaumard** 6. Nun verläuft links unser schattiger Weg am Seeufer entlang, bis er bei einem Haus links vom See weg über eine Kuppe führt. Wieder etwas bergab folgen wir ein kurzes Stück dem See, bis der Weg erneut nach links ins Hinterland abbiegt. Etwas bergauf geht der Weg nach einem Haus in ein Teersträßchen über, das von Hecken gesäumt wird. Wenn der markierte Pfad nach rechts abzweigt, folgen wir weiter dem Sträßchen ohne Markierungen bis zur D 12. Auf ihr gehen wir geradeaus durch den Weiler **Huard** 7, bis gegenüber von einem Briefkasten rechts zwischen zwei Häusern an einem Geländer vorbei ein zunächst schlecht sichtbarer Hohlweg abzweigt. Auch die rote Markierung ist nicht gut zu sehen. Nach einem kurzen Anstieg treffen wir auf den Rundweg durch den Morvan, der – jetzt gelb-rote Zeichen – hinab nach Ardoux führt. Hier kurz links zur D 12, die rechts wieder zur **Brücke** 5 über den See leitet. Wir gehen links zunächst am Seeufer entlang, bleiben in La Courcelle auf der D 12 – nun ohne Markierungen – und gelangen wieder nach **Chaumard** 1.

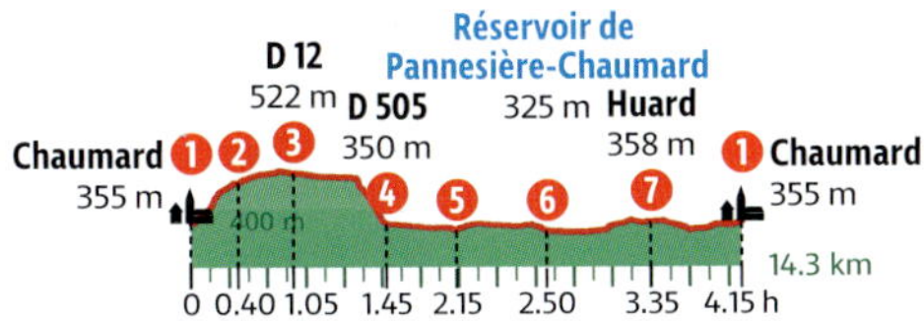

TOP

35 Rund um Bouilland

↗ 370 m | ↘ 370 m | 9.5 km

3.30 h

Die eindrucksvollen Felsformationen von Châtelet

Im Mittelpunkt der Tour steht das malerische Tal des Rhoin mit seinen bewaldeten Hängen, die von steil abfallenden Felsen durchsetzt sind. Freunde der Kultur können unterwegs die Ruinen der Abtei Sainte-Marguerite und frühgeschichtliche Siedlungsreste auf den Felsen von Châtelet besichtigen.

Ausgangspunkt: Bouilland, Parkmöglichkeit am Hauptplatz. Von Beaune auf der D 2 nach Norden über Savigny-lès-Beaune nach Bouilland (14 km).
Anforderungen: Die Wanderung ist durchgehend und ausreichend markiert; zwei Abschnitte verlaufen auf Teersträßchen. Die Wege sind z. T. verwachsen, steil und steinig. Auf der karstigen Hochfläche sind sie von Rinnen durchzogen und verlaufen am Rande senkrecht abfallender Felsen.
Einkehr: Unterwegs keine, nur in Bouilland selbst.
Hinweis: In der Jagdsaison können Wege gesperrt sein; Hinweise beachten.
Karte: IGN 3023 OT, Nuits-St-Georges, 1:25.000.

Vom Hauptplatz in **Bouilland** ❶ nehmen wir die D 104 nach Westen Richtung Crépey und in einer scharfen Rechtskurve geradeaus den gelb markierten Hohlweg, zunächst über Wiesen und dann durch Wald. Er führt in einem engen Tal teilweise verwachsen kräftig bergauf und mündet kurz vor dem Plateau auf eine Teerstraße. Für circa 200 Meter bleiben wir links auf der **D 104** ❷, bis erneut links ein zunächst gelb-roter, dann gelb (auch

Die Felsen von Bouilland bieten eine Wanderung für »Alpinisten«.

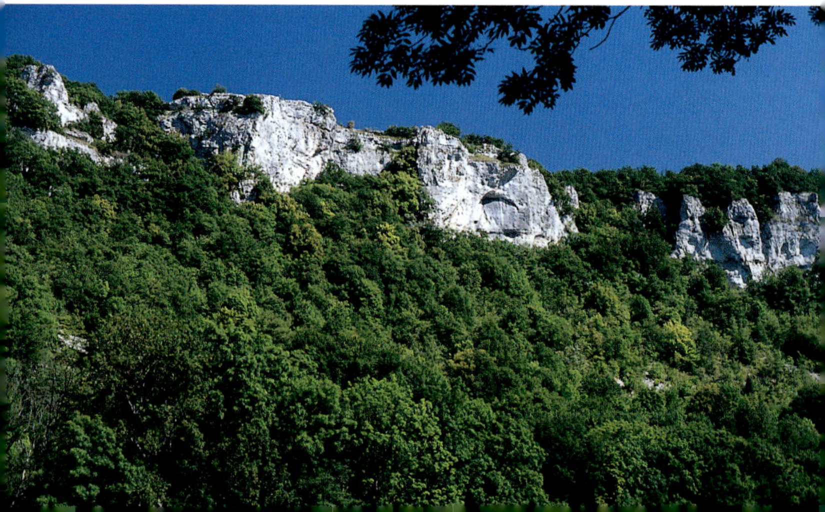

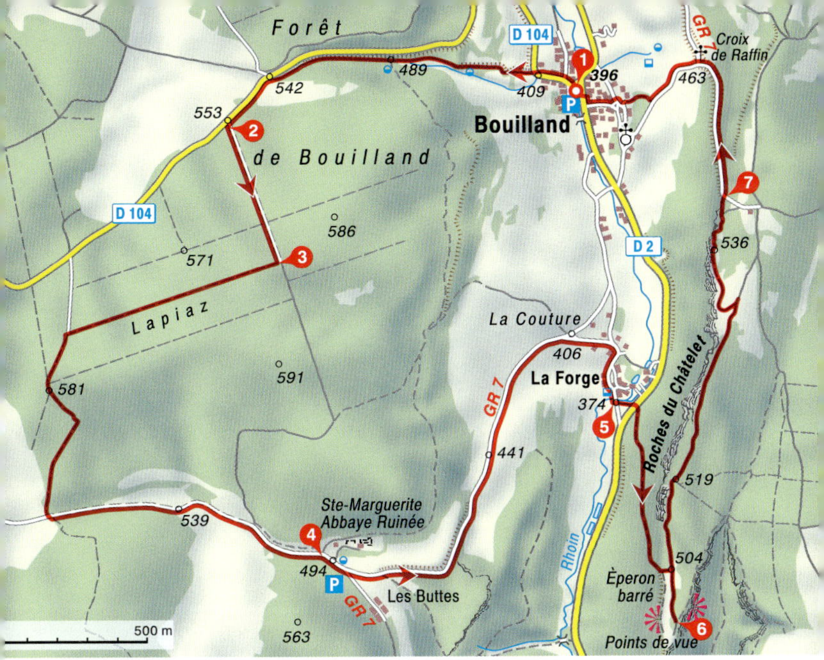

weiß-rot-weiße Zeichen) markierter, geschotterter Fahrweg abzweigt. Im lichtem Laubwald geht es sanft bergauf, mit etwas Glück sehen wir die eine oder andere Eidechse. Nach ca. 500 m dürfen wir an einer Kuppe nicht dem unmarkierten Hauptweg geradeaus folgen, sondern nehmen den schmalen Pfad rechts (gelbe Zeichen). Trittsicherheit und Vorsicht bei Nässe (Rutschgefahr!) erfordert das nächste Stück über glatte Kalkfelsen, die von Rinnen durchzogen sind (**Lapiaz** 3). An einem breiteren Waldweg weisen unsere Markierungen nach links, und leicht abwärts erreichen wir am Waldrand am Ende des Teerweges ein Schottersträßchen, auf dem wir links über Felder und Wiesen leicht abwärtsgehen. Bei der Einmündung des ursprünglichen Weges haben wir wieder einen geteerten Weg und wir erreichen bald die Ruinen der **Abtei von Ste-Marguerite** 4, die momentan wegen Bauarbeiten nicht besichtigt werden kann. Nachdem der Fußweg über das private Gelände inzwischen leider gesperrt wurde, müssen wir weiterhin das Teersträßchen (gelbe und weiß-rote Zeichen) benutzen, das – von Bäumen gesäumt – hinabführt. Unterwegs eröfffnen sich eindrucksvolle Blicke auf Bouilland und die imposanten Felsen von Châtelet. Über Wiesen erreichen wir eine Gabelung (La Couture, 406 m) und nehmen rechts den Sentier Marianne Richtung Châtelet. Unten im Tal biegen wir in **La Forge** 5 rechts in

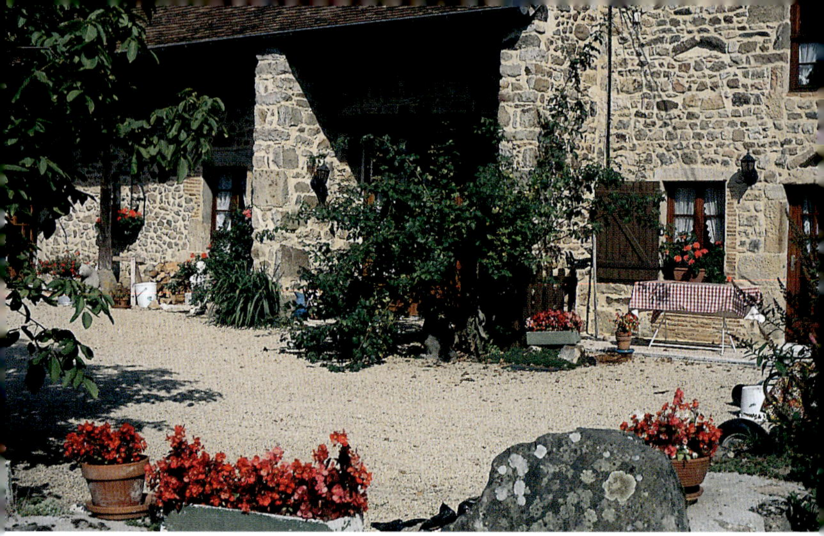

Unterwegs finden wir noch vereinzelt alte Bauernhäuser.

die Rue de Savigny und später in die Rue de la Forge ein. Nach einer Brücke über den Rhoin halten wir uns links und überqueren bald darauf geradeaus die D 2. Der Pfad führt im dichten Wald steil bergauf zur Hochfläche von Châtelet, wo wir auf einen Querweg stoßen. Hier sollten wir rechts unbedingt einen kurzen Abstecher auf den in frühgeschichtlicher Zeit bewohnten Felssporn machen, wo rechts ein **Aussichtspunkt** 6 mit fantastischen Tiefblicken eingerichtet wurde. Wieder zurück an der Gabelung folgen wir geradeaus unseren gelben Zeichen leicht hügelig im Laubwald am Rand der steil abfallenden Felsen von Châtelet. Unterwegs ignorieren wir die Abzweigung des Sentier Marianne nach rechts und erreichen auf dem steinigen Weg eine freie Fläche mit eindrucksvollen Ausblicken auf die Felsen und Bouilland. Allerdings erfordert das bröselige Gestein am Steilabbruch Vorsicht (besonders bei Regen und starkem Wind)! Unser aussichtsreicher Pfad führt nun leicht hinab zu einem **Teersträßchen** 7, wo unsere gelben Zeichen nach links weisen. Durch lichten Laubwald senkt sich das Sträßchen zum Croix de Raffin (nochmals links) und über Wiesen weiter bergab. Unterwegs zweigt rechts ein markierter Fußweg direkt nach Bouilland ab. Hier halten wir uns kurz rechts und gehen dann durch eine schmale Gasse mit Markierungen zur D 2, die uns rechts bald wieder zum Parkplatz in **Bouilland** 1 führt.

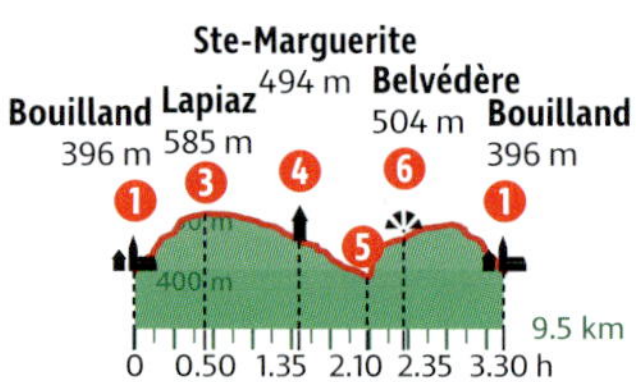

↗ 30 m | ↘ 30 m | 6.6 km

2.00 h

Im Wald von Guérigny 36

Zum See und Rehgehege von Villemenant

Die Wanderung im Wald von Guérigny bietet bei Hitze viel Schatten und Erholung. Unterwegs passieren wir das Naturreservat von Villemenant mit einem großen Rehgehege und den gleichnamigen, idyllischen Waldsee. Unter den vielen alten Bäumen beeindrucken besonders die riesigen Thujen.

Ausgangspunkt: Kreuzung der Forststraßen Bourgelé und Poiseux, Parkplatz am Wildgatter. Von Nevers auf der D 977 nach Norden bis Guérigny, rechts auf der D 26 bis zum Forsthaus von Maréchaux, links die Route Forestière du Bourgelé zum Parkplatz (17 km).
Anforderungen: Die Wanderung ist durchgehend markiert und verläuft auf ordentlichen Wegen und Sträßchen (nur ein Teilstück mit Teerbelag), die wegen Forstarbeiten verschmutzt sein können.
Einkehr: Keine.
Hinweis: In der Jagdzeit kann der Weg im Wald gesperrt sein. Beachten Sie unbedingt entsprechende Anschläge oder erkundigen sich bei der Gemeinde in Guérigny.
Tipp: La Charité-sur-Loire besitzt eine wunderbare romanische Kirche aus dem 11./12. Jh., mittelalterliche Stadtmauern sowie schöne alte Häuser.
Karte: IGN 2524 SB, Nevers/Jouet-sur-l'Aubois, 1:25.000.

Vom Parkplatz am Wildgatter (**Enclos à Chevreuils 1**) nehmen wir spitzwinkelig nach links den gelb und blau markierten Weg nach Westen. Ein alter Baumlehrpfad führt uns zum malerisch gelegenen Étang de Villemenant**.** Wir folgen nun immer unseren Markierungen durch einen dichten, fast urwaldartigen Laubwald auf einem Pfad oberhalb eines Grabens. Nach ca. 600 m weisen unsere blauen und gelben Zeichen bei einer großen Eiche und einem Grenzstein nach links. Wir verlassen den Graben und wandern weiter durch einen dichten Wald mit viel Farn bis zur **D 26 2**.

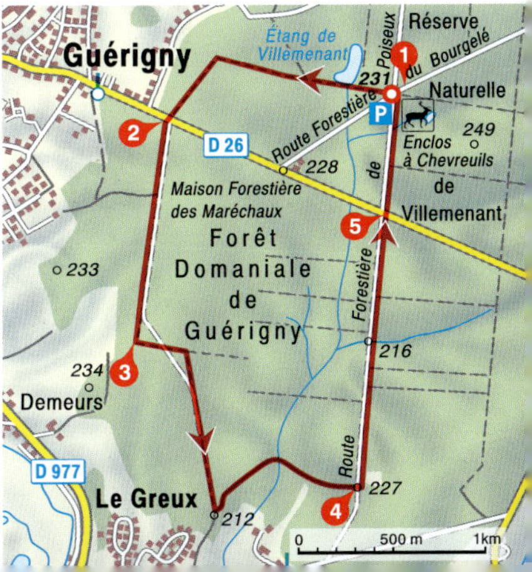

Wir überqueren die Straße und setzen unsere Tour auf einem Waldweg fort, der anfangs durch Forstarbeiten sehr in Mitleidenschaft gezogen sein kann. Für ca. 1,2 km gehen wir stets geradeaus durch den Wald, dann weisen unsere Markierungen rechtwinkelig nach links (**P 228 m 3**). Schon nach etwa 250 m geradeaus biegen wir rechts ab und wandern auf unserem mar-

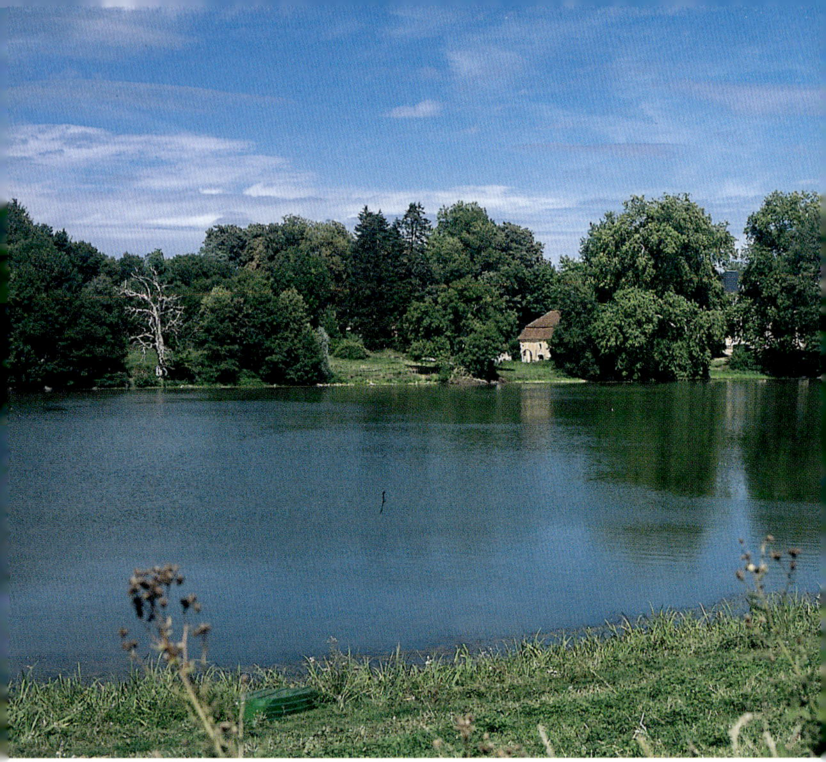

Der liebliche Étang de Bizy liegt westlich von Guérigny.

kierten Weg wieder für gut 800 m geradeaus durch den Forst. Am Waldrand leiten uns die blauen Zeichen nach links, und nach einem kaum spürbaren Gefälle überqueren wir ein Bächlein. Dann gehen wir auf einem Hohlweg im Wald leicht bergauf zur geschotterten **Forststraße von Poiseux** ❹. Auf ihr wandern wir stets geradeaus an ein paar Thujen vorbei leicht hügelig durch den Laubwald mit viel Farn. Mit etwas Glück können wir einen Turmfalken oder ein Purpur-Knabenkraut entdecken. Nach 1,5 km überqueren wir erneut die **D 26** ❺ geradeaus. Nun ist unsere Forststraße geteert, zur Rechten liegt das eingezäunte Rehgehege. Durch einen Laubwald mit schönen Thujen erreichen wir nach 600 m wieder den Parkplatz am Wildgatter am **Enclos à Chevreuils** ❶.

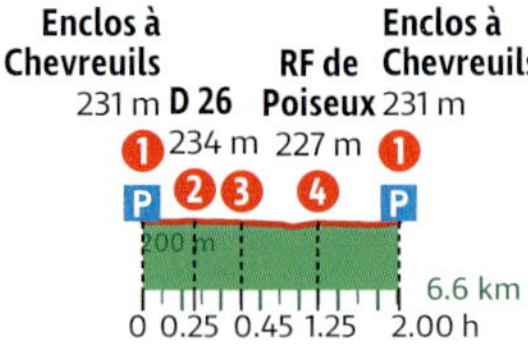

↗ 10 m | ↘ 10 m | 10.4 km

3.00 h

An den Ufern der Saône bei Seurre

37

Ein Fluss mit zwei verschiedenen Gesichtern

Im reizenden Städtchen Seurre am Ufer der Saône beginnt diese abwechslungsreiche Wanderung. Zunächst reihen sich zahlreiche alte Bäume am Ufer des ursprünglichen Flussbetts. Das letzte Stück der Route verläuft entlang der kanalisierten Saône, die von größeren Schiffen befahren wird.

Ausgangspunkt: Seurre, 177 m, Parkplatz vor der Schleuse in Chamblanc; Bushaltestelle (Linie 74 von Beaune) am Champ de Foire. Von Beaune die A 31 nach Norden, dann die A 36 nach Osten zur Ausfahrt Nr. 1; dort auf der D 976 nach Süden bis Seurre, am Ortsanfang rechts zum Parkplatz (30 km).

Anforderungen: Durchgehend markierte Fahrwege und ruhige Teersträßchen; ein Abschnitt ohne Markierung ist unproblematisch.

Einkehr: Nur in Seurre, sonst keine Einkehrmöglichkeit.

Karte: IGN 3124 SB, Seurre/St-Jean-de-Losne, 1:25.000.

Wassereicher Ausgangspunkt: die Saône bei Seurre.

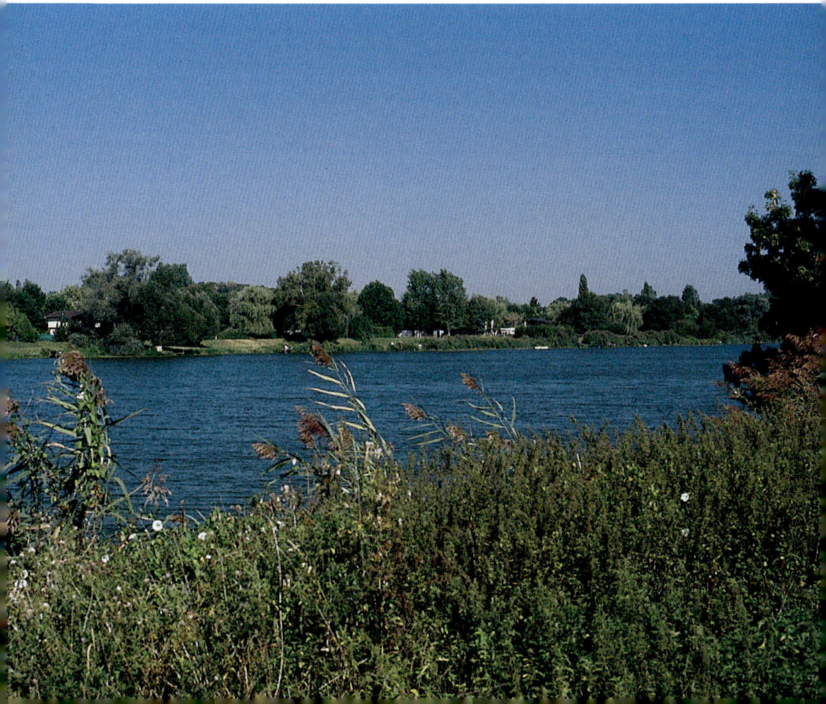

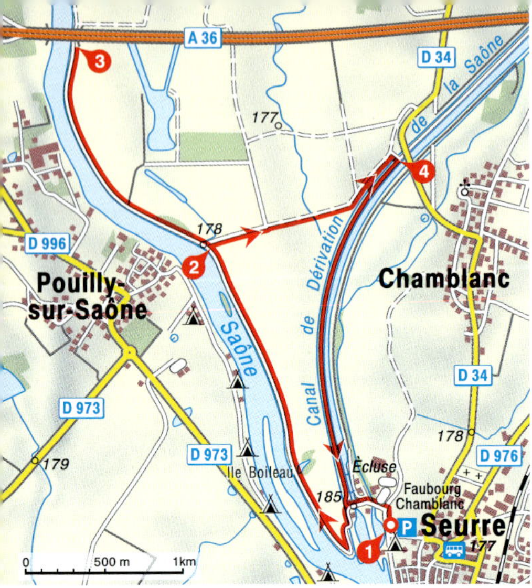

Vom Parkplatz nach dem kleinen Hafen bei **Seurre ❶** gehen wir kurz nach Norden zum Sportplatz und dort links zur Schleuse, wo wir den Saône-Kanal überqueren. Danach nehmen wir das schmale Teersträßchen mit gelber Markierung links über eine Brücke und gehen dann an einem kleinen Bach entlang bis zum Zusammenfluss von Kanal und Saône.

Wir wenden uns nun nach Norden und folgen dem natürlichen Lauf der Saône. Im Fluss mit seinen kleinen Inselchen tummeln sich Zander, Hecht, Wels und Karpfen. Das Ufer säumen noch viele alte Bäume, auf der anderenSeite sieht man den Ort Pouilly-sur-Saône. Wir passieren zwei Hochspannungsleitungen und kommen nach ca. 2,2 km zu einer Gabelung an der **Saône ❷**. Wir setzen unsere Wanderung noch für ca. 1,8 km auf dem Teersträßchen am rechten Ufer der Saône fort – allerdings ohne Markierung – und genießen den ruhig dahinziehenden Fluss.

An der Brücke der **A 36 ❸** drehen wir um und erreichen auf derselben Route die oben erwähnte Gabelung an der **Saône ❷**. Hier biegen wir rechts ab und folgen dem gelb markierten Fahrsträßchen über die Ebene mit Wiesen und Feldern. An einer Gabelung biegt die Asphaltstraße nach links ab, während wir geradeaus nur noch einen geschotterten Fahrweg haben (weiterhin gelbe Zeichen). Wir passieren erneut zwei Hochspannungsleitungen und später einen Bach auf einer Brücke. Unterwegs können wir zahlreiche Vögel beobachten (Kormorane, Enten, Reiher). Etwa 300 m später erreichen wir einen weiteren Bach und folgen ihm nach einer Linkskurve (hier nicht im 90° Winkel nach links abbiegen) an dem von Bäumen gesäumten Ufer.

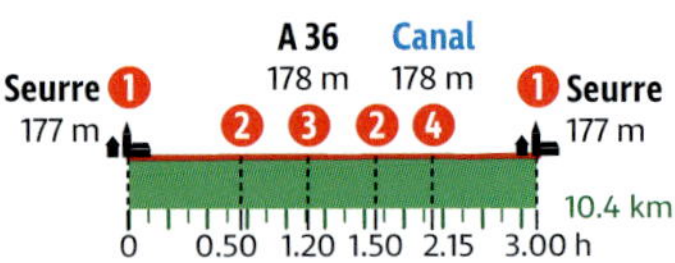

Kurz vor der Straßenbrücke der D 34 überqueren wir auf einer kleinen Brücke rechts den Bach und erreichen nach wenigen Metern den **Canal de Dérivation de la Saône ❹**. Auf dem Deich nehmen wir rechts das gelb markierte Teersträßchen mit Fahrverbot. In einer lang gezogenen Linkskurve wandern wir am Ufer des Kanals entlang, der eindrucksvoll zeigt, wie hier der natürliche Flusslauf zugunsten der Schifffahrt begradigt wurde. Nach knapp 2,5 km kommen wir wieder zur **Schleuse von Seurre**. Hier überqueren wir links auf der Brücke den Kanal und erreichen auf der vom Hinweg bekanntem Route bald wieder unseren Parkplatz bei **Seurre** ❶.

Im Hafen von Seurre.

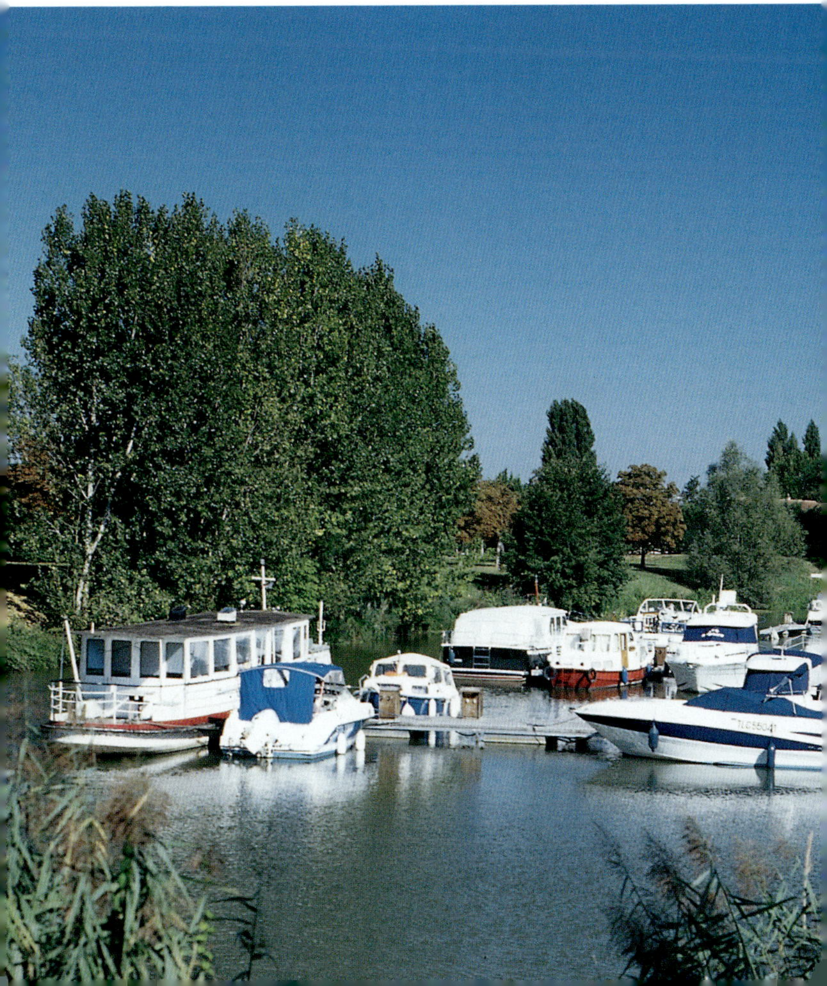

↗ 220 m | ↘ 220 m | 14.7 km

38 Auf dem Chemin des Grands Crus

4.30 h

Die berühmten Weinberge an der Côte de Beaune

Wein ist das Wahrzeichen Burgunds. Deshalb stehen auf dieser Wanderung die bekannten Weinberge von Pommard, Volnay, Monthelie, Meursault und Auxey-Duresses im Mittelpunkt. Besonders schön ist die Tour im Herbst, wenn sich das Laub färbt, bei sommerlicher Hitze sollten wir sie meiden.

Ausgangspunkt: Pommard, Parkmöglichkeiten am Hauptplatz. Von Beaune auf der D 973 ca. 3 km.
Anforderungen: Die Tour verläuft auf meist ordentlichen Wegen mit einigen kurzen, teilweise steilen sowie steinigen An- und Abstiegen. Längere Passagen auf Asphalt. Die vorhandene Markierung ist ausreichend, aber nicht durchgehend; für die unmarkierten Abschnitte ist daher etwas Orientierungssinn erforderlich.

Einkehr: Unterwegs direkt am Weg keine; sonst nur in Pommard.
Hinweis: Während der Jagdsaison können Teile des Weges gesperrt sein; beachten Sie daher entsprechende Hinweise! Am Weg laden zahlreiche Kellereien zu einer Weinprobe ein.
Tipp: Südwestlich von Beaune locken der Mont de Sène mit einem herrlichen Panorama sowie das Schloss La Rochepot auf einem Felssporn.
Karte: IGN 3025 OT, Beaune, 1:25.000.

Einer der bekannten Weinberge Burgunds bei Volnay.

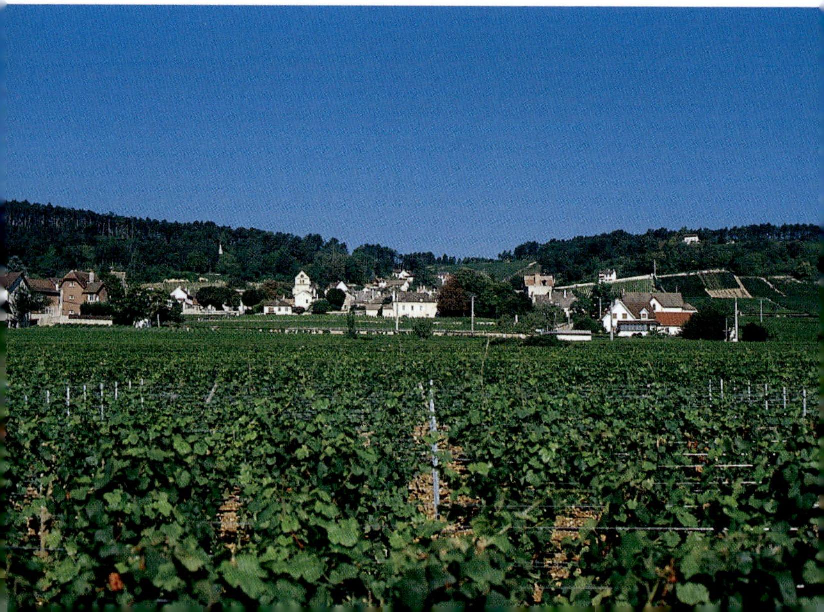

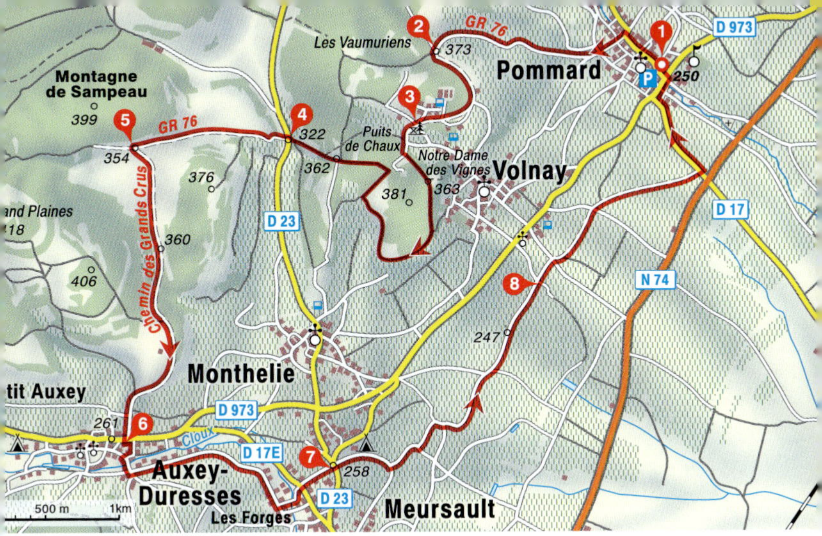

Vom Hauptplatz in **Pommard** ❶ gehen wir auf der Grande Rue in den Ort und weiter bei der Domaine Launay links die Rue de Charmillot mit weiß-roter GR-Markierung stets geradeaus leicht bergauf zum Ortsende. Wir folgen dem markierten Teersträßchen auf dem Chemin des Grands **Crus** durch die berühmten Weinberge von Pommard bergauf mit guter Sicht über die hügelige Gegend. An der Kuppe **Les Vaumuriens** ❷ endet die Teerstraße, und wir nehmen links den GR 76 Richtung Auxey-Duresses, der aussichtsreich in einer lang gezogenen Rechtskurve am Rande des Plateaus oberhalb von Volnay verläuft. Wir folgen den Markierungen, bis an einer Kreuzung bei einem Picknickplatz eine Teerstraße beginnt. An Weinbergen vorbei erreichen wir bald die Kreuzung **Puits de Chaux** ❸, wo die Asphaltstraße endet. Hier geradeaus und kurz danach links leitet der weiß-rot markierte Weg durch ein Kiefernwäldchen leicht bergab. An der Kreuzung Notre Dame des Vignes steigen wir nicht links nach Volnay hinab, sondern bleiben auf unserem Weg, der eine lang gezogene Rechtskurve beschreibt und wieder zum Plateau hinaufführt. Nachdem wir fast einen Kreis vollendet haben, weisen unsere weiß-roten Zeichen nach links. Teilweise mit Aussicht und jegliche Abzweigungen ignorierend, steigen wir zum Schluss auf unserem Schotterweg steil bergab zur **D 23** ❹, die wir geradeaus überqueren.
Unser Feldweg steigt nun zwischen Weinbergen leicht bergauf, biegt nach gut 1 km an einer **Gabelung** ❺ links ab und führt als Chemin des Grands Crus (GR 76) zwischen Hügeln zunächst fast eben, dann steil bergab nach Süden. Abzweigungen werden unterwegs nicht beachtet. Bei den Weinbergen ist die Straße wieder geteert. Aussichtsreich erreichen wir so die

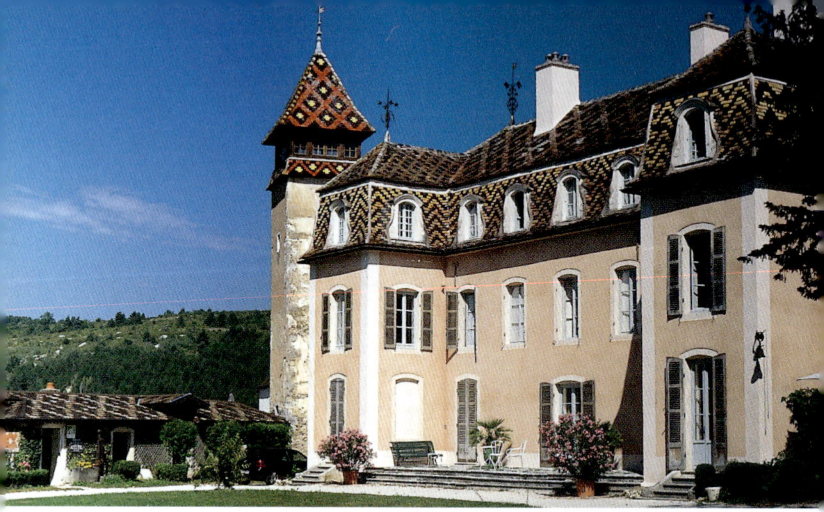

Das Schloss von Monthelie liegt etwas abseits der Tour.

D 973 in **Auxey-Duresses** 6. Wir halten uns hier links (der GR zweigt rechts ab) und an der nächsten Einmündung gleich rechts (jetzt gelbe Zeichen). Wir folgen der Markierung und nehmen nach einem Bach ein schmales Teersträßchen Richtung Meursault ohne Markierung an Weinbergen vorbei zu den Häusern von Les Forges. Hier nehmen wir das erste Sträßchen links (Sentier Grenelles), überqueren nochmals unseren Bach und kurz danach geradeaus die Hauptstraße. Auf der Rue du Gratte-Chien wandern wir durch Weinberge weiter zur **D 23** 7, die links nach Monthelie führt.
Wir queren die Straße schräg nach links (gelbe Zeichen) und biegen gleich darauf noch vor dem Campingplatz rechts ab (hier keine Markierung). An der nächsten Gabelung folgen wir links den Markierungen eines Radweges auf einem Teersträßchen durch die Weinberge. Wir beachten im weiteren Verlauf immer unsere Zeichen bis zu einem **Fahrverbotsschild** 8. Während hier die Markierungen nach links weisen, gehen wir geradeaus weiter. Nach knapp 200 m überqueren wir eine Querstraße geradeaus und setzen unsere Wanderung auf einem geschotterten Fahrweg fort. An einer weiteren Kreuzung nach gut 400 m folgen wir weiter unserem Feldweg durch Weinberge bis zur D 17. Hier biegen wir links ab und gehen auf der Straße nach **Pommard** 1 bis zur D 973. Hier rechts, an der übernächsten Straße links geht es zurück zum Hauptplatz.

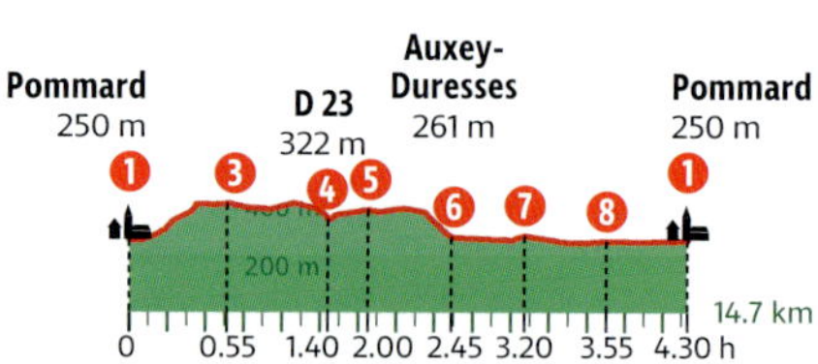

↗ 290 m | ↘ 290 m | 10.6 km

3.30 h

TOP

39 Die Gorges de la Canche

Eine wilde Schlucht im Wald von Glenne

Das große Waldgebiet von Glenne wartet mit einer reichen Flora und Fauna auf. Besonders beeindruckt die unberührte Schlucht der Canche mit Wasserfällen, bemoosten Felsblöcken und steil aufragenden Wänden. Sie wurde 2000 als Site Natura unter Schutz gestellt.

Ausgangspunkt: Forêt de Glenne, Waldparkplatz. Von Autun auf der D 978 nach Nordwesten über La Celle-en-Morvan, bei Les Viollots links Richtung Grand Mizieux, Parkplatz an der ersten Kehre rechts (15 km).
Anforderungen: Die Wanderung ist bis auf das letzte Stück durchgehend und ausreichend markiert. Sie verläuft auf ordentlichen Wegen, der letzte Abschnitt auf Teerstraße. Der Pfad in der Schlucht ist teilweise steil, steinig und bei Nässe rutschig; hier sind die Zuhilfenahme der Hände und Trittsicherheit erforderlich.
Einkehr: Keine.
Karte: IGN 2825 OT, Mont Beuvray, 1:25.000.

Die Schlucht der Canche besticht durch Unberührtheit.

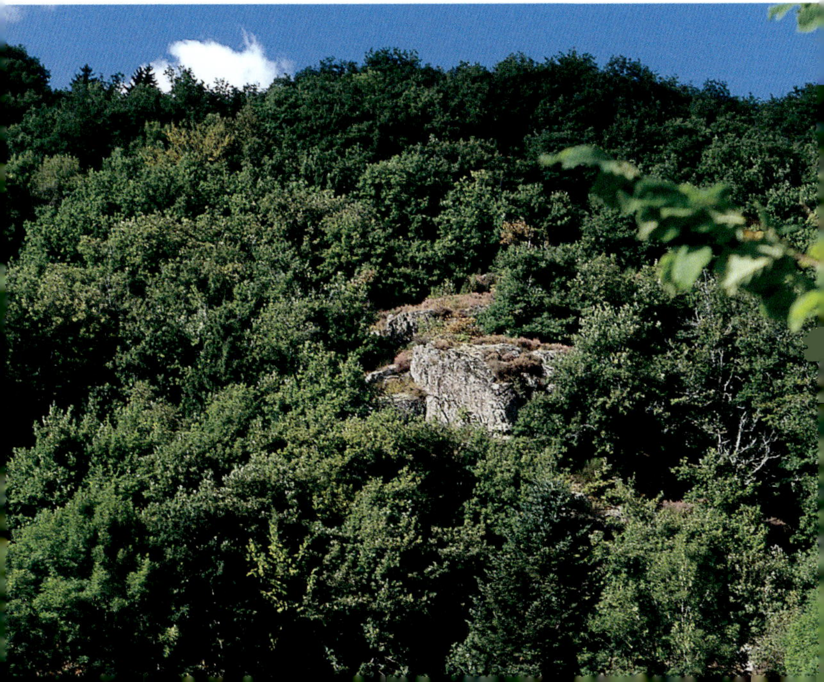

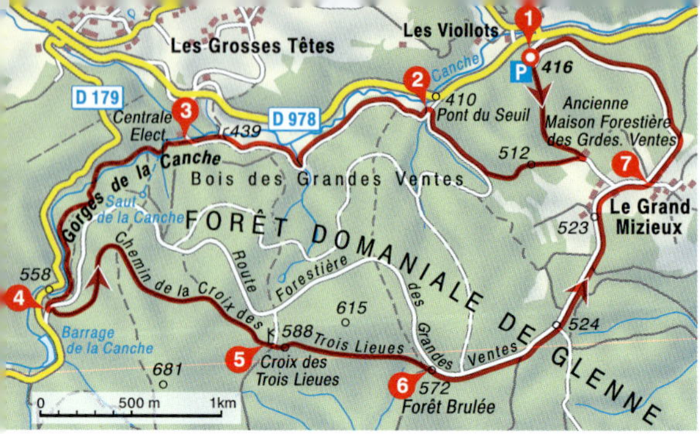

Vom Waldparkplatz (**Forêt de Glenne ❶**) führt gleich am Ende der Kurve rechts ein gelb markierter Weg im Wald kräftig bergauf und berührt beim Forsthaus Grandes Ventes eine Teerstraße. Wir nehmen hier rechts den gelb gekennzeichneten Waldweg noch etwas aufwärts und steigen dann hinab zu einer Forststraße. Hier geht es weiter talwärts zur Canche. Kurz vor dem **Pont du Seuil ❷** (35 Min.) biegen wir links ab und wandern auf der Forststraße mit gelben Markierungen leicht hügelig am linken Talrand etwas oberhalb des Flusses bis zum E-Werk. Kurz vorher mündet bei einer Brücke von rechts der GR du Morvan ein (nun gelb-rote Markierungen).

Wir betreten nun die **Gorges de la Canche**. Wegen der schützenswerten Natur wurde die Schlucht zur Réserve Biologique Domaniale erklärt. Bitte beachten Sie die entsprechenden Vorschriften! Mit Glück können wir seltene Tiere wie Wasseramsel, Fledermaus, Wasserspitzmaus oder Steinkauz beobachten. Auch die urwaldartige Flora ist sehr vielfältig. Auf den oberen sonnigen Trockenhängen wachsen Eichen, Buchen hingegen auf der Schattenseite, weiter unten Erlen und Eschen sowie am schattigen, feuchten Grund Farne und Moose. Der Weg ist schmal und steinig, bei Nässe auch rutschig: Er erfordert unbedingt Trittsicherheit, manchmal müssen die Hände zu Hilfe genommen werden oder wir gehen durch das Wasser. Die gelb-roten Markierungen sind gut, sodass wir den richtigen Weg nicht verfehlen können. Er verläuft zunächst am Grund der Schlucht und steigt stetig an. Kurz nach dem **E-Werk (Centrale Électrique) ❸** wechseln wir die Talseite. Etwa bei der Hälfte der Wegstrecke überqueren wir vor dem Großen Wasserfall nochmals die Canche. Dann geht es am Hang steil bergauf, um Felsen zu umgehen. Anschließend führt der Wiesenweg wieder hinunter zum Fluss. Zum Schluss verläuft der Pfad oberhalb der D 179 und mündet dann auf eine **Forststraße ❹**. Wir biegen links und nach wenigen Metern rechts ab und nehmen im Wald den steinigen Chemin de la Croix des Trois Lieues mit gelber Markierung bergauf. Sehr abwechslungsreich

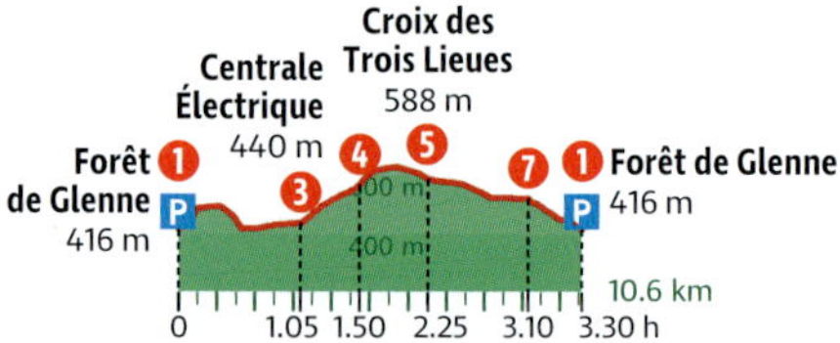

zeigt sich hier die Vegetation mit Eichen, Buchen, Tannen, Kiefern, Fichten, Stechpalmen, Ginster, Farn, Heidekraut und Brombeeren. Zum Schluss geht es etwas bergab zum Wegweiser **Croix des Trois Lieues** **5**.
Jetzt folgen wir unseren gelben Markierungen geradeaus kaum spürbar hinab durch den Wald in 15 Minuten bis zur Einmündung **Forêt Brulée** **6**. Hier nehmen wir rechts die geteerte Route Forestière des Grandes Ventes (weiterhin gelbe Zeichen) leicht abwärts durch den Wald und erreichen bei einer Lichtung die Häuser von **Le Grand Mizieux** **7**. Die erste Abzweigung links zum Forsthaus ignorieren wir, an der zweiten biegen wir links Richtung Le Fluteau ab. Das Teersträßchen führt nun ohne Markierung stetig bergab ins Tal, bis wir kurz vor der D 978 links wieder unseren Ausgangspunkt am Waldparkplatz (**Forêt de Glenne** **1**) erreichen.

Spätsommer in Burgund: Heidekraut im Wald von Glenne.

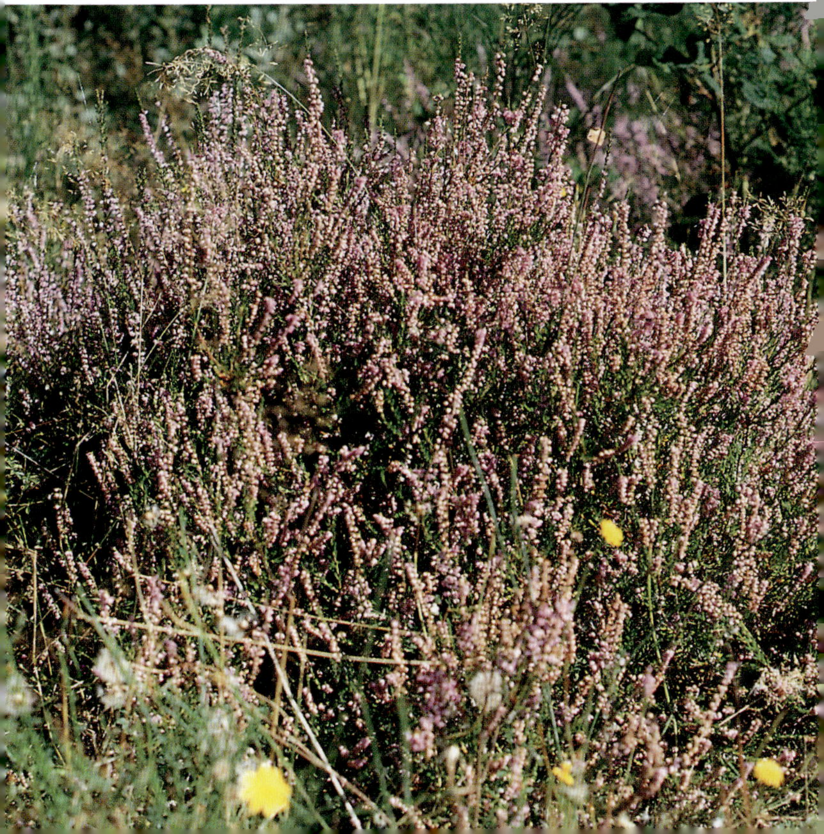

↗ 200 m | ↘ 200 m | 7.6 km

40 Am Haut Folin, 901 m

2.30 h

Am höchsten Punkt Burgunds

Diese »Bergwanderung« zur höchsten Erhebung in Burgund verläuft durch einen herrlichern Wald. Leider ist die Sicht vom Gipfel wegen der vielen Bäume eingeschränkt. Mit etwas Glück können wir aber den seltenen Raufußkauz oder die Österreichische Gemswurz entdecken.

Ausgangspunkt: Étang de Préperny, Parkplatz. Von Autun die D 978 nach Nordwesten bis Blain-le-Vieil, links auf der D 179 bis La Croisette, rechts die Forststraße Bois du Roi, an einem Parkplatz rechts – später D 500 – Richtung Arleuf (27 km).
Anforderungen: Die Tour ist bis auf zwei Abschnitte ausreichend markiert, keine Orientierungsprobleme. Meist ordentliche Wege und Forststräßchen, zwei Abschnitte sind asphaltiert.
Einkehr: Keine.
Karte: IGN 2825 OT, Mont Beuvray, 1:25.000.

Vom Parkplatz am **See von Préperny** ❶ nehmen wir beim Chalet de Préperny den gelb markierten Forstweg nach Süden. Er führt zunächst eben durch schattigen Nadelwald am malerischen Étang de Préperny vorbei Richtung Les Carnés. Dann senkt sich der Fahrweg im Hochwald sanft bergab und quert zuerst den Wanderweg Bibracte – Alésia sowie kurz darauf den Bach **Proie** ❷ auf einer Brücke. Nun geht es bergauf, und in einer Linkskehre folgen wir unserem gelb markierten Fahrweg, bis er auf eine Querstraße mündet. Wir wandern links auf der Schotterstraße bergab zu einem Teersträßchen und dort nochmals links weiter hinab an einem Tümpel vorbei. Jetzt geht es im Wald am Straßenrand leicht bergan zu einem **Parkplatz** ❸ mit einer Informationstafel für Langläufer. Hier nehmen wir von drei Wegen zunächst den mittleren mit weiß-roten Zeichen leicht bergauf und halten uns an der nächsten Gabelung rechts, wobei die GR-Markierungen hier kaum zu sehen sind.

Idyllischer Ausgangs- und Endpunkt: der Étang de Préperny.

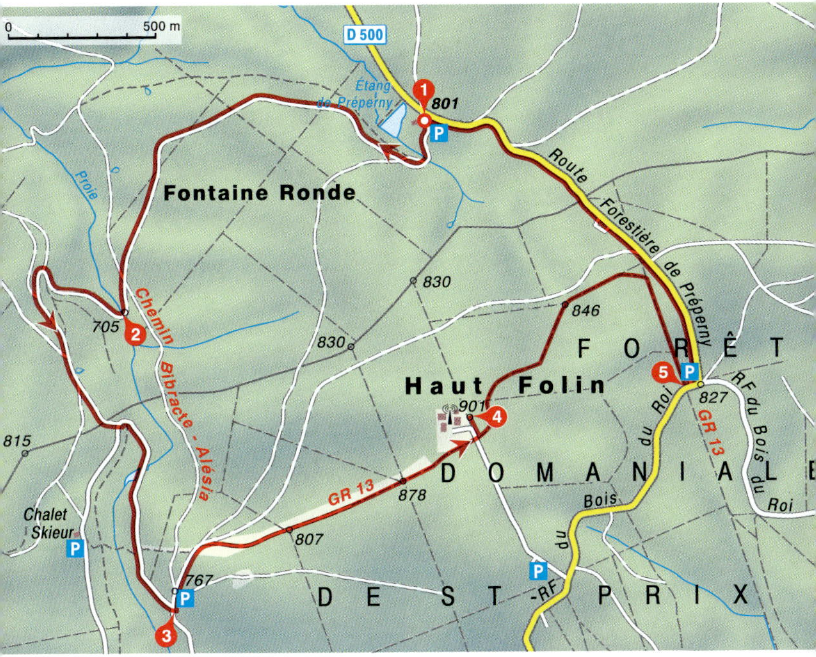

Der schmale, steinige und teilweise steile Weg führt durch schattigen Wald ohne viel Sicht bergwärts. Der Weg passiert zum Schluss eine Militäranlage und trifft auf die Zufahrtsstraße zum **Haut Folin** ❹. Links von uns steht auf dem Gipfel (901 m) ein Sendemast. Von hier haben wir, wenn die Bäume kein Laub tragen, ein wenig Aussicht über den Morvan.

Vom GR queren wir die Straße geradeaus und steigen zunächst leicht und dann stärker im Wald abwärts. Wir folgen stets unseren weiß-roten Zeichen. Unser Weg beschreibt oberhalb einer Forststraße eine lang gezogene Rechtskurve (nicht direkt durch das Dickicht absteigen!). Er mündet schließlich auf die geteerte **RF du Bois du Roi** ❺ bei einem Parkplatz. Hier halten wir uns links, an der Gabelung kurz danach ebenfalls. Wir wandern nun auf der wenig befahrenen Forststraße von Préperny (später D 500) ohne Markierung Richtung Arleuf zurück zu unserem Ausgangspunkt am **See von Préperny** ❶.

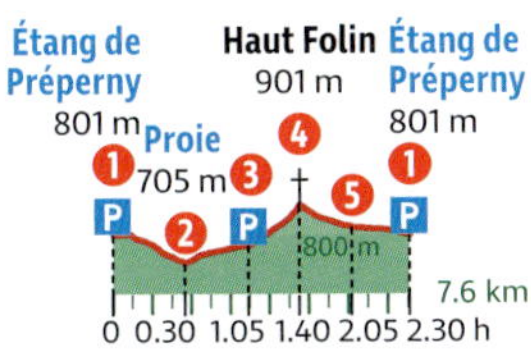

↗ 70 m | ↘ 70 m | 8.6 km

41 Die Seen von Moulin

2.30 h

Zwei malerische Seen in einem großen Waldgebiet

Die Wanderung beginnt in dem reizenden Ort Sauvigny-les-Bois mit einer kleinen alten Kirche (12.–14. Jh.). Idyllisch in einem bewaldeten Tal liegen die Étangs du Moulin. Eine große Etappe der Tour führt durch den riesigen Forst von Amognes, der bei Hitze viel Schatten spendet.

Ausgangspunkt: Sauvigny-les-Bois, Parkplatz bei der Mairie oder der Kirche. Von Nevers auf der D 978 nach Osten, dann rechts auf der D 18 zum Ausgangsort (10 km).

Anforderungen: Die Wanderung verläuft meist auf ordentlichen Wegen oder Sträßchen (nur im Ortsbereich und ein kurzes Stück im Wald auf Teer) und ist durchgehend und ausreichend markiert.

Einkehr: Nur in Sauvigny-les-Bois.

Karten: IGN 2624 SB, St-Benin-d'Azy/St-Saulge, und IGN 2625 SB, Decize/Imphy, beide 1:25.000.

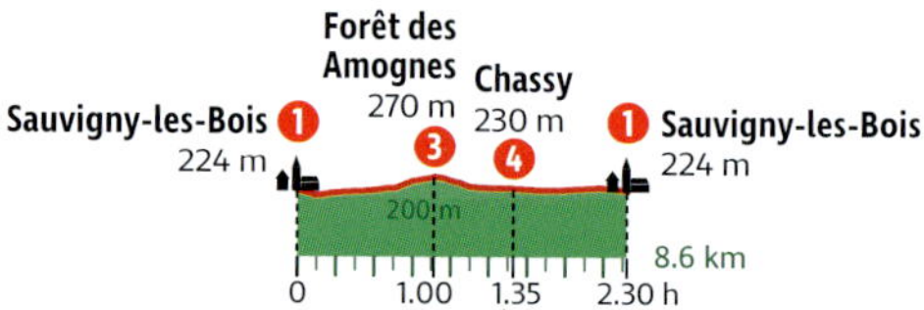

Vom Parkplatz bei der Mairie in **Sauvigny-les-Bois** ❶ gehen wir auf der Hauptstraße (D 18) nach Osten, bis wir rechts die Rue du Lavoir bergab nehmen und dann links auf der Rue de la Cure zur kleinen, alten Kirche gelangen (hier auch Parkplätze). Hier geht es kurz links zur D 18 und auf dieser wenige Meter rechts. Nach dem Restaurant biegen wir noch vor dem **Étang du Moulin** ❷ links ab und folgen dem gelb markierten Weg fast eben im Laubwald an den malerischen Seen entlang. Kurz nach dem zweiten See überqueren wir den Bach Ruisseau du Magny und steigen im Wald auf unserem Forstweg mit gelben Zeichen bergauf bis zu einem Teersträßchen. Auf ihm wandern wir geradeaus für gut 500 m bis zum Ende einer Lichtung in der riesigen **Forêt des Amognes** ❸.

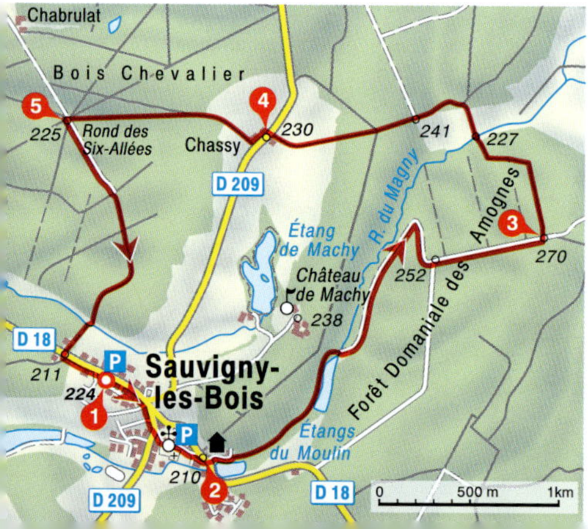

Hier beachten wir die Hinweistafel Richtung Chassy und nehmen links den Hohlweg durch den Laubwald bergab, um den Ruisseau du Magny erneut zu überqueren (227 m). Dann gehen wir über Wiesen wieder hinauf zum Waldrand, wo wir uns an einer Gabelung links halten.

Wir beachten weiterhin stets unsere gelben Zeichen und bleiben immer geradeaus auf unserem Waldweg, wobei wir jegliche Abzweigungen unterwegs ignorieren. An von Hecken gesäumten Feldern vorbei, erreichen wir zum Schluss bei einem Teich die D 209. Hier halten wir uns links und passieren die Farm von **Chassy** ❹.

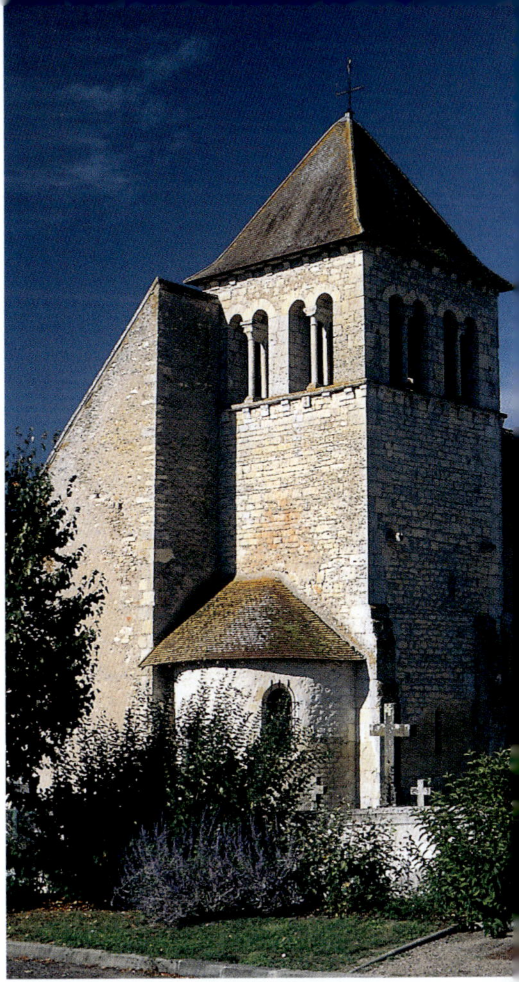

Die romanische Dorfkirche von Sauvigny-les-Bois.

Gleich nach dem Gehöft nehmen wir rechts den Weg in den Wald Richtung Sauvigny-Bourg und folgen stets geradeaus den gelben Markierungen leicht bergauf und bergab in 20 Minuten bis zu einer großen Kreuzung im Bois Chevalier (**Rond des Six-Allées** ❺). Hier biegen wir in spitzem Winkel in den ersten Weg links ein und bleiben immer auf unserem fast ebenen Weg mit gelben Zeichen durch den Wald. Zum Schluss steigen wir rechts etwas hinab zu einem kleinen Bach und erreichen kurz nach seiner Überquerung wieder die D 18. Auf ihr gehen wir links zurück nach **Sauvigny-les-Bois** ❶, wo unser Auto auf einem der genannten Parkplätze steht.

TOP

↗ 20 m | ↘ 20 m | 5.7 km

42 Am Bec d'Allier

1.45 h

Eine der letzten unberührten Flusslandschaften Europas

Die Mündung des Allier in die Loire ist berühmt für ihre reichhaltige Flora und Fauna (Lehrpfad Sentier du Passeur). Die naturbelassenen Kies- und Sandbänke bieten Nistplätze für eine Vielzahl von Vogelarten.

Ausgangspunkt: Gimouille, Parkplatz am Hafen. Von Nevers auf der D 907 nach Süden, dann auf der D 976 nach Westen, kurz vor dem Allier links nach Gimouille (10 km).
Anforderungen: Die Tour ist durchgehend markiert, nur am Anfang Teerstraße; sonst ordentliche Wege, die aber etwas verwachsen oder feucht sein können.
Einkehr: Keine.
Karte: IGN 2525 SB, La Guerche-sur-l'Aubois/Magny-Cours, 1:25.000.

Vom Parkplatz am Hafen in **Gimouille** ❶ gehen wir auf dem Teersträßchen mit weiß-roten Markierungen in südwestlicher Richtung am Seitenkanal der Loire entlang. Vor der Eisenbahn wenden wir uns nach rechts und überqueren bald den Kanal auf einer Brücke. Wir folgen ihm weiter nach links auf einem ungeteerten Treidelpfad. Kurz vor der Kanalbrücke von Guétin steigen wir auf einem Weg (ab jetzt Markierungen eines Lehrpfades) rechts hinab in den Auwald. Unmittelbar vor der Straßenbrücke über den Allier halten wir uns links und gehen dann rechts unter der **D 976** ❷ hindurch. Dann nehmen wir den linken Ast des Lehrpfades entlang der Brücke zum Allier. Diesem folgen wir rechts durch unberührten Auwald. Auf der gesamten Wegstrecke des Sentier du Passeur vermitteln Lehrtafeln wichtige

Viele Freizeitkapitäne nutzen den Seitenkanal der Loire bei Gimouille.

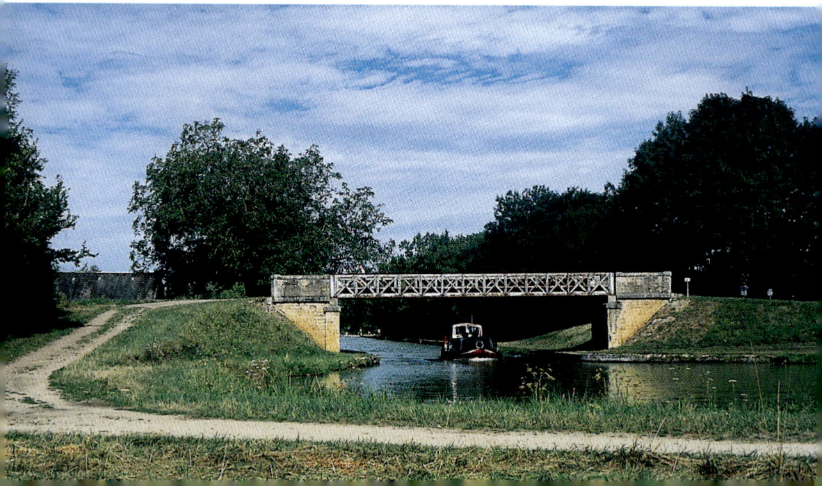

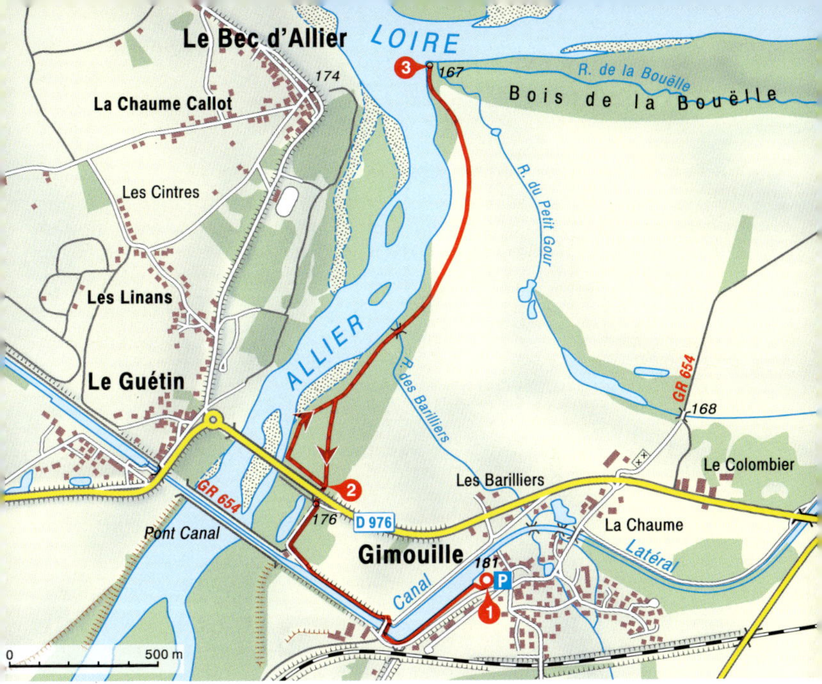

Informationen über diese einzigartige Naturlandschaft und ihre Bewohner. Zum Teil können wir das Werk der Biber sehen. Nach einem verlandeten See vereinigen sich beide Wege wieder; unsere Markierungen führen uns weiter flussabwärts durch den Auwald. Nach der Tafel 6 überqueren wir auf einer Brücke den Ruisseau des Barilliers und der Weg erreicht kurz darauf eine offene Wiesenlandschaft. Nach gut 500 m erreichen wir den Bois de la Bouëlle, einen herrlichen Auwald, und schon bald den Beobachtungspunkt am **Bec d'Allier** ❸. Hier am Zusammenfluss von Loire und Allier können wir nochmals die eindrucksvolle Wildflusslandschaft bewundern und auf den Kies- oder Sandbänken Vögel beobachten. Auch zahlreiche Fische, wie z. B. der Lachs, tummeln sich in dem klaren Wasser. Der Rückweg erfolgt zunächst auf derselben Route. Nach dem Bach von Barilliers halten wir uns an der oben erwähnten Gabelung links und gehen den Alternativweg zurück zur Straßenbrücke, die wir nun geradeaus unterqueren. Dann erreichen wir auf dem bekannten Weg wieder unseren Parkplatz in **Gimouille** ❶.

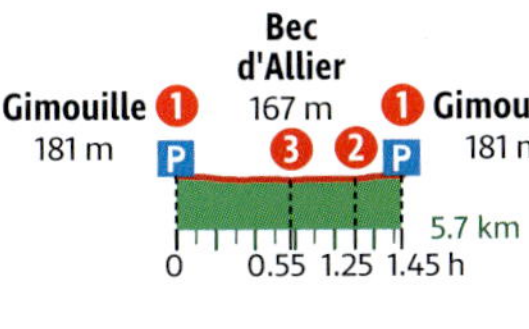

↗ 370 m | ↘ 370 m | 11.2 km

43 Mont de Rome-Château, 546 m

3.45 h

Ein »Berg« mit einer fantastischen Rundsicht

Wiesen, Felder, Wald, Weinberge und malerische Dörfer prägen diese Tour. Höhepunkt ist das 360°-Panorama vom Mont de Rome-Château mit einer seltenen und geschützten Flora, die von März bis Juli besonders schön blüht. Vielleicht können Sie hier auch eine Smaragdeidechse oder eine gelbgrüne Zornnatter entdecken.

Ausgangspunkt: Mazenay, 372 m, Parkplatz im Zentrum; dort auch Haltestelle einer Buslinie von Couches und Nyon. Von Autun kurz auf der N 80, dann auf der D 978 nach Osten bis Couches, links auf der D 1 nach Mazenay.
Anforderungen: Die Tour verläuft auf meist ordentlichen Wegen, nur unterbrochen von kürzeren Passagen auf Asphalt. Bis auf einen Abschnitt, der keine Orientierungsprobleme bietet, ist sie durchgehend und ausreichend markiert. Etwas Aufmerksamkeit erfordern die zum Teil etwas steilen An- und Abstiege.
Einkehr: Unterwegs keine; nur am Ausgangsort.
Tipp: Sehenswert sind in der Umgebung das Renaissanceschloss von Sully (das Fontainebleau Burgunds), die Burg von Couches (15. Jh.) und das Städtchen Nolay mit Markthallen aus dem 14. Jh. und einer Kirche aus dem 15.–17. Jh.
Karte: IGN 3025 OT, Beaune, 1:25.000.

Vom Parkplatz in **Mazenay** ❶ wandern wir auf der D 1 (nicht auf der D 225!) nach Süden ohne Markierung. Nach den letzten Häusern nehmen wir noch vor der Abzweigung einer Teerstraße rechts den bewaldeten Fahrweg Chemin des Prés Virats bergauf zur **D 225** ❷. Hier halten wir uns links über Felder, bis nach ca. 650 m links ein Wiesenweg abzweigt (Pfosten an einer Hecke mit gelb-roter Markierung). Von Bäumen gesäumt geht es nun bergab nach **Cromey-le-Bas** ❸. Nach einer Bachbrücke queren wir die D 1 schräg nach rechts versetzt und steigen auf der Rue du Château über Wiesen und durch Weinberge teils steil bergauf nach **Cromey-lès-Hauts** ❹. Dort nehmen wir den zweiten Weg rechts mit gelb-roter Markierung (Au Fil des Vignes

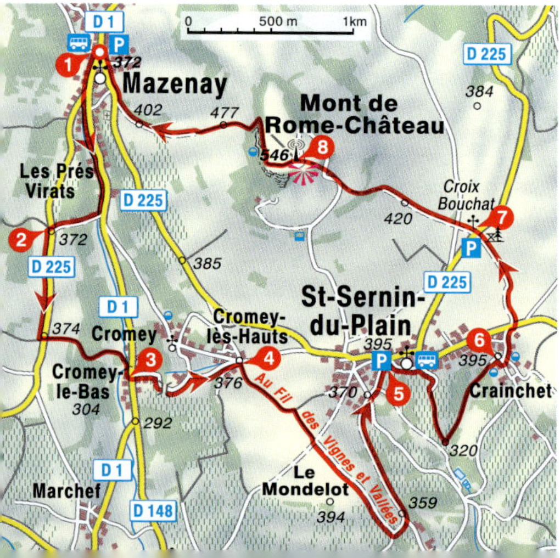

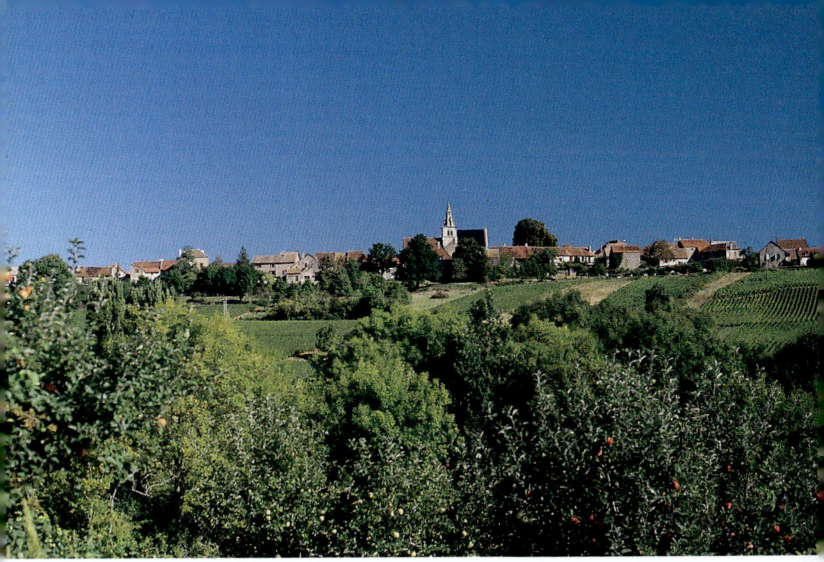

Aussichtsreich liegt St-Sernin-du-Pain.

et Vallées). Fast eben geht es über die aussichtsreiche Hochebene. An einer Gabelung rechts und einer Kreuzung geradeaus folgen wir stets unseren Zeichen und beginnen nach gut 1 km mit unserem Abstieg durch Weinberge zu einem Querweg, wo wir links abbiegen. Schon nach 100 m mündet von rechts ein Teersträßchen, wir bleiben aber auf unserem Schotterweg nach links sanft bergauf mit guter Sicht auf die umliegenden Dörfer und Weinberge. Er mündet als Chemin du Mondelot in die Rue de Nyon und quert diese geradeaus Richtung Mercey (Tafel) ins Zentrum von **St-Sernin-du-Plain** ❺.

An der Hauptstraße biegen wir rechts ab und ebenso an der nächsten Seitenstraße (Rue dessous), bis nochmals rechts ein geschotterter Fahrweg (Passage de la Gringuelette) abzweigt, der sich später als gelb-rot markierter Fußweg fortsetzt. Durch Weinberge steigen wir nun bergab bis kurz vor eine Schotterstraße. Hier weisen unsere gelb-roten Zeichen wieder bergauf. Durch Weinberge und an einer Quelle vorbei, erreichen wir in **Crainchet** ❻ ein Teersträßchen (30 Min.).

Hier halten wir uns rechts und an der nächsten Gabelung links (Rue de Crainchet). Ohne Markierung geht es nun weiter, und an der folgenden Abzweigung biegen wir rechts ab, um auf eine Gemeindestraße zu treffen. Wir überqueren sie geradeaus und nehmen den gelb markierten Feldweg mit guter Sicht auf den markanten Mont de Rome-Château, bis wir beim **Croix Bouchat** ❼ mit einem Park- und Picknickplatz auf die D 225 treffen.

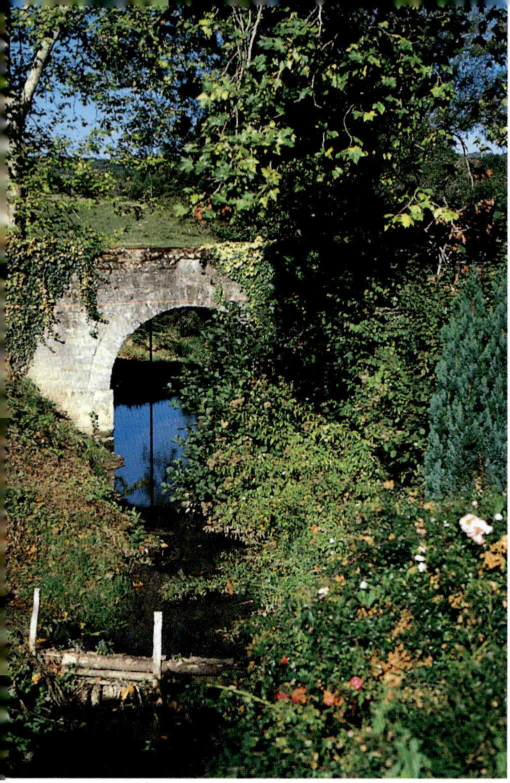

Alte Brücke in Dracy-lès-Couches.

Wir überqueren sie und kurz darauf eine weitere Straße geradeaus und wandern auf einem Fahrweg mit gelb-roter Markierung über Wiesen zum Fuß des **Mont de Rome-Château**. Dann teilweise durch Wald und an Felsen vorbei, steigen wir kräftig bergauf und tangieren bzw. queren die Zufahrtsstraße, bis wir bei einem Sendemast den **Gipfel** 8 des Berges (546 m) erreichen. Er bietet uns eine fantastische Rundumsicht auf die hügelige Landschaft mit Wiesen, Wald, Weinbergen und idyllischen Orten.
Vom höchsten Punkt folgen wir unserem gelb-rot markierten Weg geradeaus und dann in einer Rechtskurve am Plateaurand entlang. Er führt durch ein Schutzgebiet (Sentier de découverte de la flore) mit seltenen Pflanzen, die besonders auf Wiesen mit kalkhaltigem Untergrund gedeihen. Vor allem in den Monaten März bis Juli ist die Blütenpracht besonders eindrucksvoll. Bitte berücksichtigen Sie das Verbot, Pflanzen zu pflücken!
Vom Rand des Gipfelplateaus führt dann der markierte Pfad links – zunächst über Treppen – steil mit einer weiten Sicht über Wiesen und Kuhweiden oberhalb der Felsen bergab. Er geht später in einen Schotterweg über und trifft im Tal auf die D 225. Auf ihr wandern wir rechts nach **Mazenay** 1 (hier als Rue du Bréchau bezeichnet) und dort stets geradeaus, bis wir im Zentrum auf die D 1 mit unserem Parkplatz treffen.

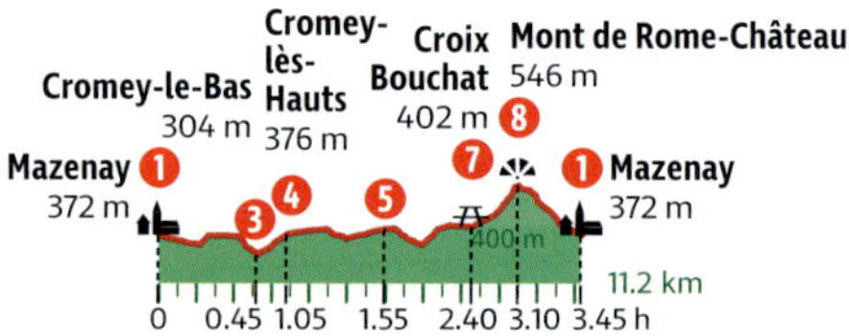

↗ 20 m | ↘ 20 m | 8.7 km

2.30 h

Seen bei Pierre-de-Bresse

44

Die typische Landschaft der burgundischen Bresse

Diese Wanderung verläuft durch die Heimat der berühmten Bresse-Hühner. Seen mit Schwänen, Enten, Moor und Schilf sowie Wiesen, Maisfelder und kleine Wälder prägen diese Kulturlandschaft. Im Schloss von Pierre-de-Bresse wurde jüngst ein Eco-Museum eingerichtet.

Ausgangspunkt: Schloss von Pierre-de-Bresse, Parkplatz. Auf der D 13 von Louhans nach Norden (32 km).
Anforderungen: Die Tour ist durchgehend und bis auf den Anfang ausreichend markiert. Meist ordentliche Wege, ein längerer Abschnitt mit Teerbelag.
Einkehr: Unterwegs keine; nur am Ausgangsort selbst.
Karte: IGN 3125 SB, Pierre-de-Bresse/St-Martin-de-Bresse, 1:25.000.

Die eindrucksvolle Fassade des Schlosses von Pierre-de-Bresse.

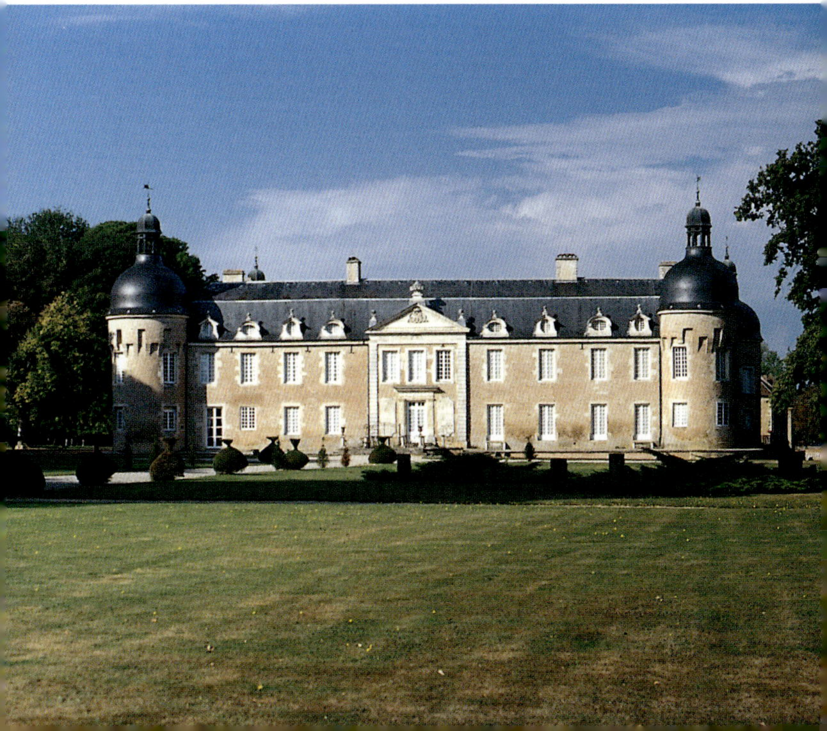

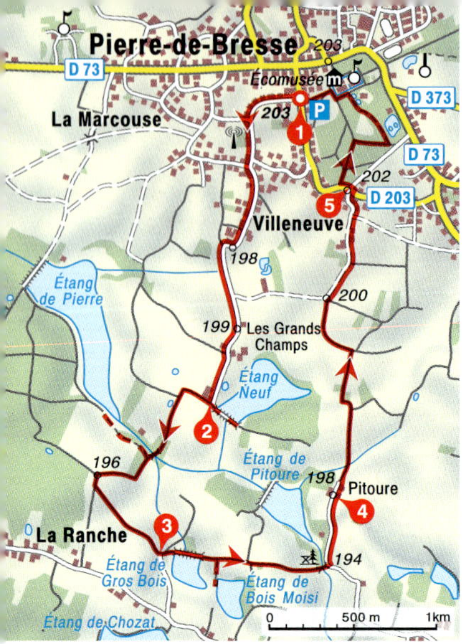

Vom Parkplatz in **Pierre-de-Bresse** 1 nehmen wir gegenüber die Rue des Maubards mit einer lang gezogenen Linkskurve durch den Ort. Wir biegen nicht nach rechts ab, sondern gehen weiter geradeaus durch den Vorort. Die Markierung ist in diesem Abschnitt unbedingt verbesserungswürdig. An einer Gabelung nehmen wir leicht links die Rue des Grands Champs über Wiesen und Felder am gleichnamigen Gehöft vorbei. Am Ortsende setzt auch eine deutliche gelbe Markierung ein. An einer Gabelung nach dem Bauernhof endet die Asphaltstraße, nach links könnten wir einen Abstecher (wenige Minuten) zum malerischen **Étang Neuf** 2 unternehmen.

Zurück bei der Gabelung geradeaus (ansonsten rechts) wandern wir auf einem gelb markierten Feldweg, der eine lang gezogene Linkskurve beschreibt. Danach geradeaus überqueren wir in einem Wäldchen auf einer Brücke den Zufluss zum Étang de Pierre. Auch zu diesem moorigen See lohnt sich ein Abstecher (300 m nach rechts).

Der Normalweg führt an dieser Gabelung geradeaus weiter über Felder mit Blick auf Pierre-en-Bresse. An zwei kurz aufeinanderfolgenden Kreuzungen halten wir uns links und tangieren nach gut 500 m über Wiesen ein Teersträßchen. Wir bleiben auf unserem Feldweg geradeaus (Circuit des étangs) und passieren den malerischen **Étang de Gros Bois** 3 mit seiner interessanten Flora und Fauna.

300 m später können wir nach rechts einen weiteren kurzen Abstecher zum benachbarten Étang de Bois Moisi unternehmen. Stets geradeaus auf unserem Fahrweg erreichen wir bei einem Wäldchen einen Picknickplatz. Wir überqueren dann links auf einer Brücke einen kleinen Bach und treffen auf eine Schotterstraße. Auf ihr wandern wir links zur alten Farm von **Pitoure** 4.

Etwas links vom Weg liegt versteckt der gleichnamige See.

Nach dem Gehöft folgen wir geradeaus stets den gelben Markierungen über Wiesen und Felder (an

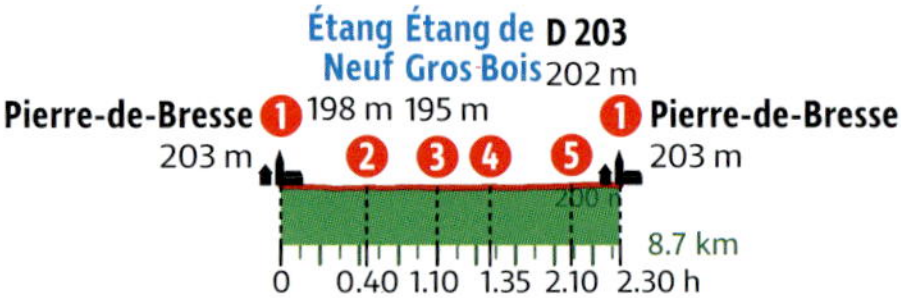

zwei Gabelungen geht es nach links) bis zu einer Kreuzung nach ungefähr 1,3 km. Hier nehmen wir geradeaus den markierten Schotterweg stets nach Norden. Bei den ersten Häusern von Pierre-de-Bresse beginnt die Teerstraße (Rue du Parc). Wir unterqueren die ehemalige Eisenbahnlinie und treffen auf die **D 203** ❺. Hier links und gleich wieder rechts betreten wir nun den Schlosspark. Wir folgen aufmerksam den gelben Zeichen durch den Park bis zum malerischen Schlossweiher mit einem großen Monolithen. Dort halten wir uns links und erreichen das Schloss. Hier biegen wir wieder links ab und gehen auf der Auffahrtsallee zurück zum Parkplatz vor dem Schloss von **Pierre-de-Bresse** ❶.

Dichte Vegetation säumt das Ufer des Étang de Ramouille (östl. der Tour an der D 73).

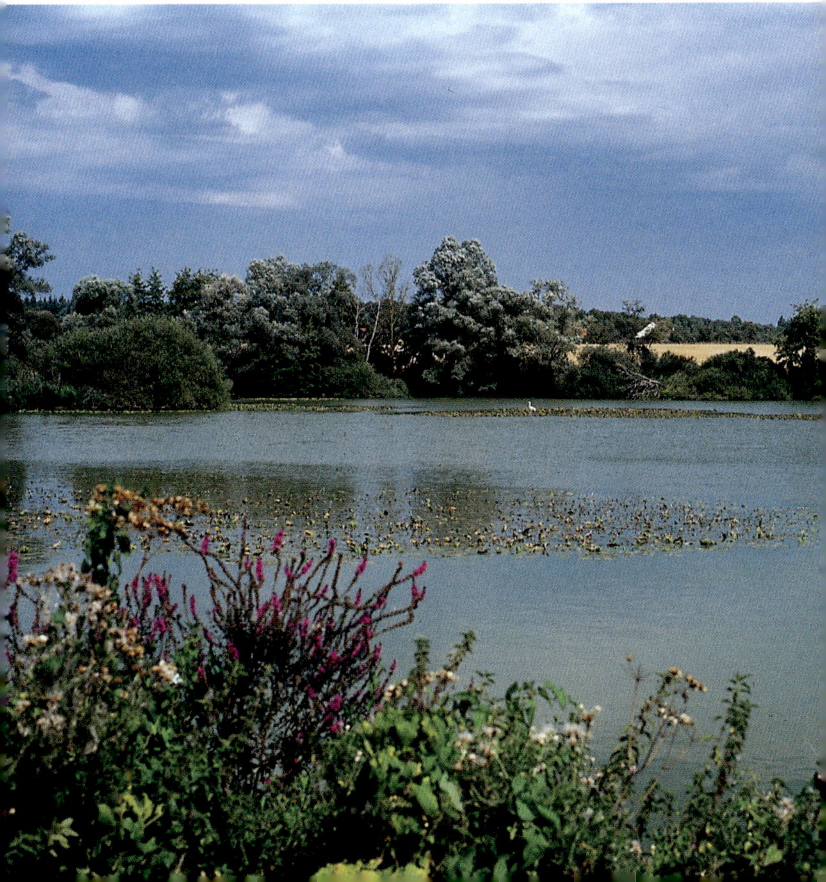

↗ 190 m | ↘ 190 m | 8.6 km

45 Das Waldgebiet von St-Sernin

3.00 h

Natur und Kultur in der Nähe einer Industriestadt

Der Stausee von St-Sernin fügt sich ideal in die hügelige Landschaft, die vom großen Wald von St-Sernin beherrscht wird. Er bietet – außer an Wochenenden – viel Ruhe und Erholung. Die ehemalige Priorei von St-Sernin (14. Jh.) ist der kulturelle Höhepunkt auf der Wanderung.

Ausgangspunkt: St-Sernin-du-Bois, Parkplatz am See bei der Post. Von Autun auf der N 80 in südöstlicher Richtung fahren, nach ca. 7 km links auf die D 138 über Antully nach St-Sernin-du-Bois.
Anforderungen: Die Tour ist gut und durchgehend markiert. Meist passable Fuß- oder Forstwege, einige Abschnitte sind geteert. Die An- und Abstiege vom Plateau sind teilweise etwas steil.
Einkehr: Unterwegs keine, nur am Ausgangsort.
Tipp: Ganz in der Nähe liegt die alte Industriestadt Le Creusot mit der ehemaligen Villa der Industriellenfamilie Schneider (Château la Verrerie) sowie zwei Museen.
Karte: IGN 2925 SB, Autun/Le Creusot, 1:25.000.

Vom Parkplatz in **St-Sernin-du-Bois** ❶ nehmen wir den Fußweg entlang der D 138 am Ufer des malerischen Étang de St-Sernin nach Süden ins Zentrum des Ortes. Unterwegs passieren wir die ehemalige Priorei mit einem Restaurant und überqueren am Ende des Sees rechts die Staumauer. Dann folgen wir rechts auf einem Sträßchen noch für kurze Zeit dem Westufer, bis links die Route de Thomas Louis (weiß-rote Zeichen) abzweigt. Auf ihr geht es nun im Wald bergauf, nach 600 m wird eine Seitenstraße nach rechts ignoriert. Wir gehen in lichtem Wald leicht bergab nach Les Fontaines und nehmen dort rechts das markierte Teersträßchen nach **Le Bas-de-Chêne** ❷.
Vor einem schlossartigen Haus verlassen wir rechts die Zufahrtsstraße und steigen auf dem weiß-rot markierten Weg meist im Wald teilweise kräftig bergauf, bis wir nach 25 Minuten bei **Les Germenets** ❸ auf ein Teersträßchen treffen. Nun geht es in einem dichten Laubwald rechts sanft bergauf zu einer Kreuzung (Teerstraße nach rechts, GR geradeaus). Wir biegen links ab und wandern auf dem geschotterten Fahrweg mit Teerresten und gelber Markierung fast eben im Wald weiter

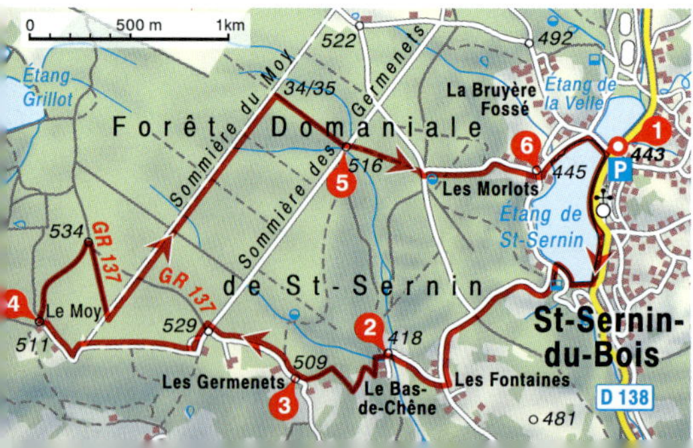

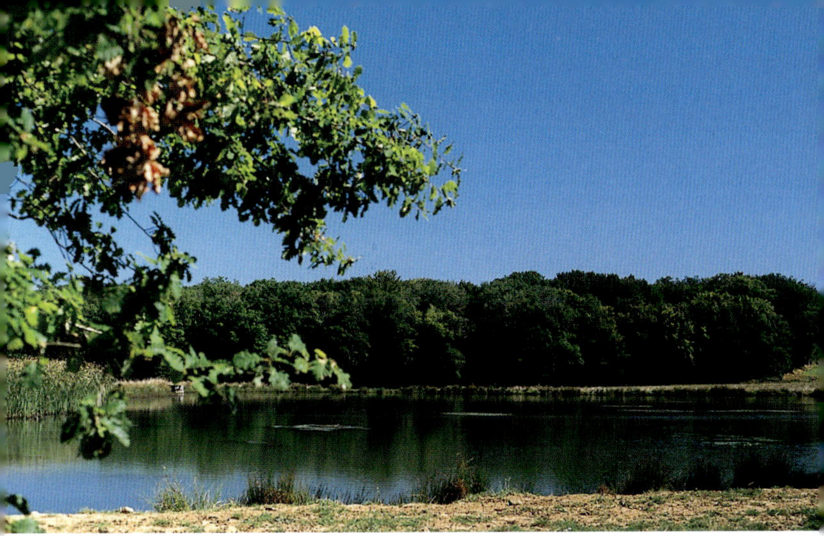

Der Étang de la Noue (ca. 3 km nordwestl. der Tour an der Gabelung von N 80 und RF).

bis zu einem Querweg. Hier halten wir uns links und erreichen nach einer Rechtskurve leicht im Wald bergab die zwei Häuser von **Le Moy** 4.
Dort folgen wir den gelben Markierungen im Wald rechts etwas hinauf zu einer Kreuzung. Hier nehmen wir scharf rechts den GR 137 bis zur geschotterten Forststraße Sommière du Moy (hier links). Auf ihr wandern wir stets geradeaus für ca. 1,4 km durch den Forst von St-Sernin. Während der GR schon nach gut 200 m rechts abbiegt, beachten wir die gelben Zeichen. Nach ca. 25 Min. müssen wir die Markierung Nr. 34/35 der Forstverwaltung beachten und nach rechts unsere gerade Schneise verlassen. Der gelb markierte Pfad führt durch einen dichten, fast urwaldartigen Mischwald leicht bergab zur geteerten Forststraße **Sommière des Germenets** 5, die wir geradeaus überqueren. Hauptsächlich unter Eichen wandern wir auf dem gelb markierten Pfad weiter zu einem zweiten Teersträßchen. Dort nehmen wir das schmale Sträßchen geradeaus (Rue des Morlots) im Wald mit Blick auf St-Sernin teilweise steil hinab in den Ort **Les Morlots** 6 bis zu einer Querstraße. Dort biegen wir links ab und folgen dem Westufer des malerischen Étang de St-Sernin nach Norden, bis ein gelb markiertes Sträßchen rechts zwischen den zwei Seearmen zur D 138 führt. Dort links stoßen wir gleich auf unseren Parkplatz bei der Post in **St-Sernin-du-Bois** 1.

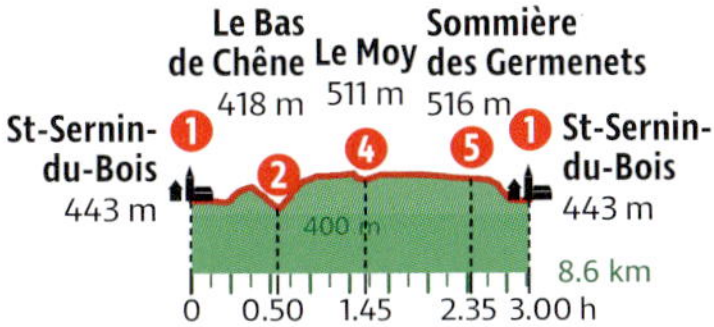

↗ 70 m | ↘ 70 m | 17.8 km

46 Die Bresse bei St-Germain-du-Bois

5.00 h

Eine liebliche Seenrunde im Osten Burgunds

Der Wanderer erlebt hier die Schönheiten und Vielfalt der burgundischen Bresse: eine hügelige Landschaft mit vielen malerischen Seen, saftigen Wiesen und kleinen Wäldern. In St-Germain-du-Bois kann man ein interessantes Museum zum Thema Landwirtschaft besichtigen. Hier dominieren Maisanbau und die Zucht der berühmten weißen Bresse-Hühner mit ihrem roten Kamm und den blauen Füßen.

Ausgangspunkt: St-Germain-du-Bois, 210 m, Parkmöglichkeiten am Marktplatz an der Kreuzung von D 970 und D 13. Von Louhans auf der D 13 nach Norden (15 km).
Anforderungen: Die Tour verläuft auf ordentlichen Wegen und kaum befahrenen Sträßchen (zahlreiche Passagen auf Asphalt). Die Markierung ist etwas problematisch: Es gibt unmarkierte Abschnitte, die Zeichen wechseln, sind verblasst oder schlecht zu erkennen. Hilfreich sind ein guter Orientierungssinn sowie eine Wanderkarte.
Einkehr: Unterwegs keine, nur am Ausgangsort.
Karte: IGN 3126 SB, Louhans/Mervans/Montret, 1:25.000.

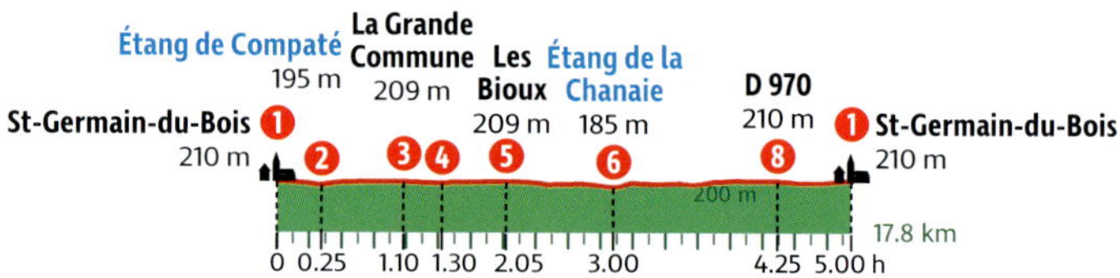

Vom Parkplatz in **St-Germain-du-Bois** ❶ gehen wir auf der D 970 nach Westen und nehmen dann links die D 24. Nach ca. 100 m biegen wir erneut links in die Rue des Bois des Dames ein und bleiben auf dieser Straße, die eine weite Rechtskurve bis zum Ortsende beschreibt, wo uns die Markierung (SG 2) nach links weist. Zunächst an einer Weide vorbei geht das von Bäumen gesäumte Sträßchen schon bald in einen Schotterweg über und passiert über einen Damm den malerisch in einer Senke gelegenen **Étang de Compaté** ❷.
Bei La Torchepotte beginnt wieder die Teerstraße und wir wandern geradeaus durch den Wald. Am Waldrand treffen wir auf eine Querstraße, der wir rechts folgen. Hier sind allerdings keine Markierungen mehr erkennbar. Schon bald passieren wir den zweiten idyllischen See, den Étang de la Commune. Wir gehen weiterhin geradeaus auf unserem Sträßchen, Abzweigungen nach rechts und links sowie in **La Grande Commune** ❸ ignorienen wir. Nun taucht eine schwache gelbe Markierung auf. Wir setzen die Wande-

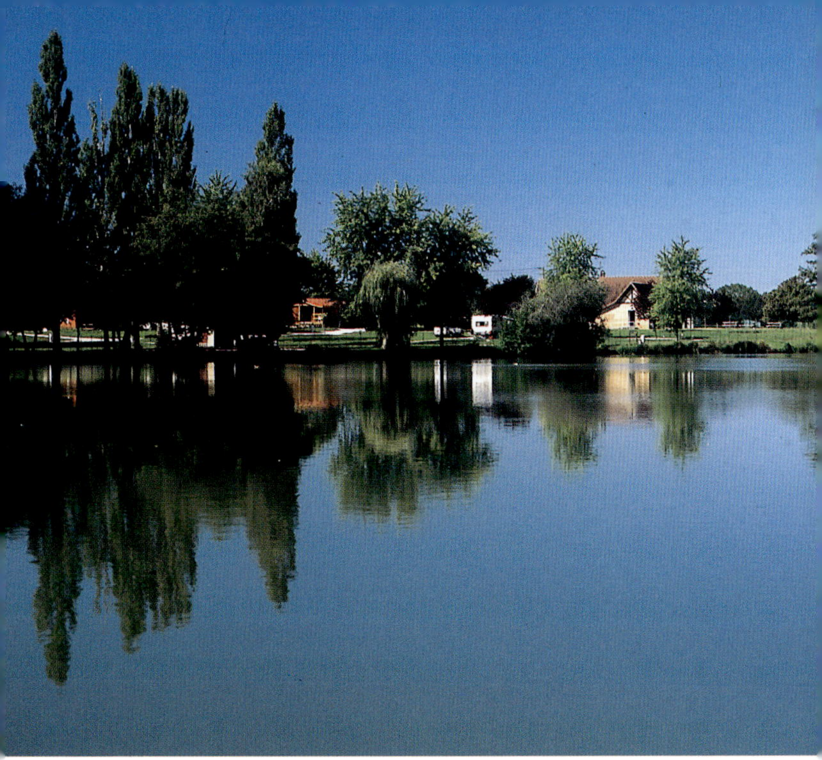

Beliebt bei Anglern: der Étang Titard.

rung über Wiesen und Felder, die gelegentlich von Bäumen gesäumt werden, fast eben fort und ignorieren weiter jegliche Abzweigung. Unmittelbar nach Unterquerung der zweiten Stromleitung bei **La Tucelle** ④ weist uns die Markierung (SG 2) nach links in die Rue du Biolet. Geleitet von gelben Zeichen geht es über Wiesen und an einem Wäldchen vorbei, bis kurz vor einem Haus ein Feldweg scharf nach links abbiegt. Achtung, hier ist keine Markierung zu erkennen. Gleich danach halten wir uns rechts über Wiesen zum Waldrand, dem wir für gut 500 m folgen. Nach einem erneuten Wiesenstück nehmen wir rechts den Weg mit Naturbelag zur D 13 bei **Les Bioux** ⑤.

Nach Überquerung der Departementstraße wandern wir geradeaus auf einem schmalen Teersträßchen fast eben über Felder und am Wald entlang sowie an einem fast verlandeten See vorbei zu den Häusern von Balosle. Dort setzen wir unsere Tour geradeaus auf dem markierten Schotterweg fort. Wenn wir wieder auf Asphaltbelag treffen, folgen wir diesem links Richtung Beausoleil über Wiesen und Weiden mit etwas Aussicht zu den gleichnamigen Häusern. Kurz darauf geht es etwas hinab zum fast zugewachsenen **Étang de la Chanaie** 6. Weiter etwas hinauf treffen wir auf die D 87, auf der wir links in 10 Minuten nach **Condé** 7 gelangen.

Nach ca. 350 m müssen wir aufpassen und rechts den schlecht markierten Feldweg nehmen, der schließlich wieder auf ein Teersträßchen trifft. Hier folgen wir links den schwachen gelben Markierungen über Wiesen zu den Häusern von La Corbière, das aussichtsreich auf einem Hügel liegt. Ohne störenden Verkehr und ohne abzubiegen, wandern wir auf unserem Sträßchen bis zu einer Gabelung bei Layer.

Nun geht es geradeaus weiter (SG 2) und an der nächsten Abzweigung rechts Richtung La Malporte. Das ruhige Sträßchen mit gelben Zeichen führt über Wiesen und Felder an typischen Bressehäusern (Fachwerk mit Backstein) vorbei. An der nachfolgenden Verzweigung (hier fehlten wieder Markierungen) halten wir uns geradeaus (nicht links nach Malporte), und kurz darauf geht es rechts Richtung Chalon (Markierung des Parcours mit rotem Herz). Am Ortsbeginn von St-Germain-du-Bois nehmen wir den Chemin des Rampes links (Markierung: ein rotes Herz und verblasste gelbe Zeichen) zur **D 970** 8, die uns links Richtung Ortsmitte leitet. Wir biegen

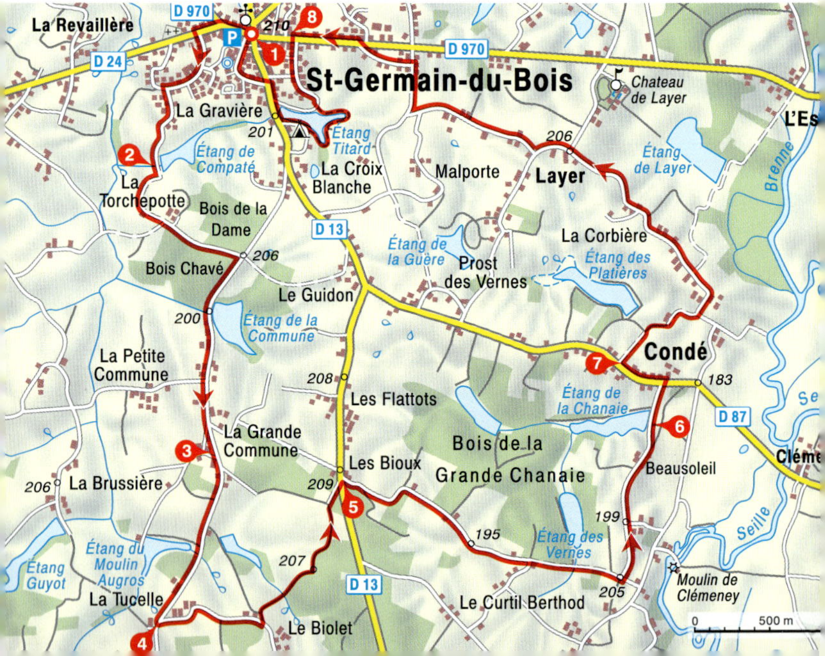

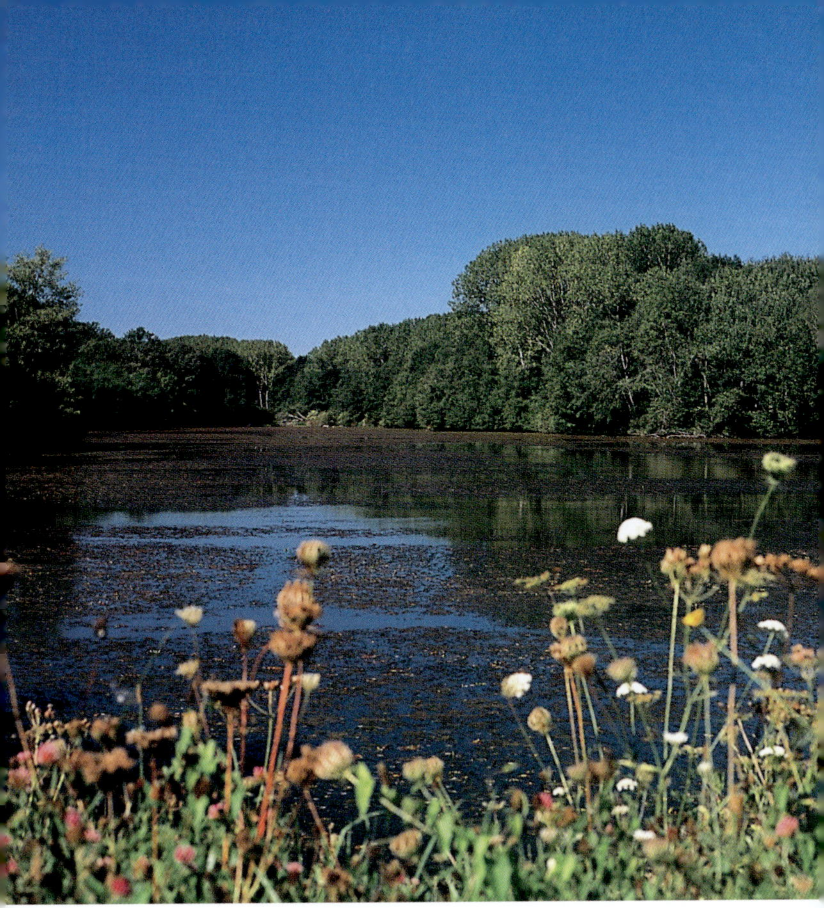

Der Étang de la Chanaie ist fast zugewachsen.

aber die nächste Straße erneut links ab (Rue Bois des Rampes) und folgen dem roten Herzen geradeaus zum Étang Titard. Am See nehmen wir links den Weg über eine kleine Brücke – leider fehlen hier wieder Markierungen – und wandern idyllisch am malerischen Südufer entlang zur D 13. Auf ihr überqueren wir rechts den Abfluss des Sees und biegen die erste Straße links ab (Rue de Futigny). An der nächsten Gabelung halten wir uns rechts und folgen den gelben Zeichen geradeaus ins Ortszentrum zur D 970 und zum Marktplatz, unserem Ausgangspunkt in **St-Germain-du-Bois** 1.

↗ 130 m | ↘ 130 m | 11.2 km

47 Der See von Rousset und die Kapelle von St-Quentin

3.00 h

Ein wunderbarer See und eine herrliche Aussicht

Malerisch fügt sich der Étang du Rousset in die hügelige Landschaft ein. Wir folgen seinem Ufer auf einer ehemaligen Bahnlinie. Von der romanischen Kirche St-Quentin (12. Jh.) genießen wir ein herrliches Rundumpanorama.

Ausgangspunkt: Étang du Rousset, Campingplatz mit großem Parkplatz. Von Charolles auf der D 33 über Viry und Marizy nach Norden, vor dem See die Straße rechts zur Mühle von Rousset und zum Campingplatz (24 km).
Anforderungen: Die Tour ist bis auf einen Abschnitt, der aber kein Problem darstellen dürfte, durchgehend und in der Regel ordentlich markiert. Meist gute Wege und Sträßchen (mehrere Teilstücke auch auf Teer).
Einkehr: Gîte in St-Quentin und Bar am Campingplatz mit saisonaler Öffnungszeit.
Karte: IGN 2927 SB, St-Gengoux-le-National/St-Bonnet-de-Joux, 1:25.000.

Vom Parkplatz am **Étang du Rousset** ❶ folgen wir dem Weg mit gelber Markierung in westlicher Richtung am Ufer des malerischen Sees. Beim Damm gehen wir links kurz zum Zufahrtssträßchen und auf ihm rechts im Wald bis zu einer Rechtskurve von neunzig Grad bei der **Mühle von Rousset** ❷. Dort nehmen wir den gelb markierten Weg, der scharf links im Wald leicht verwachsen etwas bergauf führt. An einer Kreuzung von vier Wegen nehmen wir den linken, biegen aber bereits nach 50 m rechts ab. Wir folgen stets den gelben Zeichen durch den Wald geradeaus und dann auf einem geschotterten Feldweg zur D 27. Hier halten wir uns links und beim Hof von **Vêvres** ❸ gleich wieder rechts Richtung St-Quentin.
An der nächsten Abzweigung biegen wir erneut rechts ab und bleiben stets auf unserem gelb markierten Teersträßchen. Es verläuft leicht hügelig und

Angler am Étang du Rousset.

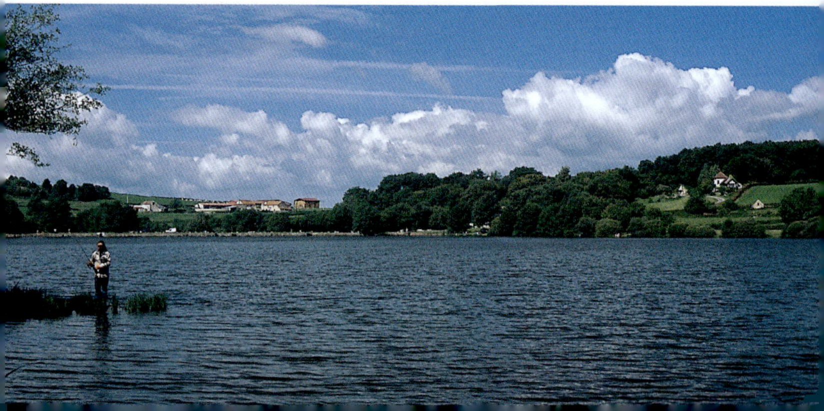

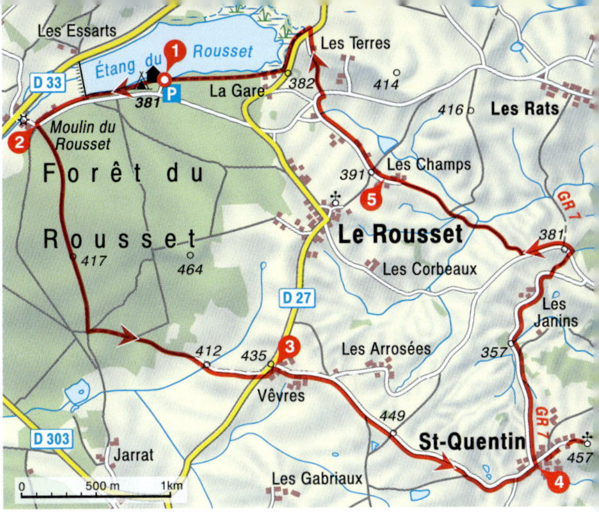

sehr aussichtsreich zwischen Hecken und Weiden mit Charolais-Rindern bis zu einer Querstraße, die uns leicht links nach **St-Quentin** ❹ bringt. Hier sollten wir unbedingt geradeaus den Abstecher (15 Min. hin und zurück) zur kleinen romanischen Kapelle aus dem 12. Jh. unternehmen, die malerisch auf einem aussichtsreichen Hügel liegt. Nach dem Abstecher nehmen wir bei der Gîte das jetzt weiß-rot markierte Teersträßchen rechts (ohne Kapellenbesuch geht es nach links), das über Weiden bergab führt, um ein Tal zu queren. Dann leicht bergauf mit Blick auf unsere Kapelle können wir kurz nach den Häusern von Les Janins links auf einem Fußweg abkürzen. Wieder auf der Straße halten wir uns links und beachten wenige Meter später die Abzweigung des GR nach rechts nicht. Unsere nun gelbe Markierung weist aber schon nach 100 m ebenfalls nach rechts in einen sandigen Feldweg. Ein blauer Pfeil auf der Straße erleichtert hier die Orientierung. Wir gehen hinab und queren ein Tal mit zwei kleinen Bächen. Nach dem zweiten Bach ignorieren wir den Pfad nach rechts mit den gelben Zeichen und folgen unserem Feldweg ohne Markierungen geradeaus weiter nach **Les Champs** ❺. Dort geht er in ein Teersträßchen über und führt leicht bergauf an den Häusern vorbei. An den folgenden zwei Abzweigungen von asphaltierten Straßen halten wir uns rechts. Knapp 100 m später zweigt in einer Rechtskurve links ein unmarkierter Feldweg ab, den wir nehmen müssen. Er geht später in einen Teerweg über und mündet auf die D 27, wo wir uns links halten. Auf ihr wandern wir in Richtung See bis vor den alten Bahnhof (La Gare). Dort biegen wir rechts ab (Pfeile und gelbe Markierung) und folgen einer alten Eisenbahntrasse über Wiesen am **Étang du Rousset** ❶ entlang. Nach einem schattigen Wald erreichen wir wieder den Ausgangspunkt beim Campingplatz.

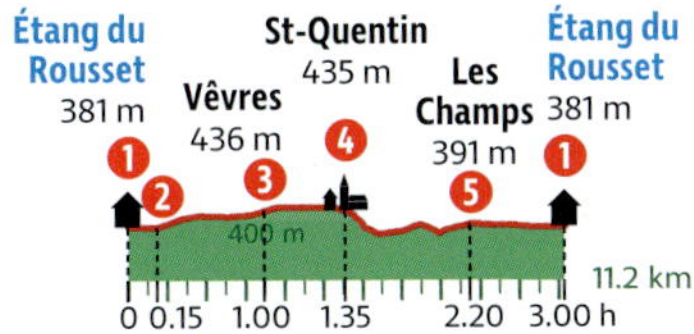

↗ 20 m | ↘ 20 m | 12.3 km

48 Von Paray-le-Monial nach Digoin

3.30 h

Eine gemütliche Wanderung am Canal du Centre

Von Paray-le-Monial mit seiner berühmten romanischen Basilika (um 1100) und seiner sehenswerten Altstadt folgen wir dem von Bäumen gesäumten Canal du Centre bis nach Digoin.

Ausgangspunkt: Paray-le-Monial, Parkplatz am Bahnhof der Linie Dijon-Moulins.
Anforderungen: Die Tour ist bis auf Anfang und Ende ordentlich markiert und verläuft auf guten, meist geteerten Wegen am Kanal.
Einkehr: Zahlreiche Restaurants in Paray-le-Monial und Digoin; sonst keine.
Hinweis: Erkundigen Sie sich am besten vor Ihrer Wanderung nach den aktuellen Abfahrtszeiten der Züge für die Rückfahrt.
Karte: IGN 2827 SB, Paray-le-Monial/ Palinges, 1:25.000.

Vom Bahnhof in **Paray-le-Monial** ❶ gehen wir auf der Avenue de la Gare zur D 979. Zuerst überqueren wir sie und dann den Canal du Centre auf einer Brücke. Anschließend halten wir uns links (Wegweiser »Les Plaines«) und folgen der künstlichen Wasserstraße stadtauswärts durch eine schöne Platanenallee. Am Ortsende (ca. 1,3 km) geht es unter einer **Brücke** ❷ hindurch, die D 979 entfernt sich vom anderen Ufer. Bäume und Wiesen mit zahlreichen Charolais-Rindern säumen von nun an den Kanal. Nach etwa 1,5 km unterqueren wir die vierspurige N 79 und passieren dann links von uns am anderen Ufer ein Fabrikgebäude (**Usine** ❸). Kurz danach

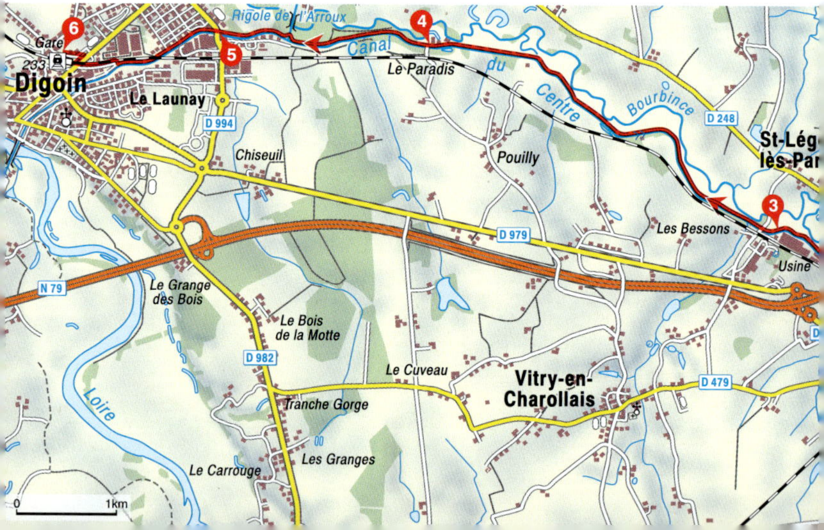

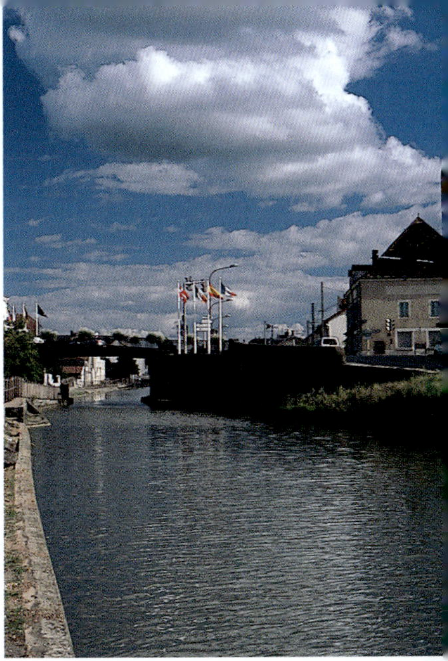

Der Canal du Centre.

treffen wir auf ein Teersträßchen. Dieses überqueren wir geradeaus und folgen weiter dem Kanal. Mehrmals tangiert die windungsreiche Bourbince unseren Weg. Nach ca. 4,2 km treffen wir auf ein weiteres Teersträßchen bei **Le Paradis ❹**.
Wir überqueren es ebenfalls geradeaus und bleiben weiter am rechten Ufer des Canal du Centre. Nach knapp 1,5 km überqueren wir auf einer Brücke einen Seitenkanal (Rigole de l'Arroux), der hier in die Hauptwasserstraße mündet.
Nach ca. 700 m queren wir die Umgehungsstraße von Digoin (**D 994 ❺**) und passieren dann zur Rechten einige Vorortsiedlungen und zur Linken eine Fabrik am anderen Ufer.
Schließlich unterqueren wir die Bahnlinie und folgen Kanal und Eisenbahn für etwa 400 m zu einer Gabelung. Hier fließt der Kanal leicht nach links, und wir nehmen geradeaus das Teersträßchen, das weiterhin entlang der Bahn verläuft. So erreichen wir die Hauptstraße in **Digoin ❻.** Die Stadt liegt am Kreuzungspunkt mehrerer wichtiger Schiffahrtsstraßen, zudem mündet hier der Arroux in die Loire.
An der Hauptstraße biegen wir rechts ab, unterqueren die Eisenbahntrasse und nehmen die nächste Straße links an den Gleisen entlang zum Bahnhof. Mit dem Zug fahren wir wieder zurück nach **Paray-le-Monial ❶**, wo unser Auto am Parkplatz steht.

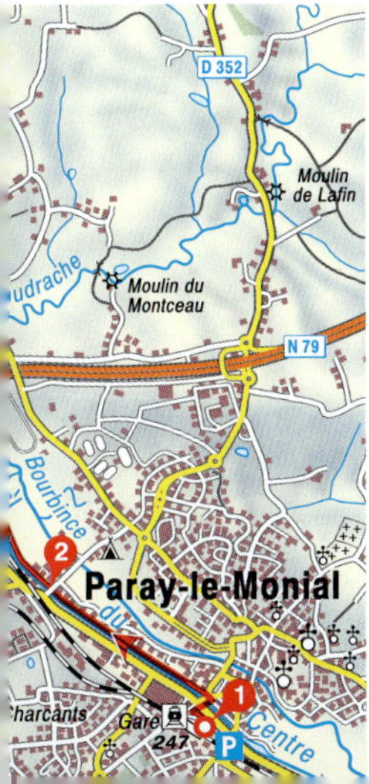

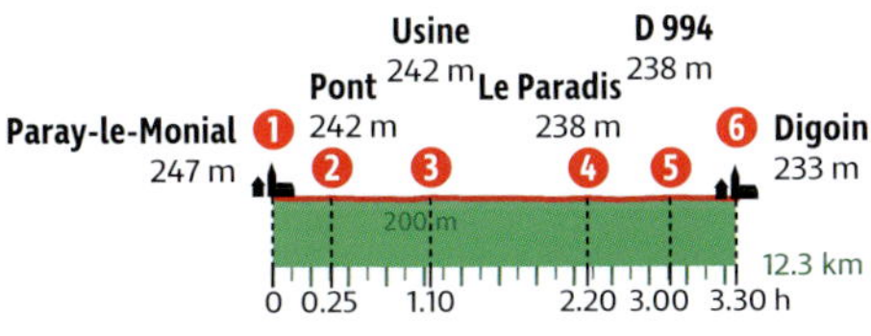

↗ 115 m | ↘ 115 m | 4.6 km

49 Rund um den Étang de Pézanin

1.20 h

Das bekannte Arboretum von Pézanin

Der malerische See von Pézanin und der kleine Weiher von La Palissade stehen im Mittelpunkt dieser Wanderung durch die hügelige Wiesen- und Weidelandschaft des Charolais. Höhepunkt ist ein Arboretum mit vielen seltenen Baumarten wie amerikanischen Sequoiakiefern oder chinesischen Lärchen.

Ausgangspunkt: Dompierre-les-Ormes, Parkplatz an der Kirche oder gegenüber vom Rathaus. Von Charolles auf der N 79 nach Osten, dann auf der D 41 nach Süden (24 km).
Anforderungen: Die Wanderung verläuft auf meist ordentlichen Wegen oder Sträßchen, die teilweise geteert sind. Die Markierung ist nicht durchgehend, auf früher markierten Abschnitten sind derzeit keine Zeichen mehr erkennbar.
Einkehr: Unterwegs keine; nur am Ausgangsort selbst.
Karten: IGN 2928 ET, Mâcon und IGN, 2928 SB, Cluny/Matour, beide 1:25.000.

Vom Parkplatz in **Dompierre-les-Ormes** ❶ gehen wir auf der D 95 in östlicher Richtung durch den Ort, bis ein Wegweiser mit der Aufschrift »La Gare« nach rechts zeigt. Wir wandern auf dem Teersträßchen bergab bis zum ehemaligen Bahnhof von **La Gare** ❷ (15 Min.) einer längst aufgelassenen Lokalbahn. Unser Sträßchen verläuft nun links (Tafel »Arborétum«) eben auf der einstigen Bahntrasse. Noch vor einer Überführung biegen wir rechts ab, um gleich links den Fußweg bergab zu nehmen, der durch das Arboretum von Pézanin führt. Es wurde 1903 vom Botaniker Philippe de Vilmorin eingerichtet und beher-

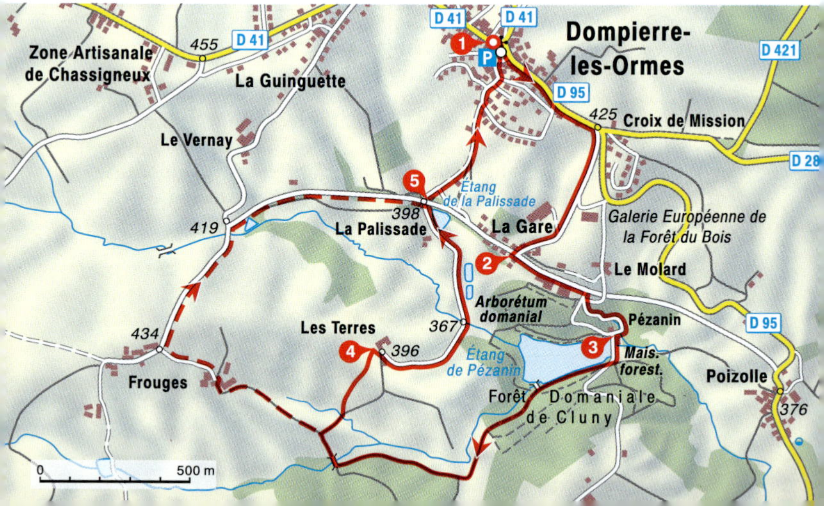

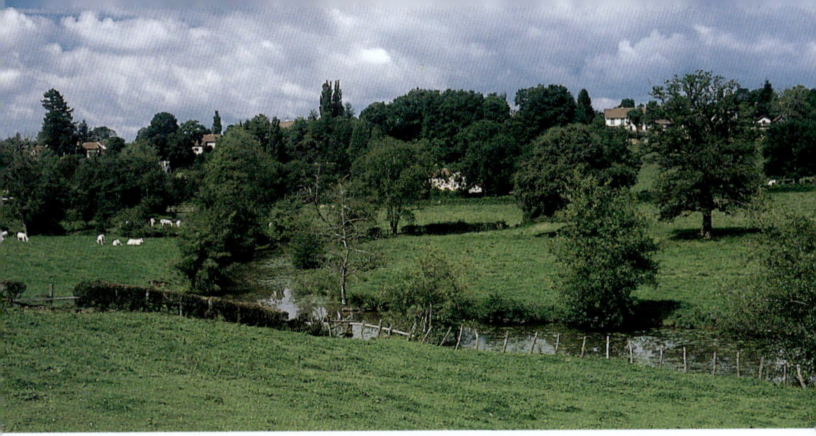

Die Region um Dompierre-les-Ormes ist die Heimat der berühmten Charolais-Rinder.

bergt Baumarten aus aller Welt. Seit 1981 ist das Gelände für die Öffentlichkeit zugänglich, informative Tafeln erklären dem Laien die Flora. Im Tal erreichen wir beim **Étang de Pézanin** ❸ wieder unser Sträßchen und überqueren auf ihm die Staumauer. Links kann man den Rest des Arboretums besichtigen. Wir gehen dann auf einem Fußweg rechts am Ufer des malerischen Sees entlang (Tafel »Carrefour des Meuniers«). An dessen Ende nehmen wir links den gelb markierten Weg durch Wald im Tal eines Baches bergauf. An zwei Abzweigungen halten wir uns rechts und gehen am Waldrand weiter bergauf bis zu einem Querweg. Auf ihm überqueren wir rechts gleich einen Bach und nehmen nach 100 m rechts den ersten Feldweg nach Les Terres. Hier sind momentan keine Markierungen mehr erkennbar!
Sollte der Bauer den Weg abgesperrt haben, folgen wir geradeaus unserer gelben Markierung zum Gehöft von Frouges, wo ein Teersträßchen einsetzt. Kurz darauf erreichen wir eine Gabelung und benutzen rechts das Sträßchen (nach 500 m nochmals rechts und dann auf der Bahntrasse), das uns zum See von La Palissade bringt (dort links). Sonst nehmen wir beim Bauernhof von **Les Terres** ❹ spitzwinkelig nach rechts die schmale Asphaltstraße leicht bergab durch eine hügelige Weide- und Wiesenlandschaft. Reste der Markierung sind hier kaum erkennbar. Nach einem Bach geht es sanft aufwärts zum idyllischen **Étang de la Palissade** ❺ (15 Min.). Kurz danach unterqueren wir die ehemalige Bahntrasse und folgen dem Teersträßchen (Chemin de la Palissade) geradeaus hinauf nach **Dompierre-les-Ormes** ❶**.** Hier halten wir uns immer an die gelben Zeichen, bis es an der letzten Gabelung links zum Parkplatz an der Kirche geht.

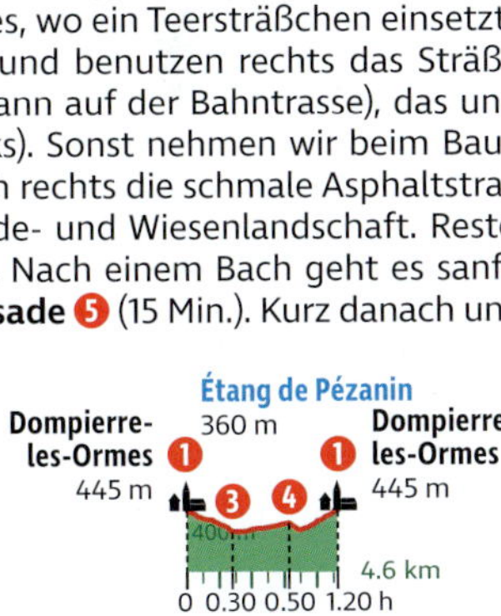

↗ 0 m | ↘ 0 m | 3.9 km

50 Stadtspaziergang Dijon

1.15 h

Kulturelle Höhepunkte in der Hauptstadt Burgunds

Die malerische Altstadt von Dijon mit zahlreichen Kirchen und Museen lädt den Besucher zum Bummeln ein, die vielen Bars, Cafés und Restaurants sorgen für angenehme Unterbrechung.

Ausgangspunkt: Dijon, 245 m, Parkplatz am Hauptbahnhof oder an der Place Darcy (gebührenpflichtig).
Einkehr: Unterwegs zahlreiche Restaurants, Cafés und Bars.
Karten: Stadtpläne und Broschüren sind im Office du Tourisme erhältlich.

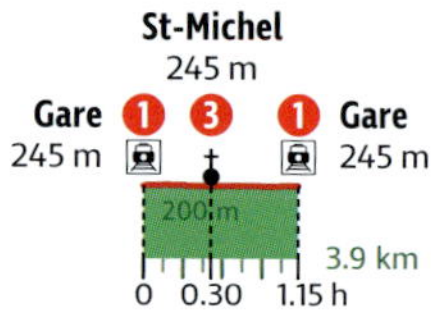

Vom Parkplatz am **Bahnhof** ❶ gehen wir auf der Avenue Maréchal Foch nach Osten zur Place Darcy, weiter über die Rue de la Poste zur Place Grangier und geradeaus in die Rue Musette, dem Beginn des alten Dijon. Hier biegen wir rechts in die Rue F. Rude, dann links in die **Rue des Forges** ein, die belebteste Straße der Altstadt mit vielen sehenswerten Häusern: Hôtel Morel-Sauvegrain (Nr. 52, 54, 56) mit einer Fassade aus dem 15. Jh., Hôtel Aubriot (Nr. 40, 13. Jh.), Maison Milsand (Nr. 38) mit einer Renaissancefassade (1561) und Hôtel Chambellan (Nr. 34, 15. Jh.).

Die sehenswerte Altstadt von Dijon.

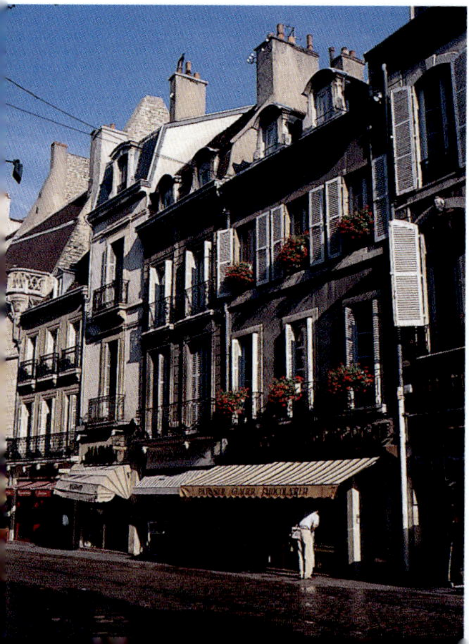

Wir erreichen die **Place Notre-Dame,** wo wir die Straße nach links verlassen, um nach 50 m die gleichnamige **Kirche** ❷ zu erreichen, einem schönen Beispiel gotischer Kunst (1230–1250) mit einer reichen Fassade und einem Uhrturm sowie Fresken (15. Jh.) und einer Marienstatue (11. Jh.). Am Nordende nehmen wir rechts die Rue de la Chouette mit dem **Hôtel de Vogüé** (Anfang 17. Jh.) mit farbigen Dachziegeln und einem Renaissanceportikus. Danach biegen wir links in die **Rue Verrerie** ein mit schönen Fachwerkhäusern (Nr. 8, 10, 12, 28). Anschließend biegen wir rechts ab in die Rue Chaudronnerie und nochmals rechts in die

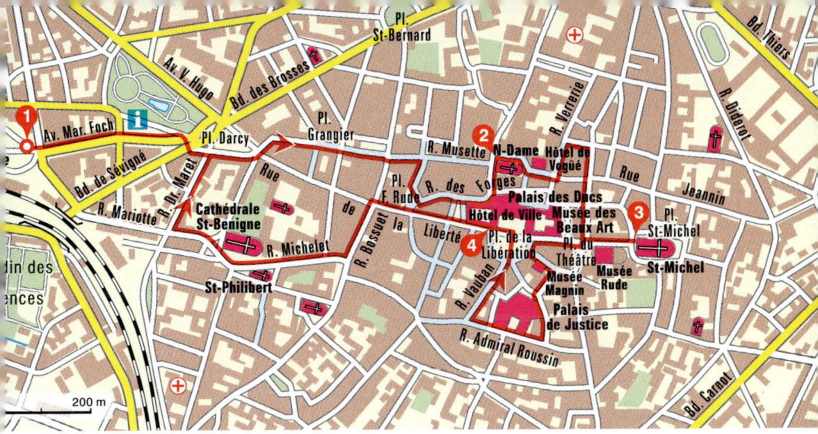

Rue Lamonnoye und gelangen zur **Place du Théâtre**. Hier bietet sich nach links ein Abstecher (100 m) über die Rue Vaillant zur **Place St-Michel** ❸ mit der gleichnamigen **Kirche** im gotischen Flamboyant-Stil (16. Jh.) und einer Renaissancefassade an. Zurück an der Place du Théâtre gehen wir auf der Rue Rameau zur **Place de la Libération**. Dort geht es gleich links in die Rue des Bons Enfants zum **Musée Magnin** mit einer umfangreichen Gemäldesammlung (u.a. von Tiepolo und Géricault). Dann bummeln wir links durch die Rue P. Pot zum **Justizpalast** mit einer schönen Renaissancefassade. Wir setzen unseren Weg links durch die Rue du Palais fort zur **Stadtbibliothek** mit wertvollen Handschriften, die in einer ehemaligen Kapelle einen der prächtigsten Lesesäle Frankreichs besitzt. In der Rue Amiral Roussin sehen wir links die schöne Fassade des Hôtel Fyot-de-Mimeure (Nr. 23) und den Hof des Hôtel de Bretagne (Nr. 29). Wir biegen rechts in die Rue Vauban ab und bewundern gleich links ein Fachwerkhaus (Nr. 16) sowie rechts die Renaissancefassade des Hôtel Legouz de Gerland (Nr. 21). Wir passieren ein weiteres Palais (Nr. 12: Hôtel Bouhier) und erreichen erneut die Place de la Libération. Der dortige **Herzogspalast** (**Palais des Ducs** ❹, 14.–18. Jh.) mit drei groß angelegten Höfen beherbergt das einzigartige Kunstmuseum mit einer reichen Gemäldesammlung von Alten Meistern bis zur Moderne (z. B. Monet, Boudin, Sisley) und religiösen Kunstwerken. Der größte Schatz sind die Grabmäler burgundischer Herzöge. Auf der Rue de la Liberté gehen wir nach Westen bis zur Rue Bossuet, der wir links folgen, um rechts in die Rue Michelet einzubiegen. Fast am Ende erhebt sich links die Kirche **St-Philibert** (12.–15. Jh.) mit einem schönen Westportal. Zur Rechten sehen wir die gotische **Kathedrale St-Bénigne** (13. Jh.) mit einem romanischen Portal. Im Inneren ist noch teilweise die romanische Rotunde erhalten. Über die Rue Mariotte und die Rue du Dr.-Chaussier zur Place Darcy geht es links auf der Avenue Maréchal Foch zurück zum **Bahnhof** ❶.

STICHWORTVERZEICHNIS

FRANZÖSISCHE BEGRIFFE FÜR WANDERER

Französisch	Deutsch	Französisch	Deutsch
abri	Unterstand für Wanderer	cirque	Felsenkessel
aide	Hilfe	clôture	Zaun
altitude	Höhe	col	Pass
année	Jahr	colline	Hügel
arrêt	Haltestelle	combe	Schlucht
arrivée	Ankunft	corniche	Höhenstraße, Felsgrat
attention	Achtung	crête	Grat, Bergkamm
auberge	Herberge	danger	Gefahr
averse	Regenschauer	danger d'incendie	Brandgefahr
bagage	Gepäck	déjeuner	Mittagessen
balade	Wanderung, Spaziergang	départ	Abfahrt
balisage	Markierung	descente	Abstieg
barrage	Staumauer	déviation	Umleitung
barrière	Schranke	différence de niveau	Höhenunterschied
bas	niedrig	digue	Damm
belvédère	Aussichtspunkt	dîner	Abendessen
bicyclette	Fahrrad	direction	Richtung
bifurcation	Gabelung	distance	Entfernung
boire	trinken	docteur	Arzt
bois, forêt	Wald, Forst	donjon, tour	Turm
boisson	Getränk	droite	rechts
botanique	pflanzenkundlich	durée	Dauer
brouillard	Nebel	écluse	Schleuse
bus	Bus	eau	Wasser
cabane	Hütte	eau potable	Trinkwasser
calcaire	Kalk	église	Kirche
camping	Campingplatz	embranchement	Abzweigung
canal	Kanal	en amont	flussaufwärts
carrefour	Kreuzung	en aval	flussabwärts
carrière	Steinbruch	en descandant	bergab
carte	Karte, Landkarte	en montant	bergauf
cascade	Wasserfall	ermitage	Einsiedelei
centre	(Orts-)Zentrum	est	Osten
champ	Feld, Acker	étang	Weiher
chambre	Zimmer	ferme	Bauernhof
chapelle	Kapelle	feu	Feuer
chasse	Jagd	fontaine	Brunnen, Quelle
château	Schloss	fosse	Graben
chemin	Weg	forêt, bois	Forst, Wald
chemin de fer	Eisenbahn	gare	Bahnhof
cheval, chevaux	Pferd, Pferde	gauche	links
chien	Hund	gîte d'étape	Wanderunterkunft
chute de pierres	Steinschlag	glissement	Berg-/Erdrutsch
circuit	Rundweg		

gorge	Schlucht	place	Platz
grand, -e	groß	plaine	Ebene
GR – Grande Randonnée	Weitwanderweg	plateau	Hochebene
grotte	Grotte, Höhle	pluie	Regen
gué	Furt	point de vue	Aussichtspunkt
haut	hoch, oben	pont	Brücke
hauteur	Höhe	poulet	Hühnchen
heure	Stunde	PR – Petite Randonnée	kurzer Wanderweg
hôpital	Krankenhaus	pré	Wiese
hôtel	Hotel	proche, près	nah
impasse	Sackgasse	profond	tief
inondation	Überflutung	promenade	Spaziergang
interdit	verboten	pylon	Sendemast
jour	Tag	repas	Mahlzeit
lac	See	réservoir	Stausee
lisière	Waldrand	restaurant	Restaurant
loin	fern	rive	Ufer
long	lang	rivière	Fluss
marais	Sumpf	roc, rocher	Fels
mairie	Rathaus	route	Straße
maison	Haus	route asphaltée	Teersträßchen
Maison Forestière	Forsthaus (=MF)	route forestière	Forststraße (= RF)
manger	essen	rue	Straße
marécage	Moor	ruine	Ruine
merci	danke	ruisseau	Wildbach
mètre	Meter	sac à dos	Rucksack
mois	Monat	secours	Hilfe, Hilfsdienst
montagne, mont	Berg, Gebirge	semaine	Woche
montée	Aufstieg	sentier	Pfad
moulin	Mühle	s'il vous plaît	bitte
musée	Museum	site	Sehenswürdigkeit
neige	Schnee	soleil	Sonne
neuf, neuve	neu	sommet	Gipfel
nord	Norden	source	Quelle
Office de Tourisme	Touristeninformation	sud	Süden
orage	Gewitter	temps	Wetter
ouest	Westen	tour, donjon	Turm
pardon?	wie bitte?	tout droit	geradeaus
parking	Parkplatz	train	Zug
pays	Land	vache	Kuh
petit, -e	kurz, klein	vallée	Tal
petit déjeuner	Frühstück	vent	Wind
pique-nique	Picknick	viaduc	Brücke, Viadukt
piste	Piste, Fahrweg	vieux, vielle	alt
		village	Dorf
		ville	Stadt
		voiture	Auto

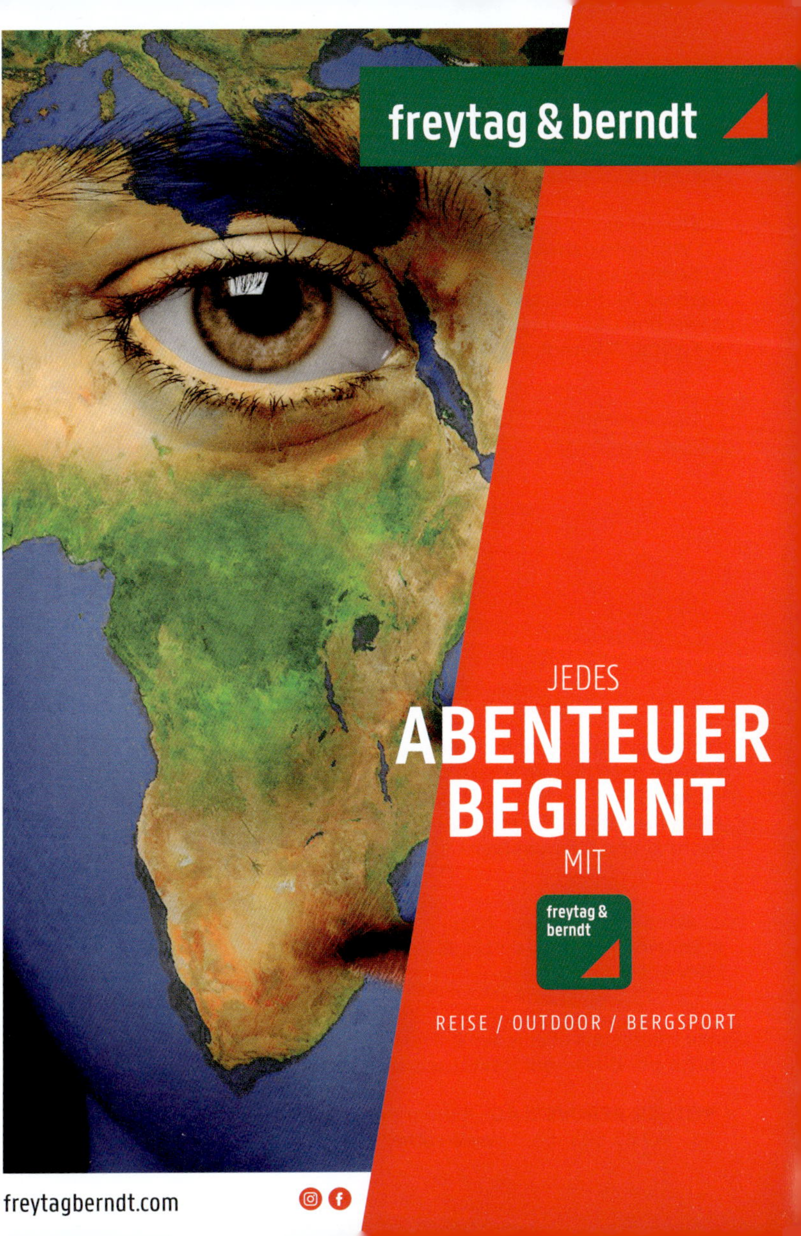
freytag & berndt
JEDES
ABENTEUER
BEGINNT
MIT
freytag & berndt
REISE / OUTDOOR / BERGSPORT
freytagberndt.com

Umschlagbild: Felsen von Sassois

Bild im Innentitel: Étang de Bussières

Alle Fotos stammen vom Autor.

Kartografie:
50 Wanderkärtchen im Maßstab 1:25.000 / 1:50.000 / 1:75.000
© Bergverlag Rother GmbH, München (gezeichnet von Angelika und Gerhard Tourneau, München)
sowie drei Übersichtskärtchen im Maßstab 1:800.000 und 2:500.000
© Freytag & Berndt, Wien

2., aktualisierte Auflage 2023

ISBN 978-3-7633-4644-8

MIX
Papier aus verantwortungsvollen Quellen
FSC® C021956

Wir freuen uns über jeden Korrekturhinweis zu diesem Wanderführer!
Bitte per E-Mail an: leserzuschrift@rother.de

ROTHER BERGVERLAG · Keltenring 17 · D-82041 Oberhaching
Tel. +49 89 608669-0 · www.rother.de